新时代法学教育与法学理论文库

民法典时代商事关系的法律适用研究

程淑娟 ◎ 著

Research on the Application of Law in Commercial Relations in the Era of Civil Code

当代中国出版社
Contemporary China Publishing House

图书在版编目（CIP）数据

民法典时代商事关系的法律适用研究 / 程淑娟著 .
北京 ：当代中国出版社，2025. 5. -- ISBN 978 – 7 – 5154 –
1529 – 1

Ⅰ. D923. 995

中国国家版本馆 CIP 数据核字第 2025KG7003 号

出 版 人　蔡继辉
责任编辑　沈秋彤
责任校对　贾云华　康　莹
印刷监制　刘艳平
封面设计　七号工坊工作室　鲁　娟
出版发行　当代中国出版社
地　　址　北京市地安门西大街旌勇里 8 号
网　　址　http：//www. ddzg. net
邮政编码　100009
编 辑 部　（010）66572156
市 场 部　（010）66572281　66572157
印　　刷　中国电影出版社印刷厂
开　　本　710 毫米 ×1000 毫米　1/16
印　　张　15. 25 印张　1 插页　238 千字
版　　次　2025 年 5 月第 1 版
印　　次　2025 年 5 月第 1 次印刷
定　　价　98. 00 元

目录

引 言

2021年1月1日，新中国历史上首部《民法典》[1]开始实施，中国由此正式迈入了民法典时代。习近平总书记指出，《民法典》在中国特色社会主义法律体系中具有重要地位，是一部固根本、稳预期、利长远的基础性法律，对推进全面依法治国、加快建设社会主义法治国家，对发展社会主义市场经济、巩固社会主义基本经济制度，对坚持以人民为中心的发展思想、依法维护人民权益、推动我国人权事业发展，对推进国家治理体系和治理能力现代化，都具有重大意义。全党要切实推动民法典实施，以更好推进全面依法治国、建设社会主义法治国家，更好保障人民权益。[2]

民法的法典化，对当今中国有着特殊的意义。习近平总书记指出，《民法典》系统整合了新中国成立70多年来长期实践形成的民事法律规范，汲取了中华民族5000多年优秀法律文化，借鉴了人类法治文明建设有益成果，是一部体现我国社会主义性质、符合

---

〔1〕 该法实施后，《民法通则》《担保法》《合同法》《民法总则》等相关单行法及其司法解释同时废止，后文对于相关法律及司法解释的效力不再赘述。

〔2〕 2020年5月29日，习近平总书记在党的十九届中央政治局第二十次集体学习时发表的重要讲话。

人民利益和愿望、顺应时代发展要求的《民法典》，是一部体现对生命健康、财产安全、交易便利、生活幸福、人格尊严等各方面权利平等保护的《民法典》，是一部具有鲜明中国特色、实践特色、时代特色的《民法典》。[1]《民法典》不仅是人民群众日常生活的“百科全书”，寄托着人们对于美好生活的真诚向往，而且是中国社会主义性质和基本经济制度的集中体现，承载着促进社会主义市场经济良性发展的时代重任。

《民法典》施行后，《民法典》的适用问题成为民商事法律研究的重点问题。《民法典》第 1 条规定的“民事关系”“社会和经济秩序”都是指民商合一语境下的民事关系，即广义的民事关系。应当说，经由商法学界数十年的理论和实务研究，商事关系与狭义民事关系的区别是客观存在的。但我国《民法典》作为一部民商合一的法典，以广义民法的视角、抽象涵摄的法学方法，一统狭义民事关系和商事关系，将《民法典》作为“民事关系”的基本法，不再在立法形式上区分民事关系与商事关系。那么，这部法典是否能够如学者和立法所期待的那样，真正适应这种大一统的“民事关系”的调整需求，尤其是相对于狭义民事关系的商事关系。在当今社会主义市场经济下的中国，传统商法中的“商事”要素，在民法典时代是否还有被区别对待的必要性及可行性？如果需要区别适用，那么《民法典》应如何适用于商事关系的需求？无论是学术研究还是司法实务，在这崭新的民法典时代，我们都不得不重新思考这些“商事”要素在适用中给立法带来的挑战。

从一般意义上的法律适用的公平性来讲，尽管《民法典》赋予了所有民事主体、商事主体平等性，但是在客观上这两种主体的差异性是不容忽视的。尤其是现代商事主体的典型状态不再是单一的“营利法人”，而是规模化的公司集团；公司集团不仅具有相当的资源和信息优势，而且内部法律构造相当复杂，存在不能简单归属于民事法律行为的各种“控制”，包括经营、财务、人事等各个方面的控制。在商行为方面，商主体在趋利避害动机下所设计的各种商事交易模式更是让普通的民事主体囿于知识、经验的欠缺而无

---

〔1〕 习近平：《充分认识颁布实施民法典重大意义，依法更好保障人民合法权益》，载中华人民共和国中央人民政府网，2024 年 11 月 19 日访问。

法对这些复杂的交易模式以及其中的风险、责任真正了然于心。法律意义上的、抽象的“主体平等性”并不能掩盖主体之间的差异性。民法的法典化以抽象涵摄的法学方法实现了民法的形式理性，是立法乃至人类文明的重大成就。但不容忽视的是，传统民法所针对的财产关系就是那些较为简单的、典型的商品经济关系。随着经济的不断升级，交易结构不断趋于复杂；虽然当代的商事关系在本质上仍是属于平等主体间的财产关系，但交易的复杂化迫使我们直面传统民法的发展性。从法学方法论角度看，抽象涵摄的法学方法不仅有助于形成科学的立法体系，而且因主体商人性、方式营业性和动机营利性等商事要素的存在而呈现以下客观表征：主体组织化、人格拟制化，交易风险性、持续性和链条化，利益互惠性，权利集合性、结构化。因而《民法典》适用于商事关系即存在法律适用的特殊需求，具体化的研究进路实为必要。因此，《民法典》的立法成就并没有消弭商事关系法律适用的特殊性。

具体而言，民法典时代商事关系的法律适用有以下几个问题需要研究。

首先，民法典时代商事关系的确定依然模糊。商事关系的确定显然是商事关系法律适用的基本前提和最重要的法律技术。大陆法系民商分立国家往往在其商法典中对“商人”“商行为”进行描述，进而识别出商事关系并引致商法的适用，学术界则在大量的实证研究中对这些识别点予以反思和类型的精细化；甚至不少民商合一国家也在其民法典中规定有“经营者”“营业”“经营行为”等商事关系的识别点。“商人”“商行为”成为最重要的识别商事关系的联结点。但是，我国《民法典》沿袭 1986 年《民法通则》、2017 年《民法总则》的传统，所规定的仍是统一的民事主体制度和法律行为制度，并没有对什么是“商人”“商行为”加以规定，那么进入民法典时代后，在法律适用中，还有没有必要再确定商事关系以及将如何确定商事关系将成为法律适用的先决性价值判断和技术难题。

其次，民法典时代商事关系所适用的商法法源仍不完整。传统大陆法系民商分立国家的商法包括商法总则和商法分则（商事单行法）两部分。我国在改革开放之初制定了《公司法》《票据法》《海商法》《保险法》等商事单行法，学术界对这些单行法在民法典时代继续保持其法典外体系的地位基本赞同，但对于商法总则的相关内容应采用何种立法形式体现持不同观点。

《民法典》代表的是实质商法的观点，即在《民法典》内实现民商融合，使“民法”与“私法”等同，民事关系和商事关系在一般情况下不加以区分；如果需要区分，则运用“具体化”“补充”“但书”等立法技术实现。因此，相较而言，在民法典时代，采用实质商法后，商法法源仍将面临商法总则缺失的局面。我国曾有不少学者主张中国应制定“商法总则”“商法典”等形式商法。但是，形式商法的主张极易游离在《民法典》之外，自说自话。以民商分立国家的商法典为原型，以商业逻辑的特点证明“商法典”“商法总则”的立法需求。但毕竟这部民商合一的《民法典》已经成为现实，在《民法典》中体现商法的特质以及融入商事规则的广度、深度和精确性等均存难度。

最后，民法典时代商事关系的法律适用仍有具体化的重任。萨维尼曾针对法典化指出，法律自制定公布之时起即逐渐与时代脱节。[1] 因此，法典根本不可能预见和容纳全部的民商事关系。民法法典化对于法治文明和社会进步的积极作用无须赘言，但法典化无法消除成文法一般性和实践特殊性之间的矛盾；特别是商事关系发展速度快、变化大，商法必然形成对静态、固化民法制度的强烈冲击。在大陆法系私法学术史上，法典成文化之后产生的利益法学、评价法学等均是为追求法律适用的实质公平而对概念法学的超越和发展。学术界也已指出商事关系存在无法可依、有法难用的大量问题。应当说，我国民法典时代商事关系的法律适用至少有以下具体内容需要研究。一是《民法典》中哪些制度能直接适用于商事关系，将如何适用，为何有些制度不被适用？二是哪些民法制度适用于商事关系时需要特殊的规则？例如，最高人民法院指导案例 67 号所确立的分期付款股权转让不适用《合同法》。分期付款买卖合同中解除规则的合理性能否反证《合同法》第 167 条（《民法典》第 634 条）是单方商行为的规则？又如营业资产作为商法之“物”与民法之“物”的差异何在？商事代理中对《民法典》第七章确定的代理制度应有哪些“变异”等。三是《民法典》中并无具体规定，需要运用类推才能实现规范的法律适用，如最高人民法院指导案例 15 号就是对

〔1〕 徐国栋：《民法基本原则解释——成文法局限性之克服》，中国政法大学出版社 1992 年版，第 150 页。

2018年《公司法》第20条的类推等。类推应如何规范化才能发挥类推方法在法律适用中的优势并避免背离成文法？例如对于商事实践中形形色色的引致以及法律规避，又应如何判定其应有的法律适用？

当前学术界对商事关系法律适用的研究虽然亮点纷呈，提出了诸如公司合同说、利益平衡论等分析工具，也对商法的文本或目的解释予以了研究，但研究总体上过于分散，虽具体实用但抽象不足，缺乏类型化、体系化和精细化的研究，尚不适宜西方商法简单的“拿来主义”与中国本土经验。正如张文显教授在《论中国式法治现代化新道路》一文中所指出的，中国式法治现代化是在排除“全盘西化”“全盘苏化”的斗争中突围的。推进中国法治现代化，我们当然要面对世界、学习人类法治文明的优秀成果，使中国法治现代化尽可能跨越发展、弯道超车。但是，西方资本主义法治有它生成的社会基础和历史条件，并不具有普适性，更不是人类法治文明的唯一坐标，对西方资本主义法治理念盲目崇拜，甚至直接套用法治模式，很容易造成水土不服、后患无穷。[1]

基于以上原因，本书将以《民法典》为依托，从上述三个方面展开研究。希望通过本书的研究，实现以下三个目标。

一是沟通民商，以唯实求创新。本书立足民法典时代的要求，将研究视角转为商事关系的具体法律适用，打破民商对立的商法研究惯性，不拘泥于商法的形式之争，在《民法典》对商事关系的适用研究中沟通民商关系，以具体化的思路探究商法的内容。这一研究范式的转型，是扎扎实实地立足于中国本土问题，以唯实求创新，回应了商法作为民法特别法的地位，丰富和发展了当代中国民商法的内容，扩展了商法的法源，促进了法的类型的转换。

二是贯通法理，以经验求实证。本书打破了对于法律适用“新法优先于旧法、特别法优先于普通法”的简化认识，深入把握商法原理，借鉴法律诠释学的原理将商法理念、商主体和商行为等论证为法律适用的前见，实现法律适用中所需要的文本和解释者的视域融合。在论证商事关系的法律适用时较多运用法理学中法律解释、法律论证等法律适用规则，以贯通的法理融汇

---

〔1〕 张文显：《论中国式法治现代化新道路》，载《中国法学》2022年第1期。

法律适用的大量实证经验的方式进行实证研究，寻找商事实践中实为与当为的差距，弥合商法的价值与经验，凝炼商法的具体内容，让我国商法焕发出与民法典时代背景相适应的生命力和活力。

三是探究方法，以规范求发展。长期以来，国内对商法研究方法的重视程度不够，习惯性借用民法抽象涵摄的方法看待商法问题，对法理学关于法学方法的认知和应用也较为缺乏。这在很大程度上制约了商法内容的清晰化，阻碍了商法发展为部门法的进程。应当说，研究对象决定研究方法；商事关系在客观上与民事关系存在区别，因而须存在有别于民法的法学方法，更应当积极借鉴法律诠释学原理。本书在大量理论和实证研究的基础上将证明，只有类型化方法才是最适宜商法的法学方法；而法律诠释学若干原理的应用可以在很大程度上确保本书研究范畴和结论的科学性。因此通过探究方法，让商法运用规范的法学方法实现内容的科学化和可发展化也是本书的创新所在。

本书运用了多种研究方法，较为典型的包括以下三种。

一是类型化方法。本书研究将较多应用类型化方法。类型化方法是一种中等程度的抽象，按此方法得出的结论虽然不及抽象涵摄那样便于演绎，但更为丰富和具体、更贴近现实，也更与商法作为民法特别法的本质相符。本书贯穿应用了较为规范的类型化方法，如对商主体、商行为及法律适用情形均作类型化分析；实证案例的研究也将遵循类型化方法。

二是民商的精细化比较方法。民法与商法在法律原则、法律概念和法律规范等方面均有重合；但商法是民法的特别法，民法与商法的区别只有在比较中才能展现。本书拟从历史、社会、经济、文化、价值等多元角度进行民商比较，注重法律原理的应用，厘清基本术语的内涵，例如商事关系即商事法律关系，是由商法调整的社会关系；而民事关系仍有必要区分为民事社会关系和民事法律关系。又如只有商行为中的绝对商行为才有可能仅适用商法；相对商行为则既有可能适用民法，也有可能适用商法。

三是案例的实证分析研究方法。本书通过对法院、仲裁委员会、公司等展开实际调研，密切观察司法实践。最高人民法院指导案例、最高人民法院公报案例和其他调研所得的典型商事案例是本书案例的主要来源。本书将充分运用案例的实证分析方法进行研究。尊重《民法典》的法律文本，在解释法律时注重其内在逻辑和体系；准确把握中国本土实践，确保案例分析结论的可推广性。

由于本书的研究命题较为宏大，时间跨度也较大，笔者的能力有限，有不足的地方，还请各位专家批评指正。

第一章　民法典时代商事关系法律适用研究的已有成果

商法是民法的特别法，商法对民法体系、概念、规范的“寄生性”恰恰说明《民法典》为商法解决内容之困提供了重大机遇。中世纪时期的商法来源于商人的习惯，但中国商法没有这种商主体之间交易习惯充分内生、发展、丰富和完善的社会基础。在民法典时代，我们可以通过《民法典》中的一般性规则对商事关系的特殊适用进行研究，发掘在商事实践中因商事要素的介入而在法律适用中的特殊性，由此丰富作为特别法的商事规则，这是中国商法以及《民法典》内容趋于现代化的唯一可行路径。值得欣喜的是，民法典时代已经解决了一些商事关系法律适用的前提性问题，虽然还不能说完美，但毕竟这些一般性的法律适用问题已经有了清晰的答案，具体包括《民法典》的溯及力、对商事关系特殊性的认可、《民法典》与商事特别法的适用关系确定以及法学方法研究对民法典时代商事关系法律适用的支持等。在民法典时代，这些已有的成果形成了对商事关系法律适用研究的基础、支撑和可行性。

一、《民法典》的溯及力已经由立法和司法解释解决

法律的溯及力是法律适用的前提，但溯及力往往应由立法解决，是借法律的强制力推行的确定性的规则。一般情况下，法律是没有溯及力的，但在某些情况下，又需要具有溯及力。《民法典》于2021年1月1日起施行，同日配套施行了大批司法解释。其中最重要的是《最高人民法院关于适用〈中华人民共和国民法典〉时间效力的若干规定》。对于该部司法解释的内容，本书不予重复，在此仅将涉及《民法典》有溯及力的情形予以重申，以澄清民法典时代商事关系法律适用的可行性。

（一）《民法典》溯及力适用情形概述

根据2015年《立法法》第93条的规定及审判实践，对《民法典》施行前发生的法律事实，可以例外适用《民法典》的情况大体有以下四种：一是按照“三个有利于”的原则，即根据保护当事人合法权益、维护经济和社会秩序、弘扬社会主义核心价值观来判断是否应适用《民法典》的规定；〔1〕二是“参照与除外适用”，如果法律事实发生当时的法律、司法解释没有规定而《民法典》有规定的，可以参照《民法典》的规定处理纠纷，但是明显减损当事人合法权益、增加当事人法定义务或者背离当事人合理预期的除外；〔2〕三是“尽量从新原则”，《民法典》实施前的法律事实持续至《民法典》实施后且该法律事实在《民法典》施行后引起的民事纠纷案件，适用《民法典》的规定；〔3〕四是“裁判与说理”，即当时的法律、司法解释虽有规定但规定不够具体，可以依据《民法典》规定的原则来解释当时的法律或进行裁判说理。〔4〕

---

〔1〕 刘贵祥：《民法典适用的几个重大问题》，载《人民司法》2021年第1期。
〔2〕 刘贵祥：《民法典适用的几个重大问题》，载《人民司法》2021年第1期。
〔3〕 刘贵祥：《民法典适用的几个重大问题》，载《人民司法》2021年第1期。
〔4〕 刘贵祥：《民法典适用的几个重大问题》，载《人民司法》2021年第1期。

（二）民法典时代常见的商事关系溯及适用《民法典》的情形

1. 关于合同效力规定的溯及适用问题

合同效力是法律适用中最重要的法律判断。《民法典》实施前成立的合同，依据当时的法律应认定无效而依据《民法典》的规定应认定有效的，应例外地适用《民法典》的规定。这一溯及力处理规则所体现的是民商法尽量让当事人之间的法律行为有效的原则，[1] 这一规则在民商法中应用较多。一般而言，当事人签订合同，其共同意愿应当是希望合同按照自己的意愿发生法律效果，因为只有合同有效才能实现自己的意愿，如果合同无效就不能实现自己的意愿，所以当事人的主观愿望是希望合同有效。本着尊重当事人私法自治的初衷，就效力规则的溯及力而言，在依据过去的法律认定合同无效而依据《民法典》的规定应认定合同有效的情况下，例外地适用《民法典》的规定认定该合同有效符合当事人的本来意愿。[2]

2. 关于诉讼时效的有利溯及问题

2017 年《民法总则》已经将一般诉讼时效期间改为 3 年。值得关注的是，当前还有一些商事特别法中关于诉讼时效的规定与《民法典》不同，例如《保险法》第 26 条的规定。对这些商事特别法规定的诉讼时效应按照特别规定优先于一般规定的法律适用规则，即无论民事法律行为发生在《民法典》实施之前还是之后，均应按特别法的优先原则，适用关于诉讼时效的特别规定。

3. 关于旧法无规定而《民法典》有规定情况下的溯及适用问题

在纯民事领域，按照“三个有利于”的有利溯及思路，可以例外适用《民法典》的情况较为清晰。[3] 但是，在商事领域，这个问题较为复杂。例如，对于保证方式约定不明的情形，《担保法》规定应视为连带保证，而《民法典》则改为一般保证。后者对保证人更有利，但对债权人不利，这就

---

〔1〕 刘贵祥：《民法典适用的几个重大问题》，载《人民司法》2021 年第 1 期。

〔2〕 刘贵祥：《民法典适用的几个重大问题》，载《人民司法》2021 年第 1 期。

〔3〕 具体如下：作为民法基本原则的绿色原则及相关条款；第 184 条关于紧急救助的规定；第 185 条关于英烈名誉、荣誉保护的规定；第 1254 条关于高空抛物、坠物的规定；第 1217 条关于好意同乘的规定等。

会引发到底对谁有利的争议，因此不能赋予该规定溯及既往的效力，否则当事人的交易安全就会受到影响。

在《民法典》的适用中，特别是在司法实践中，法律适用并不是简单地、机械地套用法律条文，很多时候要通过一定的法律解释方法才能作出判决。面临新旧法律交替时期，如果新法对某一问题已经作出明确规定，而旧法对此没有规定，则人民法院就应将新法的规定用于填补旧法的漏洞，并据此作出判决。从这一意义上说，人民法院适用的虽然是旧法，但仍可能为填补旧法的漏洞而适用新法。[1] 此种情况在商事领域体现得尤为明显，例如《民法典》保理合同一章的规定，又如合同解除、格式合同、保理合同、合伙合同等。

二、商事关系的特殊性已经被广泛认可

（一）《民法典》颁布前学界对于商事关系独立性的见解

中国商法意识甫一萌发，学术界就开展了“民商合一”与“民商分立”的争执。学术界对于商法独立性的探讨主要围绕民法与商法的关系展开。民商分立认为商法独立于民法；民商合一则认为商法不具有显著区别于民法的独立性，民商应是合一状态。

在《民法典》颁布前，民商分立的观点多主张严格意义上的商法独立性，特别是立足立法论的理想，落脚于独立商事规则的设计。严格意义上的民商分立将商法作为一种独立的规范体系，不仅区别于其他法律，而且有其本身的独立的形式、自主自足的内容，实质异于其他法，特别是要与民法形成泾渭分明的局面。至于立法论如何实现商法独立性，学术界主要有商法总则/商法典和商法/商事通则两种观点。范健教授是极有代表性的、坚定的商法典支持者，他认为在《民法典》编纂过程中，要完成民事法律规则的系统性构建，商事法律规则须另行构建，这样就更具有可执行性的，由此就构建起“小民法典＋商法典”的立法模式，这在立法、司法、执法上都是最优

---

〔1〕 刘贵祥：《民法典适用的几个重大问题》，载《人民司法》2021年第1期。

方案。[1] 商法学界对于商法渊源的观点主要是商法通则。在王保树教授较早提出商事通则的观点后,[2] 商法学界的大多数学者认为，独立商法典并不可行，而编纂商法通则是实现民商分立、保持商法独立性的最优方案。[3]

（二）《民法典》颁布后商法学者的再努力

在2017年《民法总则》颁布后，民法的民商合一即“木已成舟”，但商法学者仍然没有放弃对民商分立的追求，坚持主张商法通则。这种观点从研究方法上看已经将商法独立性的研究逐渐推进到具体领域、具体制度的设计与思考。[4]《民法典》在立法技术层面未能被抽象出体现其规范价值的条款，民商规范冲突比比皆是。[5]

（三）民商分立与民商合一的争论及对商事关系法律适用的需求

笔者认为，虽然民商合一的《民法典》是中国的一大现实，但“商主体”这个中国主要的“市场经济主体”同样是一大现实。商主体以合法方式追逐利益最大化，他们是精于计算的群体。当今的社会是高度流动且发展变迁的社会，商主体创造了无穷无尽的交易模式，形成了各种复杂的商事关系，因此也应承担更为明确的商事法律责任。商事关系因其客观上具备的“营利目的”以及风险性，难免会出现利益冲突。为处理这些利益冲突，如果有正式的法律制度可以依赖自然不必纠结，但是即使我们进入了民法典时代，成文法资源依然是有限的。在没有正式的法律制度可以依赖时，我们就需要运用法律方法来化解利益冲突，力争做到纠纷化解的程序性、正确性、合法性、正当性与及时有效性，维护社会的安定有序。在立法论上坚持商法通则、商法典的观点值得钦佩，尤其是在当下的中国，这样执着勇气尤其值

---

〔1〕 范健：《民法典编纂背景下商事立法体系与商法通则立法研究》，载《中国法律评论》2017年第1期。

〔2〕 王保树：《商事通则：超越民商合一与民商分立》，载《法学研究》2005年第1期。

〔3〕 赵万一：《后民法典时代商法独立性的理论证成及其在中国的实现》，载《法律科学》2021年第2期。

〔4〕 蒋大兴：《〈商法通则〉/〈商法典〉的可能空间？——再论商法与民法规范内容的差异性》，载《比较法研究》2018年第5期。

〔5〕 范健：《中国〈民法典〉颁行后的民商关系思考》，载《政法论坛》2021年第2期。

得嘉许。本书尊重立法论中关于商法形式的观点，但是法律适用论同样不容小觑。即使未来在立法论中解决了形式商法的可行性，但立法的容量是有限的，成文或不成文的商事规则均有进一步研究其适用的必要。因此，法律适用论于商事关系法律适用的研究而言不可或缺。但难能可贵的是，持续多年的商法形式之争已经在学术界和实务界基本厘清了商主体、商行为以及营业、营业资产、营业维持等诸多商事基本概念和理念，既划定了民事与商事的基本界限，也促进了民法的现代化转型。在处理民商之间的联系和区别方面，学术界日渐清晰，实务界也逐渐接受了民商的相同和差异。〔1〕如王轶教授是民商合一的坚定支持者，他指出，对于法律传统的保留与舍弃问题，讨论者应当遵守这样的论辩规则。〔2〕

本书尊重立法论中关于商法形式的观点，毕竟立法是一个复杂的系统工程，在商法的基本原理，包括商主体、商行为以及商事与民事究竟应如何区分这些基本的问题尚未得到解决前，商法形式的独立性恐难实现。虽然未来由于商法基础理论的完善，能够在立法论中解决形式商法的可行性，但是立法的容量是有限的，成文或不成文的商事规则均有进一步研究其适用的必要。因此，基于法律适用论的视角对商事关系法律适用加以研究不可或缺。

在处理民商之间的联系和区别方面，民商法学术界日渐清晰，实务界也有相当数量的专家逐渐接受了民商的相同和差异。但显而易见的是，在学术界这场旷日持久的“民商合一”与“民商分立”的争论中，最初的立法形式之争演变成为一场轰轰烈烈的法律价值之争——民商合一就是否认商法的独立性，民商分立就是认可商法的独立性；至于何为民商的合一与分立，这个问题的原点本身似乎已经不那么重要，因为讨论者经常是从不同的定义出发，并且距离形成最终的学术共识也还有不短的距离。〔3〕不过，尽管立法已经尘埃落定，但通过这场争论，商法的“应然性”逐渐清晰，如果我们不将商法的独立性等同于商法形式的独立性，民商合一或者民商分立就并没有

〔1〕夏小雄：《民商合一民法典和商法典的生存空间——以巴西私法立法结构变迁为例》，载《拉丁美洲研究》2020 年第 5 期。

〔2〕王轶、关淑芳：《民法商法关系论——以民法典编纂为背景》，载《社会科学战线》2016 年第 4 期。

〔3〕王轶、关淑芳：《民法商法关系论——以民法典编纂为背景》，载《社会科学战线》2016 年第 4 期。

巨大的、不可逾越的鸿沟。历史上不同国家采用民商合一或者民商分立，均有其特定的历史原因。而当我们真正超越民商合一或者民商分立的“形式”之困时，这种争论恰恰是重塑了我国特有的商法基础理论，也给本书提供了卓越且丰厚的商法区别于民法的独立性原理，这为本书的研究提供了坚实的研究基础。从这场争论可以看出，商法具有独特的商业伦理价值已经是民商关系中的共同观点，即使是认可民商合一的学者，也是在认可商法具有独立性的前提下讨论商法的形式合理性。

民商分立以及民商合一学者在辩论中展现的商法独立性，其实提示我们的就是商法在价值层面所具有的、区别于民法的商业伦理价值。民法以社会伦理为导向，主要关注人的本体，遵守伦理和道德准则，致力于实现人与人之间的平等、自由、尊严；而商法则以商业伦理为导向，主体之间以是否营利作为相处准则。历史经验表明，民法的社会伦理与商法的商业伦理处于动态的对立统一状态，若将商事伦理导入民法，则会导致社会伦理道德水平的下降，出现“全民争利”的局面。因而在民法典时代，如果立法不能通过分而治之的民法典、商法典分别解决民法典的人文伦理性和商法典的商业伦理性，就只能在具体的法律适用中对这两种不同的法律价值予以区分。

例如，《最高人民法院关于适用〈中华人民共和国公司法〉若干问题的规定（四）》（以下简称《公司法司法解释四》）第 21 条就是一个相当典型的、尊重商业伦理的例证。我国《公司法》是商事主体法，有限公司股权转让特别关注股东的人合性的维持，因此股权的转让必须满足一系列条件要求。但是，股权转让协议本身的效力判断应当依据行为规则即《民法典》合同编。除出让方和受让方自行约定合同生效的条件和期限外，在一般情况下，股权出让协议是否有效取决于当事人的意思表示是否真实，并且不应存在违反法律、强制性法规导致合同无效的情形。对此，最高人民法院有多个公报案例予以明确。[1] 而之所以如此，显然是因为保护股权对外转让的交易稳定，维护交易相对人的合理信赖。《公司法》之所以对有限公司的股权转让有上述限制，是因为作为商主体法的《公司法》的立足点是通过组织管

〔1〕 参见最高人民法院（2003）民二终字第 143 号民事判决书、最高人民法院（2007）民二终字第 219 号民事判决书等（中国裁判文书网案例）。

理维护有限公司的人合性；团体的人合性带有长期性，维护人合性就是维护公司最大的利益，也是在一定意义上维护商事营业的稳定性和社会的基本商业秩序。正如卡尔·拉伦茨教授所指出的，有限公司的股东之间的相互关系，须履行合伙法上的诚信义务。[1] 所以，按照公司组织管理法的要求，有限公司作为人合团体，不可能像传统民法那样只关注个体利益、个体伦理。因此，股权这个特定的客体在商法上如何转让就存在一系列复杂规则，并不单纯是由股权转让协议就能决定的。如果要发生股权变动的后果，至少需要以下要素：股权转让协议有效、其他股东同意（过半数）、其他股东放弃优先购买权。如果公司章程对股权转让还有其他规定，那么这些规定对出让方股东也有强制约束力；如果出让方股东的出让行为违反这些规定，股权转让也就无法发生效力。可见，股权转让的程序具有强制性，立法试图通过这些强制性的规则维持有限公司股东的人合性，以实现股权作为权利的流动性和有限公司股东人合性维持的平衡。

三、《民法典》与商事特别法的关系已经确定

（一）过渡时期《民法典》与商事特别法的关系

《民法典》第 11 条规定采用了特别法优先于一般法的法律适用规则处理可能存在的规范冲突问题，符合《民法典》作为民事基本法的体系定位。当然，这个问题在 2019 年《全国法院民商事审判工作会议纪要》（以下简称《九民纪要》）第 2 条中涉及了两个法律适用原则。一是新法优先于旧法。《民法总则》作为新法，优先于《合同法》中的合同总则。《九民纪要》第 2 条列举的例子就是《民法总则》对于欺诈、胁迫以及显失公平的规定，即不应再适用《合同法》的相关规定，而应适用《民法总则》的相关规定。二是特别法优先于普通法。《合同法》分则部分若与《民法总则》规定不一致，因为《合同法》分则属于特别法，所以遵循特别规定优先于一般规定的法律适用原则，即适用《合同法》分则的规定。

---

〔1〕［德］卡尔·拉伦茨：《德国民法通论》，谢怀栻等译，法律出版社 2003 年版，第 190 页。

（二）民法典时代商事特别法的适用规则得以明确

我国商事特别法的立法过程较为特殊，既没有以充分发展的商事习惯为基础，也没有以民事一般法为依托，因此商事特别法“自成体系”的现象比较明显。《民法典》颁布后，《公司法》等商事单行法并不纳入《民法典》。因此，《九民纪要》第3条所确立的《民法典》与商事单行法的适用关系也将长期有效。总体看来，商事特别法与《民法典》的关系应按特别法优于普通法处理，本书也将在多处涉及这个论题。当然，在《民法典》颁布后，《公司法》等商事单行法也进行了修订，我们也期望通过《公司法》的修订可以尽可能地解决与《民法典》规定不一致的问题。

四、民法典时代商事关系法律适用的法学方法论已证成

（一）法学方法论的一般意义

从哲学上说，人的认识活动包含三个基本要素，即目的、前提和方法：目的是行为者拟要获得的结果；前提是相关的外在条件，如客观环境与主观认识水平；方法是从前提达到目的的途径。科学的方法必须具备三个方面的要素；如果没有科学的方法，就无法达到其行为的目标。法学也一样，必须采用合适的方法以达到研究的目的。这个方法就是法理学所说的“法律方法论”或“法学方法论”。《牛津法律大辞典》中的“法律技术”即等同于我们这里所说的“法律方法”，《牛津法律大辞典》将其解释为法官和律师的实务技能，即利用和运用他们的知识去处理争议或者达到其他预期结果的手段。每一个法律实践部门都有一套实践技能和方法。从一般意义来说，法律方法或法律技术是为达成一定法律适用目的而使用的方法，包括法院如何解释和适用法律。法律技术是一门专业的技术，法律职业也是一个专门的职业，法律职业人如何理解和应用法律来认识、判断、处理和解决法律问题有一套专门的方法，这个方法就是法学方法论。法学方法论一般包括法律的思维方法、各种法律适用的方法等。

博登海默指出，如果想要一个法治社会是健全的，那么最需要的是法律

的秩序与正义。[1] 法律适用中的法律方法是具体化的、解决利益冲突的方法，往往是在个案中追究案件本身的正确解决，只有每一个案件都得以成功化解，才能实现通过司法维系社会秩序安定，实现法治的公平。[2] 因此，适宜的法学方法论是正确适用法律的前提。

（二）民法典时代法学方法论对商事关系法律适用研究的支持

《民法典》出台之后，我们在欣赏这部法典完美的逻辑结构时，不仅要关注这部法典的内容是什么，而且要关注新中国第一部法典如何在社会实践中得以运用。法律的适用绝不是简单的三段论式，而是一个复杂的事实和法律判断过程。规范的法律方法可以解决商事关系在《民法典》适用中的三个层面的问题：立场、理念与方法。法律人应当具备一定的素养，包括正确的法律价值观。但仅有价值观是不够的，还需要科学的法律方法，包括用正确的法律思维和法律方法解决案件，提高司法判决的准确率。只有依靠科学的法律方法厘清《民法典》的适用规则，才能真正把法典的内容转换成生活实践中的规范准则，从而使《民法典》所倡导的公平和正义观念能够在社会生活中得以实现。因此，《民法典》的适用是《民法典》出台之后最为重要的法律命题。《民法典》的适用本身涉及许多方法、技术、手段的运用问题。例如，在两种法律上相互冲突的利益之间，法官应选择保护何种利益？当法律出现空白或漏洞时，又必须用何种条文来予以补足？

以上法理学对于法律方法的解释，能够给《民法典》的适用提供非常有效的助力。但是，长久以来，法学方法论似乎是法理学科的“专利”，与制度法学的结合研究相对较少；在部门法的研究中，法学方法论的应用空间极为有限。《民法典》的研究者们大多是民法学者，更关注民法本身的制度构建。在《民法典》的适用中，如果能够借用这些成熟且有益的法律方法来强化对《民法典》适用的研究，不仅可以从实务角度更好地解决具体案件，而且能针对法律文本的理解、法律事实的发现以及法律的具体适用总结、提炼

---

〔1〕［美］博登海默：《法理学：法律哲学与法律方法》，邓正来译，中国政法大学出版社 2005 年版，第 56 页。

〔2〕［美］博登海默：《法理学：法律哲学与法律方法》，邓正来译，中国政法大学出版社 2005 年版，第 58 页。

出科学的技术或手段，从而使《民法典》的适用问题更具有合理性与权威性，使《民法典》在已经具备的形式理性之外更增加适用中的实质理性，也有助于连通学术界与实务界的思维沟壑，确保法律职业共同体的形成。

尤其是对民商法的研究。客观而言，与实务贴近的民商法其实很欠缺法学方法论的支持。例如，有不少民法学者批评最高人民法院指导案例 67 号的裁判思路，这些批评较为鲜明地体现了民法的抽象涵摄思维，而对类型化的思维知之不多。殊不知，法律的适用绝不是简单地机械套用，法律的适用需要考虑多种因素。而该指导案例就为我们展现了一个极为圆满的商事法律适用逻辑。首先，法律条文的文义解释。该指导案例主要围绕着《合同法》第 167 条第 1 款分期付款买卖和解除规则。该指导案例中最体现商事思维的就是认为分期付款买卖多发且常见于“经营者和消费者”之间，这是一种典型的单方商行为思路，但民法学者对此不能接受。他们认为在法律条文都没有明确规定《合同法》第 167 条第 1 款仅适用于单方商行为的情形下，指导案例就不能作出对法律条文的限缩解释。但从商法原理来看，发生在经营者和消费者之间的交易，只能是单方商行为规则，而股权交易因为“股权”这个特定的交易标的物，原本就不属于商事交易的范畴，不能适用《合同法》的上述规定。其次，股权买卖的分期支付与普通消费品分期买卖相比的特殊性。该指导案例应用了经济关系的类型化分析。卡尔·拉伦茨教授早就指出，对于当事人之间的经济关系，应从经济目的、风险分配和利益分担这三个方面进行分析。〔1〕而经济目的、风险分担和利益分配其实是决定当事人经济关系类型的关键性要素，更是诸多“混合类型商事行为”类型化思维的关键所在。最后，诚信和交易安全的法律价值考量也不应解除。

由上述指导案例展现的对商事关系法律适用逻辑是：法律条文的解释（各种解释方法）、类型化思维、诚信和交易安全的法律价值分析，如图 1 所示：

---

〔1〕［德］卡尔·拉伦茨：《法学方法论》，陈爱娥译，商务印书馆 2003 年版，第 374 页。

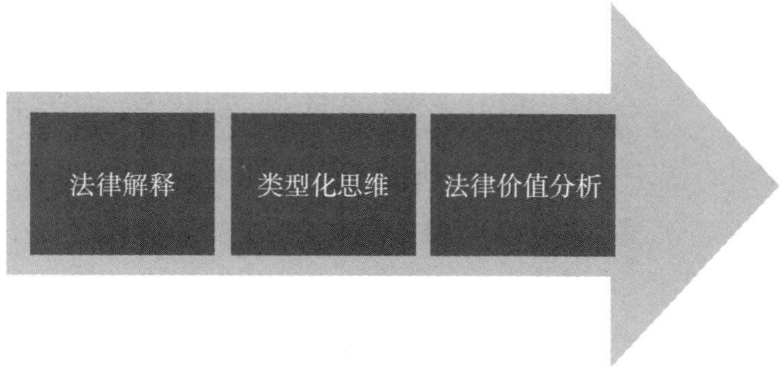

图 1　商事关系法律适用逻辑

上述法律适用中的“法律解释”是一个传统的法律适用课题，本书不再赘述；“法律价值”则是法律的常识，法律价值分析应该是渗透在整个法律分析过程中的方法论，而类型化思维则是商事关系法律适用中较为特殊的法学方法，下文也将继续运用和分析。但可以确定的是，经由法理学、民法学和商法学学者的多年努力，民法典时代商事关系法律适用已经具备了足够的法学方法支持。

五、本章小结

《民法典》对商事关系法律适用的一般性问题已经在《民法典》及相关司法解释中得到了很好的解决。《民法典》的溯及力问题原本就是法律适用中的首要命题。甚至可以说，绝大多数法律适用的研究都着力于溯及力规则的探索，按照三个有利于的原则，对于《民法典》的溯及力问题基本无争议；但毕竟溯及力是法律适用的传统命题，值得重视。在学理辩论中，商法的内涵与外延逐渐清晰，为民法典时代商事关系法律适用研究提供了理论素材，学界对商法渊源独立的追求，其实是在寻找最适宜的商法形式。《民法典》与商事特别法的适用也有了清晰的规则，那就是特别法优先；但这个原则在适用时还需要具体化。法律的适用需要正确的法学方法论，类型化的法学方法在商法中已经被适用，并成为民法典时代商事关系法律适用的有利方法论支持。

第二章　《民法典》对商事关系的初步规定及适用研究的需求

因抽象涵摄的需要，《民法典》所针对的财产关系只能是较为简单的、典型的商品交换关系，而当代的商事关系尽管在本质上也是平等主体间的财产关系，但因主体商人性、方式营业性和动机营利性等商事要素的存在而呈现以下客观表征：主体组织化、人格拟制化，交易风险性、持续性和链条化，利益互惠性，权利集合性、结构化等，因而商事关系适用《民法典》存在法律适用的特殊需求，具体化的研究进路实为必要。我国《民法典》所展现的是实质商法，缺乏“商人”（商主体）以及“商行为”这样判断商事关系的联结点。但是，如果我们以民商有别的思路来看待，这部《民法典》对商事关系也有相当数量的规定，也满足了一部分商事关系法律适用的需求，但是立法仍有不足，仍存在适用研究的必要。不过，立法的漏洞也未必需要通过立法来弥补，填补法律适用研究漏洞也是解决这些问题的思路之一。

一、民法典时代高水平市场经济的发展需要研究商事关系的法律适用

（一）高水平市场经济发展要求

党的二十大报告已经明确提出了构建高水平社会主义市场经济体制的要求。这些要求既有在所有制方面的根本要求，包括巩固和保护公有制以及非公有制经济，保护国有企业和民营企业、中小微企业的合法权益；也有深化市场要素改革以及完善具体制度等诸多微观要求，其中对于产权保护、市场准入、公平竞争和优化营商环境的要求显然是《民法典》必须面对和解决的问题。而我国这部《民法典》确实也对高水平市场经济发展的要求作出了体系化的回应，为此也有必要进一步研究《民法典》对商事关系的适用，以期更好促进高水平市场经济的发展。

（二）《民法典》对高水平市场经济发展要求的体系化回应及其不足

总体来看，作为社会主义市场经济基本法的《民法典》对高水平市场经济发展的要求作出了体系化的回应，包括确立符合中国特色社会主义要求的市场主体制度、产权及产权保护制度、构建基本的交易模式以及促进交易的平等和效率等。但这种体系化的回应仍有不足。

1. 《民法典》对产权归属及保护制度仍有不足

高水平市场经济的发展需要解决产权的归属和保护问题。《民法典》“基本规定”一章的第3条以及《民法典》第二编均是有关产权归属和保护的基本规则，在确定《民法典》对社会主义市场中最基本的产权制度方面发挥了重要的作用。但是，在商事关系中，《民法典》的产权归属和保护制度仍有进一步具体化适用的研究需求。

案例2－1 在H公司的破产清算一案中，有特定财产担保的债权人Z公司向管理人递交关于担保物范围的情况说明并提交了相关资料，称其在办理H公司名下土地使用权抵押登记手续时，该土地之上的房产已经建成，且办理抵押登记手续前评估公司出具的《土地估价报告》中也显示H公司名

下土地之上的房屋已经建成并对房屋进行了评估，只是因为房屋至今未能办理不动产权证书，所以其无法办理房产抵押登记手续。故其抵押财产的范围应为H公司名下某国用（2015）第018号土地使用权及其地上建筑物。经管理人调查，H公司与Z公司于2015年签订“房地产典当借款合同”和“房地产抵押合同”并办理了土地使用权抵押登记手续和公证手续，H公司名下某国用（2015）第018号土地使用权的地上建筑物约建成于2014年，但未办理不动产权证书。根据当事人之间的“房地产抵押合同”第2条第3款“……以建设用地使用权抵押的，该土地上的建筑物应一并抵押，建设用地使用权上新增建筑物的，新增部分也作为本合同项下的抵押物”之约定以及合同签订时施行的《物权法》第182条，并参照现行《民法典》第397条之规定，管理人能否依法确认Z公司抵押财产的范围为H公司名下某国用（2015）第018号土地使用权及其地上建筑物？

对该案例，如果单纯从《民法典》的规定看，确实有较为清晰的规则。《民法典》第397条对此有清晰的规定，施行的就是“房地一体”规则。在该规则的适用中，如果是已经取得不动产权属证书的建筑物那么是没有疑义的，但《民法典》的规则显然是预设了制度背景的理想图景。而上述案例中恰是地上建筑物基于历史等原因未获得不动产权属证书，这种情况还需要考虑土地上抵押物权属是否有争议以及未取得不动产权属证书是合法还是违法等多种因素。而本案又是在破产程序中，管理人除了需要考虑《民法典》的“房地一体”原则，还要考虑对特定财产有担保的债权人和普通债权人之间的利益平衡问题。

案例2-2 J县水泥厂于1981年建立，因经营不善资不抵债。2003年12月10日，J县人民政府与H水泥公司签订“关于整体并购J县水泥厂合同书”，约定：H水泥公司收购J县水泥厂全部资产，承担企业职工安置任务，接收全部债权债务，整体并购J县水泥厂，H水泥公司向J县人民政府支付并购价款200万元。H水泥公司开始介入改制。2005年4月28日，原J县经济发展局批复J县水泥厂改制实施方案以及职工安置协议。2005年4月30日，J县人民政府与H水泥公司签订“关于整体并购J县水泥厂的补充合同书”，约定：整体资产办理交接；综合考虑债务清收情况，豁免H水泥公司向J县人民政府支付200万元并购价款，原J县水泥厂土地以划拨的方式继续使用。

上述并购合同签订后，H 水泥公司接收了 J 县水泥厂的全部固定资产、流动资产、无形资产，承担了企业职工安置义务，接收了 J 县水泥厂债务并自 2003 年 12 月起实际经营 J 县水泥厂。对 J 县水泥厂部分设施、设备进行拆除并投资进行了技术改造，自主聘用、管理职工。J 县水泥厂此前拖欠农业银行债务（本金为 4060 万元，加上利息是 8000 万元）。当时约定是由政府来协商如何清偿，但未谈妥。本应设立新的公司，但后面的工商变更登记未完成。J 县水泥厂于 2006 年 5 月 10 日仅将法定代表人变更为 H 水泥公司高管冯某，企业性质及出资人保持原登记，J 县水泥厂工商登记的企业性质仍为国有企业，主管部门仍登记为 J 县经济发展局。2014 年 10 月 28 日，J 县矿山监督管理局下发“J 县北部非煤矿山企业停业整治通知”后，J 县水泥厂停业整治，自 2014 年 10 月起歇业。处置 J 县水泥厂的资产，需要先行解决的问题是：J 县水泥厂究竟是国有企业还是民营企业？其资产中还有没有属于国有的部分？

对上述案例，如果按照登记，那么 J 县水泥厂仍被登记为国有企业。但是，H 水泥公司在并购 J 县水泥厂时，接收全部资产和债务且承担职工安置责任，无须支付并购对价，应当认定 J 县水泥厂无国有资产，H 水泥公司接收 J 县水泥厂后，履行了全部义务，对 J 县水泥厂的资产享有占有、使用、收益和处分的权利，按照“谁投资，谁受益”的基本原则，J 县水泥厂企业产权应属于 H 水泥公司所有。

如果我们说，《民法典》在立法时需要与实际保持一定的距离是为了保持“抽象涵摄”式立法的精准以及法典本身的稳定性、超前性，那么在《民法典》的适用中，我们不得不面临诸如上述“事实物权”可否应用的考量。当然，立法容量的有限性也让我们把解决问题的精力更多地放在法律适用之上。

2. 《民法典》规定的交易模式与模式创新的需求

现代市场经济的典型模式是契约经济，契约的自由缔结与执行是市场交易的核心环节。《民法典》不仅承担划定产权的重任，而且承担制定和建立交易规则、保证交易的自由和公平性的重任。高水平市场经济应该是交易模式丰富且能高效运转的经济。《民法典》颁布后，一个较为典型的“商事特色”是增加了债务加入制度以及几种典型的商事合同。但是，实务中的问题远不是靠《民法典》的规定就可以解决的。

案例2-3 2021年4月12日，P银行为Z公司办理了质押品开户和代保管品入库业务，质押物评估价值为1.2亿元、业务金额为1.2亿元，质押物权利凭证名称为存单，权证编号为××××××，质押物种类为对公质押，所有权人为Z公司，备注：存单用于本公司质押开立承兑。P银行出具P银行质押业务开户凭证及回单，载明质押类型为对公质押，客户名称为Z公司，总金额为1.2亿元，质押方式为凭证控制，客户账户类型为存单，质押金额为1.2亿元。2022年1月12日16时15分16秒，X法院通过网络执行查控系统对Z公司在P银行设立的某账户进行查询，16时31分5秒反馈结果为该账户余额为1.2亿元，优先权信息栏目中显示权利类型为质押权利，权利人为P银行，权利金额为1.2亿元，备注：权利人对该账户所属的凭证项下的质押物享有1.2亿元的优先受偿权。另查明，P银行对Z公司的1.2亿元的汇票进行了承兑，但Z公司未提供承兑保证金，形成了1.2亿元的全额风险敞口。Z公司为此用存款证实书办理了1.2亿元定期存单，并进行质押担保及系统登记。上述操作中，Z公司与P银行办理了汇票的银行承兑以及1.2亿元定期存单的质押担保并以控制凭证的方式进行交付和保管。但双方并未签订质押合同，既不符合《民法典》第388条第1款的规定，也不符合原中国银行业监督管理委员会《单位定期存单质押贷款管理规定》第15条的规定。那么本案争议的问题是：X法院可否以质押权不成立为由冻结Z公司在P银行的该笔1.2亿元账户资金？

该案例实际上涉及一个较为常见的交易模式问题，当民法上的质押缺乏形式要件时，能否认可票据行为（P银行是票据承兑人）对债务人的担保功能以及债权人的优先受偿地位？尽管从2019年《九民纪要》到《民法典》，立法努力向“功能主义的担保”转型，但事实上，在上述复杂的商事交易中，仍将面临是适用《票据法》还是适用《民法典》或者二者皆可适用的问题。在利益的驱动之下，商主体会创造出各种新的交易模式，《民法典》规定的具体化必然任重道远。但在立法容量有限的情形下，我们也不可能指望立法的频繁修改和补充。

此外，在实务中不断出现的新型商事交易模式，如股权让与担保，就是在不断发展的商事交易中商事主体为扩大生产经营规模、拓宽融资筹资渠道而衍生的新型融资方式。在股权让与担保实践中，当事人之间同时存在的法律关系有两个：一是债权债务关系，也就是作为股权让与担保对象的基础法律关系；二是债权人和债务人即股权受让人和股权出让人之间的股权让与法律关系。以担保债务履行为目的，债权人与债务人以股权转让协议约定债务人将其在特定公司的股权出让给债权人，并进行工商变更登记。从外观上看，这种交易架构具备所有外观形式要件，在权利转移上完全没有瑕疵，但其出让人和受让人之间的转让目的又不同于一般意义上的股权转让，即具有一定的主观法效意思瑕疵。同时，这种交易模式使得有限公司发生股东的更替，这会对有限公司的人合性和封闭性造成冲击，也就不可避免地会产生以下问题：应怎样推定债权人和债务人的真实意思；债权人能否享有该特定公司的股权；如果可以享有，那么其享有股权之范围应如何安排，其行使股权的效力应作何认定，股权转让协议中当事人对股权行使所作的限定性约定又是否具有约束力以及如何发生约束力；因这些问题所产生的纠纷又应从怎样的理论角度出发以进行法律规范的适用。

3. 《民法典》的民事责任制度在商事关系的适用中呈现明显的灵活性和变通性

《民法典》总则编第八章规定的“民事责任”从宏观上规定了民事责任的类型和民事责任的承担。其中对于多数人责任规定在了第 177 条及第 178 条。但是，在商事法律关系中，民事责任的承担要更复杂和更灵活。

案例 2－4 K 药业公司 2016 年至 2018 年年度审计报告存在虚假记载，2021 年 2 月，Z 会计师事务所被中国证监会作出责令改正并没收业务收入 1425 万元、罚款 4275 万元的行政处罚决定；杨某蔚作为前述审计报告的签字注册会计师，被认定为直接负责主管人员，处以警告并罚款 10 万元。2021 年一审判决 K 药业公司等相关被告承担投资者损失总计金额 24.59 亿元，Z 会计师事务所作为 K 药业公司的审计机构承担 100% 的连带赔偿责任。

案例 2－5 在 W 公司债券虚假陈述案中，法院认为，债券承销商 B 公司和出具审计报告的 D 会计师事务所都未勤勉尽职，存在重大过错，对 W 公司应负债务承担连带赔偿责任；D 资信评估公司作为债券发行的资信评级机构、J 律所为债券发行出具法律意见书，均未勤勉尽职，存在一定过错，法院酌定 D 资信评估公司在 W 公司应负责任 10% 的范围内、J 律所在 W 公司应负责任 5% 的范围内承担连带责任。

上述两案例引发了学术界和实务界对公司债券虚假陈述民事责任的巨大争议。例如，传统民事责任将“因果关系”“违法行为”分别作为民事责任的两个不同构成要件，“重大性”是不实信息是否构成虚假陈述的门槛，是侵权责任四要件中是否存在“侵权行为”的判断标准，影响的是信息（含未披露信息）自身属性；而“因果关系”则是虚假陈述内容与投资者损失之间的桥梁。虚假陈述因果关系采取的是推定和举证责任倒置安排，对被告存在天然不利，在认定因果关系时，不应忽视其他参与因素的影响。但是在 B 公司向最高人民法院申请再审并提出二审判决对因果关系的认定混淆了与重大性要件的关系，对虚假陈述构成要件的理解、认定存在错误时，最高人民法院的观点是，W 公司发行案涉债券时不具备法定的公开发行基本条件，是通过财务造假骗取发行核准，其虚假陈述行为足以改变投资人对发行人违约风险和偿付能力的预估，影响投资人投资决策……原审认定虚假陈述行为与投资人损失之间具有因果关系，并无不当。由此可见，该案已经将重大性认定为等同于存在因果关系的思路，认为只要存在重大性的虚假陈述，投资人的交易行为必然受到虚假陈述信息的影响。法律适用出现如此大变化的原因是值得反思和深入研讨的，原本应一体适用的民事法律责任，为何在复杂商事交易中有所“变形”，这究竟是立法的不足还是司法适用的必要？这些问题只能通过法律适用研究来解决。

二、商事习惯作为法律渊源的立法及功能不足

（一）交易习惯与商事习惯

在《民法典》总则编第一章“基本规定”部分，除了规定《民法典》的立法宗旨和基本原则，在涉及《民法典》的适用时，第 10 条确立了处理民事纠纷时的法律渊源位阶，即对民事纠纷的处理应依据法律，在法律没有规定时，可以适用习惯，但是不得违背公序良俗。该条中的“习惯”在解释论上应当包括“交易习惯”。《民法典》第 140 条规定，沉默可以视为意思

表示，但只有在法律规定、当事人约定或者符合当事人之间的交易习惯时。第 142 条在规定意思表示的解释时，将“习惯”也作为确定意思表示的要素之一。因此从解释上，《民法典》第 10 条的“习惯”应当包括“交易习惯”。

“交易习惯”一直是我国立法中的一个法学术语。早在《合同法》中就开始使用“交易习惯”这个术语。如果从严格的文义解释来看，“交易习惯”不能与“商事习惯”相等同。“交易习惯”与“商事习惯”这两个术语应当有交叉重合，“交易习惯”是指在交易中的习惯，不仅包括商事主体之间的交易习惯，而且包括民事主体之间的交易习惯，是立足于“交易行为”这个行为的视角；而“商事习惯”则立足于“商事”视角，即主体商人性、方式营业性和动机营利性的视角，是商主体之间的交易习惯，“商事习惯”这个术语更侧重和立足于商主体的身份特征。

但实际上，在我国民商合一的背景下，交易习惯与商事习惯的边界很难区分清晰，二者的交替使用是常态。

首先，二者均可以作为裁判规则。从《民法典》第 10 条、第 142 条对“习惯”“交易习惯”的规定来看，立法显然是立足于“处理民事纠纷”，即将“习惯”作为一种裁判规则加以使用，是法官、仲裁员、调解员针对纠纷和争议，在缺乏成文法依据时，将习惯作为裁判规则并特别对习惯附加上“不得违背公序良俗”的限制。商事习惯则毫无争议地可以成为法官、仲裁员、调解员的裁判依据，甚至从商法发展成熟的历史上看，大部分的商事成文法均来源于商事习惯。

其次，交易习惯和商事习惯均有限制，均不得违反公序良俗。据学者从中国裁判文书网的实证考察来看，司法在涉及公序良俗的适用领域包括民事法律行为的效力、侵权行为违法性、物权纠纷、人格权与身份权、婚姻继承纠纷、解除劳动合同等，因而呈现较为明显的道德引导和教化倾向。[1] 交易习惯或商事习惯作为一种“惯例”，属于社会规则，在可以成为法律渊源的同时，必须接受公序良俗法律原则的制约。

最后，交易习惯和商事习惯在内容上有大量重合，不仅包括可以作为定

---

〔1〕 参见蔡唱：《公序良俗在我国的司法适用研究》，载《中国法学》2016 年第 6 期。

分止争裁判依据的“习惯”，而且大量的交易模式也可以成为交易习惯或商事习惯，即二者均可以成为民商事主体的行为规范或行为范式。商法与民法一样，其作为私法本身具备很强的“建构性”，成文法仅仅是民商法诸多渊源之一。在人类社会不断发展和获取利益的动机激励下，人类会被激发出最大的主观能动性，不断创造、完善、改造既有的交易模式，去追求更高的交易效率和交易安全，应对更多的风险类型，因此成文法仅是民商事主体在民商事关系中的行为依据之一，民商法必然包含着大量成文法无法容纳的交易模式，这些交易模式也可以成为交易习惯或商事习惯。纵观近几十年，中国市场经济的交易模式发生了很大的变化，从实体经济转型为网络经济、从线下经济转型为线上经济，很多产业因为互联网的发展发生了根本性的变更，这些都是商主体在实践中不断创新和完善的，但民商事的成文立法总是具备相对的稳定性和滞后性。因此，从客观状态来看，能发挥对商主体、商行为规范功能的规则，不仅包括法律，还包括大量的交易习惯或商事习惯。

由此可见，“交易习惯”和“商事习惯”更多的是一种术语上的区分，前者强调“交易”这个外延，后者强调“商事”这个与狭义“民事”相并列的“商事”语境，二者本质并无差异。本书将不再区分二者，而是直接将二者等同。当然，如果是需要特别强调“交易”或者“商事”时，也将分开使用这两个术语。

（二）交易习惯的立法不足

《民法典》规定“交易习惯”是民事法律渊源之一，并且自 2023 年 12 月 5 日施行的《最高人民法院关于适用〈中华人民共和国民法典〉合同编通则若干问题的解释》（以下简称《民法典合同编司法解释》）第 2 条规定了法院可以认定为《民法典》所称的“交易习惯”的情形。但是，无论是《民法典》还是《民法典合同编司法解释》，对于交易习惯如何应用其实均存在明显的立法空白。

案例 2－6 自然人吴某在 2017 年曾在某互联网平台花费 20 万元购买理财产品。后因无法兑付，该互联网平台将吴某等人的债权转让给甲公司，甲公司作为中介平台，吴某等人可以将其债权通过该平台再向他人转让。吴某共发起 7 次转让要约，前 6 次的转让价格是 20 万元，均无人受让；最后一次转让价格是2万元，甲公司承诺受让。第二天，吴某给甲公司客服打电话，称自己是输入错误，本意是以20万元价格出让，构成重大误解，要求撤销该交易。甲公司称自己是平台公司，该笔2万元的债权已经向他人转让，不能撤销。吴某遂诉至法院，以构成重大误解为由，要求撤销该交易，并由甲公司支付18万元债权转让款。在诉讼过程中，甲公司提出：在网贷不良债权的转让中，以一折甚至零点五折的价格转让债权，是交易习惯，并不构成吴某所说的重大误解，并且吴某在前6次转让均无果的情况下，最后一次以一折转让并不违反交易习惯。[1]

以上案例中所反映的问题是，在网贷不良债权的转让中，吴某最后一次以一折价格转让债权，究竟是属于民法中的重大误解，还是属于交易习惯？对此，不同思维必然意味着不同的观念。从民法角度看，可能会认为任何一笔交易都应尊重当事人的真实意思表示，当真实意思表示无从知晓时，可以认为既然前6次吴某均是按20万元出让，那么最后一次吴某也是尝试以20万元出让；可见，民事思维更多关注的是保护当事人的真实意思表示，对交易习惯的了解更多的是维持现状、保持稳定，从这种“民事思维习惯”来看，这种观点有一定的说服力。但是从商事思维所理解的“交易习惯”或“商事习惯”来看，甲公司的观点不无道理。商事思维并不是求稳和不变，而恰恰是要促成交易，追求交易的效率；因而只有符合交易效率和安全的“习惯”才可能成为“交易习惯”“商事习惯”。本案中吴某出让的并不是普通的债权，而是网贷的不良债权，不良债权的转让价格是市场化定价，在前6次按20万元原价出让均无人承诺时，按交易的效率要求，最后一次所表示的“2万元”就是为尽快变现债权资产，因此一折出售符合交易习惯。更重要的是，如果将吴某以2万元价格出让20万元的债权定性为重大误解，从撤销的后果来看则与营业秩序的维系相悖。因为在上述交易模式中，债权转让本身就是连续的、持续的、链条式的，并不是民事思维所习惯的单个的、孤立的交易。本案的实际情况就是受让人很快便将该以2万元价格受让的债权又以超过2万元的价格在网上卖给了他人，若要撤销吴某2万元出让债权的交易，便等于拆解了整个交易链条，这就商事交易而言是绝对不允许出现

---

〔1〕 参见陕西省西安市中级人民法院（2022）陕01民终15591号民事裁定书（调研案例）。

的，否则就有损交易的稳定性，破坏参与交易各方当事人对于交易安全的信赖。

上述案例中，一审法院认定吴某构成重大误解，二审发回重审，重审判决书则认为不构成重大误解并驳回了原告的全部诉讼请求，各方当事人均未再上诉。该案在当前中国的民商事审判中具有一定的代表性，彰显了实务中对交易习惯的不同理解。我国并没有专门的商事法庭，民商合一的《民法典》中也缺乏“商主体”“商行为”这样可以引致适用商事规范的联结点，诸多商事案件在人民法院均被作为民事案件对待，因而在实务中，对于如何理解和应用“交易习惯”实际上还十分缺乏具体化的路径。应当说，交易习惯的适用困难，仍是由于我国司法实践中习惯于按照“抽象涵摄”式思维适用法律，包括判断何谓“交易习惯”——为防止出现法官自由裁量权的滥用，就将“要件说”作为交易习惯的构成要求，这样司法判断的重点其实并不是何谓“交易习惯”或“商事习惯”，而是二者的具体构成要件。

然而，对“交易习惯”或“商事习惯”的认定并不会因司法解释给出这样三个构成要件就得以解决，因为这些构成交易习惯的要件将成为司法实践中需要先行解决的问题：一是当事人之间的“惯常做法”是指什么；二是何为对方当事人“知道或者应当知道”，如何举证；三是对于交易习惯或惯常做法究竟应如何举证，举证到何种程度才可以被认定为“惯常做法”。《民法典合同编司法解释》的颁布，虽然形式上能够解决交易习惯的举证标准，但实际上反而有可能使司法实践在判断什么是交易习惯时面临更多的困难。应该说，我们既需要明确的交易习惯的构成要件，也需要更为清晰的商事思维和更多妥当的商事方法。笔者认为，“交易习惯”中的“习惯”本身就是指一以贯之的惯常做法，而“交易”也只能被理解为是商主体之间的商事行为。因此对于交易习惯、商事习惯的判断，其实需要判断的是商主体、商行为这样的商法基本范畴，只要是商主体之间惯常的商事行为，那就是交易习惯或者商事习惯。如此理解，也就无须再借助“要件说”了。

从交易习惯的产生来看，交易习惯自始就是一种商事主体之间适用的规则，是至关重要的商法渊源。对商事惯例的承认必须是自愿的，即不仅不能是在经济强者的威胁下承认的，还要被合同双方承认；不仅要被出卖人承认，而且要被买受人承认。因此，交易习惯或商事习惯只能是商人群体所共同承认并遵守的准则，即仅能适用于双方商行为，对于单方商行为则不能适用。但民商合一的《民法典》无法澄清这一交易习惯的本质属性，因而必须在法律适用中解决。

（三）交易习惯作为商事关系法律渊源的功能仍需明确

1. 交易习惯促成商事关系的典型化和标准化

从比较法来看，不少国家都认可商事习惯是一种法律渊源，但对于这种法律渊源的适用基本都有比较明确的规则，能促成商事习惯的典型化和标准化，因而使得交易习惯不再是一个“形而上”的抽象存在，而是“形而下”的具体实在的规则体系，发挥着客观法的作用。德国商法学者指出，这是对于（实质上属于同一类型的）《德国民法典》第157条规定的适用和补充，后者规定合同的解释应遵守诚信原则，并考虑交易习惯。一方面，《德国民法典》允许运用交易习惯对合同进行解释；另一方面，其商法典将交易习惯限定为“商人之间”，即唯有在商人之间，方才有产生交易习惯的必要性与可能性。

因此，交易习惯并不是民商领域皆可适用的规则，其本质上是只有双方商主体才可认可和适用的、商人之间的交易习惯，这样就使商人的身份性和行为的商事性构成了交易习惯中典型的解释因素。从商法角度看，交易习惯发挥着双方商主体之间的客观法功能，是较为典型的商事法律渊源；相比之下，那些民事领域的“习惯”就不能冠以“交易”二字，而只能是“习惯”。例如，我国《民法典》对于“习惯”的规定有以下几种情形。一是作为抽象涵摄程度最高的“习惯”，即《民法典》第10条规定的“习惯”，包括交易习惯和其他习惯。二是民事习惯，包括风俗习惯和当地习惯，例如《民法典》第1015条关于姓氏遵从风俗习惯的规定，又如相邻关系按照当地习惯的规定。三是《民法典》使用最多的“交易习惯”，均集中于商事关系。

2. 交易习惯用于补充和解释商事主体的意思表示

交易习惯对商事关系的确定、维系和发展发挥着重要的作用。从交易习惯作为一种法律渊源的功能来看，其仅仅是对意思表示进行解释时的多种解释因素中的一种，所以应该从属于解释的一般规则。也就是说，如果当事人有约定仍应优先遵循约定，交易习惯仅仅是解释性和补充性的；但交易习惯在确定法律行为的意思表示时有相当显著的功能。

在商法看来，商事习惯之所以对商主体有约束力，是因为商主体的意思表示——自愿将商事习惯解释、补充为自己的意思表示，《民法典》在最大程度上体现了交易习惯对于意思表示的补充功能。

案例2－7 张某于2019年6月至2022年8月与Q公司销售人员王某通过微信聊天就购买Q公司开发的某房地产项目的某别墅进行磋商。其间，张某通过女儿账户支付了1200万元；因张某未按王某要求办理后续尾款支付等手续，故王某告知张某房源将另售。2022年，张某起诉Q公司要求交付上述别墅。Q公司曾向张某女儿账户退款但未成功。本案所争议的问题是：张某与Q公司之间的买卖合同是否成立；Q公司是否应向其交付上述别墅并配合办理房屋产权登记手续。〔1〕

就上述案例，笔者在调研后认为，商品房属于不动产，价值较大，我国相关法律、行政法规明确规定商品房转让应当采用书面形式，因此商品房买卖合同是一种典型的要式法律合同。《城市房地产管理法》第41条规定，房地产转让，应当签订书面转让合同，合同中应当载明土地使用权取得的方式。《城市房地产开发经营管理条例》第27条明确规定，商品房销售，当事人双方应当签订书面合同；合同的内容应包括商品房的建筑面积和使用面积、价格、交付日期、质量要求、物业管理方式以及双方的违约责任。《商品房销售管理办法》第16条第1款明确要求商品房销售时应当订立书面商品房买卖合同。从我国的不动产交易实务来看，应当认定，采取书面形式不仅是行政主管部门的职责，而且应当是一种不动产交易的商事习惯。本案中，虽然王某与张某进行了磋商，但微信聊天记录本质上是一种初步的协商，Q公司与张某并未签署书面合同，因此并不符合上述法律、法规以及交易习惯所要求的商品房买卖合同的书面形式要求，不能认定张某与Q公司之间成立了商品房买卖合同关系。

应该说，商事习惯在确定法律行为意思表示方面的意义非常突出。与民

---

〔1〕 参见西安市雁塔区人民法院（2022）陕0113民初784号、785号、786号民事判决书（调研案例）。

法复杂的意思表示判断规则相比，商事交易的效率不允许商主体像民事主体那样运用复杂的意思表示规则，因而更多时候，交易习惯本身就足以形成典型化和类型化的意思表示，这些意思表示被推定是商主体本身不存在适用争议的意思表示；而由这些典型化和类型化的意思表示，就可以创造出若干典型化和标准化的交易模式和商事法律关系。现代商业社会所熟悉的买卖、租赁、委托、借贷等各种交易类型以及大量海商规则，包括近年来高涨的各种“互联网+”，无一不是从交易习惯发展和演变而来。由此，在当代民商事的立法体例之下，交易习惯本身就可以成为商主体之间从事各类商行为的客观法；而在有限的成文法之外，交易习惯发挥着无可争辩的商法渊源功能。交易习惯是否实现定型化、普遍化，也成为检视一国商法是否完善的重要因素。

3. 交易习惯助力实现平等、公平、效率的法律价值

经由立法所认可的、作为双方商主体之间客观法的交易习惯，在作为法律渊源方面与其他的法律渊源一样，也具备法律应有的公平、效率等法律价值。例如借款合同中的利息，是关乎借贷行为是否合法的伦理性要求。《民法典》第680条中的“交易习惯”之所以被作为利息的确定依据之一，是因为希望用交易习惯来实现公平、正义的借贷目的。

但需要特别指出的是，交易习惯在商事交易中比在单纯民事领域中的“民事习惯”发挥着更为重要的追求公平和效率价值的作用。交易习惯要适应典型化和标准化商事关系的需求。因为商事交易的数量庞大，参与主体众多，交易习惯可能不太会像民法那样注重维护民事关系的民族性、历史性，保护个体的差异性，追求意思表示的真实性以实现民事主体的个体尊严；市场经济越繁荣，大规模、重复性的商事交易在社会生活中的占比就越大。因此，交易习惯不仅要考虑某个特定化、具体化交易的简便和稳固，还要在某些情况下实现对一个普遍的、可重复的交易各方利益的平等对待，实现最为朴素和基本的交易公平、交易效率，否则将无以维系大批量商事交易的存在。并且交易习惯本身也不可能给予某些特定主体特殊的利益优待，因为大量的商事交易的主体存在主体地位的互换性，没有哪一个商主体有机会永远获得通常情况之外的额外利益。如果有商主体可以永远获得这些额外利益，那么这个规则不可能被延续，更不可能成为客观法意义上的交易习惯。

案例2－8 某大型国有企业在某大型工程的施工中，作为买方与200家供货企业签署了买卖合同，且使用的是条款均一致的合同模版，其中约定：如果供货方违约，则应向其支付中国人民银行同期贷款利率4倍的违约金；如果其支付迟延，则其应向卖方支付中国人民银行活期存款利率相等的违约金。工程施工中资金不足导致该国有企业拖欠200家供货企业的货款。在仲裁中，不少供货企业认为，该国有企业与其所签署的买卖合同中的违约金条款是格式条款，应无效。[1]

对该批案例中有关违约金的约定能否成立格式条款是存有争议的。按照《民法典》关于格式条款的规定，因涉及200家供货企业，故符合该条款中所规定的“为了重复使用而预先拟定”。供货企业均提出在合同订立时，该国有企业根本不允许修改合同条款，因此也符合“未与其协商”的构成要件。而该国有企业则认为，该迟延付款的违约责任约定是该企业采购时适用的商事习惯，历来如此，如果供货企业认为该条款不能接受，可以不与其签署买卖合同。该批案例在不同仲裁员组成的仲裁庭裁决时，无一裁决认定该国有企业迟延付款应支付中国人民银行活期存款利率的约定属于无效的格式条款；理由就是买卖合同是双方当事人真实的意思表示，包括该迟延付款责任在内的全部条款均是合法有效的。

对该批案例，笔者感兴趣的是，该国有企业所主张的逾期付款按中国人民银行活期存款利率计算违约金是否可以构成商事习惯。从该条款适用的情形来看，确实是该国有企业与供货企业在大量适用，但若作为商事习惯则存在一个不能回避的障碍，就是该条款本身是否公平的价值判断。笔者认为，逾期付款按中国人民银行活期存款利率计付，实际上确实不可能成为商事习惯，只能是作为大型国有企业与供货企业之间的习惯性“强势”条款，当然这个形式上的利益“不均等”现象，也是可以由其他措施予以化解的。例如在个别案例中，有当事人并不主张该条款无效，而是主张因中国人民银行活期存款利率过低不足以弥补其损失，所以在按该条款计算违约金之后，应裁决该国有企业赔偿其自某年某月某日起至实际付清之日止的逾期付款损失，逾期付款损失以欠付货款为计算基数，以全国银行间同业拆借中心公布的一

---

〔1〕 某仲裁委调研案例。

年期贷款市场报价利率（LPR）为基础，加计 50%。而该项请求，因符合《民法典》第 583 条也得到了相应仲裁裁决的支持。因此，该条款本身的约定应是合法有效的。而能够作为法律渊源的商事习惯，只能是符合法律价值判断的习惯，并且的确是商人之间惯常的做法，在判断能否作为法律渊源的商事习惯时，必须要对商事习惯保持应有的判断；商事习惯作为商事法律渊源，必须符合公平、正义的法律价值，不得违反公序良俗。这些工作只能通过法律适用研究来解决。

三、《民法典》中的商主体及具体化的适用需求

通说认为，商主体是从事持续性、连续性、反复营利性活动的主体，包括商个人（商自然人）、商合伙以及商法人三大类型。目前这部民商合一的《民法典》显然充分顾及了商主体的三大类型，将三大类型商事主体分别融入《民法典》的民事主体之中。《民法典》第 54 条至第 56 条对个体工商户、农村承包经营户进行了规定，第 76 条至第 86 条对营利法人进行了规定，第 102 条至第 108 条对非法人组织进行了规定，从而形成了这部法典较为鲜明的“民商合一”体系下商事主体规则被涵摄于民事主体之下的样态，在体系上完成了三大类型民事主体对商事主体的包容，并与现行《公司法》《合伙企业法》等商事主体法形成了相互配合的商事主体法体系。下文将分述之。

（一）《民法典》中的商主体

1. 《民法典》中的商法人

法人是《民法典》中最重要的民事主体类型之一，《民法典》将法人区分为营利法人、非营利法人以及特别法人三大类型。其中关于营利法人的规定，就是商法人制度的建构。《民法典》中对于营利法人主要包括三类规则。一是规定了营利法人的一般概念，为营利法人确立了一个基本概念框架，突出营利法人的设立目的是取得且合法地分配利润，这是与非营利法人最大的区别。二是以《公司法》中的公司为典型形态，用抽象涵摄的方式概括了营利法人的一般规则。从《民法典》对营利法人进行规定的 11 个条文来看，

营利法人的规定基本来源于《公司法》对公司的规定，包括营利法人的设立、章程、组织机构及营利法人出资人对法人和其他出资人/债权人的义务（如公司法人格否认等）、营利法人控股出资人/实际控制人/董事/监事/高级管理人员不得利用关联关系损害法人利益的义务以及营利法人承担的社会责任。这些规则在《公司法》中均有规定，但是毕竟《公司法》是商事特别法，而《民法典》作为民商事的基本法，将上述规则作为营利法人的一般规则，在客观效果上已经建构起了商法人的一般规则。三是对法律漏洞进行的补充规定。《公司法》是公司的组织法，在《公司法》的实施中，如何协调《公司法》与《民法典》的关系、保护交易中的善意第三人一直是一个比较明显的法律漏洞问题。但《民法典》第 85 条则显而易见地发挥了《民法典》统摄民商事领域的优势，弥补了该法律漏洞。虽然该条规定了营利法人决议的可撤销制度，但是营利法人依据该决议与善意相对人形成的民事法律关系不受影响。由此就解决了长期以来因《公司法》缺乏上位法而造成的组织法与行为法的断裂，发挥了《民法典》民商合一的应有优势。

2.《民法典》中的商个人

将个体工商户和农村承包经营户作为民事主体的自然人制度的组成部分，是自《民法通则》以来我国的惯常做法。个体工商户和农村承包经营户曾经在中国特色社会主义市场经济的起步阶段和发展阶段发挥过重大的作用。进入 21 世纪以来，典型的商主体已经以公司为代表，但并不意味着个体工商户的存在价值可以被忽略。此外，《民法典》第 102 条明确非法人组织还包括了作为典型商个人的个人独资企业。应该说，个体工商户、农村承包经营户和个人独资企业是当前我国的商个人，但农村承包经营户因农业本身是否有必要作为商主体存有争议，确实有学者将农村承包经营户排除在商个人之外，对于农村承包经营户，本书也不将其作为商主体。因此《民法典》中的商个人仅指个体工商户和个人独资企业。应该说，《民法典》中的商个人在市场经济发展中，展现了商主体制度极大的发展性和包容性。

最为典型的是，在当下新就业形态中，如何定义新就业形态的参与者面临很大的制度障碍。新就业形态是适应数字经济的新型就业形态，它经常与“零工经济”（Gig Economy）、“共享经济”（Sharing Economy）、“平台经济”（Platform Economy）密切联系，是利用互联网和数字移动终端配置劳动力资源，通过在线平台从事各种工作，具有就业灵活、工作时间和场所不固定以及工作安排去组织化等特点。新就业形态依赖丰富发达的互联网技术支持，能直接创造新的岗位需求，提供更多的收入机会，并形成了诸多新职业。新就业形态由于不受工作场所、工作时间的限制，工作方式也灵活多变，能够在最大程度上发掘和满足人们的需求，市场潜力巨大；人们可以依照自己的兴趣、技能、时间及拥有的各种资源进行灵活就业及兼职，使个人能力、潜力得以更大程度、更大范围发挥。而个体工商户这个商主体形态，本身就因其灵活性，可以很方便地满足不少新就业形态下人们的创业需求，例如在从事线上经营者的各种网店、网络直播中，有相当一部分就采取了个体工商户、个人独资企业的组织形态。

2022 年 11 月 1 日起，国务院颁布的《促进个体工商户发展条例》取代了之前施行多年的《个体工商户条例》。对于个体工商户，《民法典》第 54 条规定仍需要依法登记才能设立，《促进个体工商户发展条例》第 2 条也规定需要依法登记。《个人独资企业法》第 9 条也明确要求设立个人独资企业必须要进行设立登记。可见目前的立法和行政法规均坚守商个人的登记标准。行政登记对于确保商个人具备法定的条件、强化国家对商主体的税收监管具有不可替代的作用，《促进个体工商户发展条例》明确了对个体经济健康发展予以政策支持的导向。但未登记者可否以商个人形式存在仍值得探讨，立法“未决”的商个人的制度能否宽松只能通过法律适用来解决。

3.《民法典》中的商合伙

《民法典》第 102 条明确非法人组织包括合伙企业这类重要的商事主体，商合伙这类典型的商主体也在《民法典》的“非法人组织”中得到了体现。

2006 年修订的《合伙企业法》有一个非常显著的变化就是增设了“有限合伙”这个合伙类型，我国的商合伙包括普通合伙和有限合伙两大类型。在当今中国的商业实践中，有限合伙发挥着重要的作用，其作为商主体的典型性和代表性甚至超越了普通合伙。例如，在私募股权投资领域，有限合伙制的私募股权基金就展现了在我国的相当的适应性。

第一，有限合伙能够发挥商主体更多的筹资功能。有限合伙制度作为一种特殊的合伙制度，其内部存在两类合伙人，即普通合伙人与有限合伙人，前者需要对合伙债务承担无限连带责任，后者与公司股东一样，仅需要承担有限责任。国有独资公司、国有企业、上市公司及公益性事业单位、社会团队依法不得成为普通合伙人，由于上述企事业单位及社会团队涉及国有财产或者社会公众利益，如果将其纳入普通合伙人的范畴，要求其对合伙组织的债务承担无限连带责任，就必然会危及国家的经济权益及社会公众利益，这是国家的法律及政策所不允许的，因此法律将其从普通合伙人的范围内予以排除。但是，对于有限合伙人的范围，法律则没有予以强制性规定，因为有限合伙人仅需要承担有限的责任，因此经营风险较普通合伙人而言要小很多。这样，因有限合伙制度的引进，我国闲置的社保基金、养老基金、保险金及大型企业的闲散资金可以合法地进入投资领域。这些庞大的资金一旦进入私募股权基金领域，对于丰富投资渠道所产生的效果是明显的。而商法人，虽然也可以成为一种投资渠道，但是设立公司的程序也相对复杂，退出机制则更为复杂。因此，对那些资金较为雄厚的机构投资者来说，有限合伙制无疑更具有吸引力。而对中小企业的投资者来说，有限合伙的优势也同样明显。

第二，有限合伙是运行成本较低的商主体类型。根据对我国上市公司业绩及相关收支情况的调查，在我国中型及大型的公司中，行政性开支的占比连年增大，有的公司甚至达到了其支出的 25% 。也就是说，公司所获得的收益有很大一部分是投入了不会直接产生经济利益的行政领域，从而使得公司及股东的收益相应地减少了。但有限合伙制则因其较为简单的运作管理机构而在运作成本方面比公司制低得多。首先是税负成本低。合伙企业由合伙人分别缴纳所得税，合伙企业是不需要缴纳所得税的。这就资金规模较为庞大的私募股权基金而言，无疑是非常有吸引力的商主体形态。其次是就有限合伙企业的运作成本低而言，因为有限合伙组织的设立没有公司那么复杂和烦琐的要求，也不需要设立董事会、监事会等众多的组织机构，所以其无论是在人员上还是在议事程序上都相对简便，减少了许多例如大型办公场所的租金、大量员工的工资及其他的行政性费用的开支，达到了精简与效率相结合的目的。

第三，有限合伙是有效防范内部风险、弥补信用体系不完善的商主体。在我国当前较为混乱的私募股权基金领域，由于个人信用及公司信用的管理尚不完善，投资者在选择基金管理人时必须慎之又慎，否则一旦出现道德风险其损失将是巨大的。因此，投资人一方面要关心基金管理人所选取的企业及项目的发展，另一方面有限合伙作为商主体则可以运用相应的激励机制、约束机制及声誉机制，防范有限合伙可能出现的道德风险。激励机制如有限合伙人即投资人不参与到基金的运作中，由普通合伙人负责项目的挑选、资金的投入以及运作等事项。普通合伙人只有将基金运作成功才有获益的可能。约束机制如对基金管理人某些权利的限制。声誉机制也就是构建普通合伙人作为专业投资者的声誉，以经营业绩打造个人的商业信誉。

《民法典》对非法人组织的规定还远没有涉及真正在商业领域发挥巨大功能的有限合伙。因此，有关合伙企业或商合伙的规定，只能交由作为商事单行法的《合伙企业法》完成，这也是成文立法与商业现实之间的理性距离。因为立法需要稳定，而商业现实则瞬息万变。《民法典》需要规定的内容虽然非常丰富，但也不是包罗万象，不可能通过一部《民法典》就解决所有的立法问题。但《民法典》这样规定商主体，使商合伙能够在《民法典》中获得上位法认可的商主体地位，应该说已经是难能可贵了。

（二）《民法典》中商主体规则可能引发的法律适用问题

我们不能否认的是，当前这部民商合一的《民法典》最大的亮点就是在民事主体部分将三类商事主体，即商个人、商法人和商合伙，分别适用自然人、法人中的营利法人和非法人组织的规定。尽管还是有不少商法学者认为商主体规范被纳入《民法典》导致商主体的体系性较差，对《民法典》的三大类主体分类，尤其是法人中的“营利法人”提出了批评建议，认为对于“营利法人”的相关规则主要是重复《公司法》的内容，并无新意和创举。还有学者认为，《民法典》中的民事主体与商事主体存在价值错位，因为《民法典》本身的主体应是“民事”而不是“商事”。当然，如果我们立足于法律适用，更为重要的问题是：在传统商法中，商主体本身就是非常重要的引致商事关系法律适用的联结点，但《民法典》仅仅是完成了主体类型的划分和基本架构，缺乏对商主体的统一规定，这样就可能涉及相当多的法律适用问题。

1. 《民法典》中商主体的原则性规定与商行为的特别规则冲突

《民法典》有关商主体的规定与商行为的特别规则可能产生冲突。例如，对于《民法典》第 61 条规定的法定代表人从事的民事活动与 2018 年《公司法》第 16 条规定的公司担保是否属于法定代表人可以自行实施的行为依然有争议。

公司担保是一种典型的附属商行为，就大部分公司而言，担保不是其业务范围内的经营活动，而是一种偶发的或有风险。虽然《九民纪要》和《最高人民法院关于适用〈中华人民共和国民法典〉有关担保制度的解释》（以下简称《民法典担保制度解释》）对这个问题反复予以澄清，也对公司担保中第三人的“善意”判断有了清晰的规则，但审判实务中仅依据《民法典》第 61 条认定法定代表人对外担保有效的案例依然有很多。甚至有人提出，2018 年《公司法》第 16 条规定的是“公司章程的规定”，但在中国现行残缺的公司治理现状中，相当一部分公司的章程对公司担保事项根本不予规定，那么从解释论来看，如果公司章程对担保不予规定，就可以直接适用《民法典》第 61 条认定该法定代表人的对外担保是有效的。

例如，对公司担保的效力判断就需要综合运用《民法典》和《公司法》的相关规定。长期以来，对于我国 2018 年《公司法》第 16 条的规定在实务中如何适用一直存有疑问，而《民法典》第 61 条、第 504 条显然存在具体化适用的需求。

案例 2－9 2017 年 9 月 13 日至 2021 年 2 月 7 日，李某担任 F 公司的法定代表人，之后 F 公司的法定代表人变更。2018 年 10 月 3 日，李某向原告朱某借款并向原告出具借条。该借条载明：“借到朱某现金 1600000 元，月利息 2 分（每月给付 32000 元），本人保证于 2019 年 5 月 30 日前还清，逾期不还，本人无条件承担以下义务：1. 按同期银行贷款利率的 4 倍计算利息到还款之日；2. 自愿以其名下 F 公司的股份进行抵押担保；3. 同时以其名下 F 公司作为担保人，由该担保人直接承担连带保证责任并偿还上述所有借款本息及由此产生的诉讼和律师费用；4. 如引起诉讼，由 T 县人民法院受理。”该借条由借款人李某签名及担保人 F 公司盖章。同日，原告朱某向李某转款 160 万元，李某出具了收条。后李某仅归还 70 万元。朱某将李某和 F 公司诉至法院，要求 F 公司承担连带赔偿责任。就 F 公司应否承担连带保证责任，二审法院判决认为：法定代表人制度是一种代表制度，它与代理制度是两种不同的制度范畴，现行法律没有赋予法定代表人以公司资产为个人或他人提供担保的权利。因此，在本案中，F公司的法定代表人李某擅自签订担保合同的行为应视为一种越权代表行为，应适用《民法典》第61条“法定代表人以法人名义从事的民事活动，其法律后果由法人承受”以及《民法典》第504条“法人的法定代表人或者非法人组织的负责人超越权限订立的合同，除相对人知道或者应当知道其超越权限外，该代表行为有效，订立的合同对法人或者非法人组织发生效力”的规定，即公司仍应对善意第三人承担民事责任。值得注意的是，绝不能仅凭章程的记载就认定第三人应当知道法定代表人超越职权，进而断言第三人恶意。从举证责任的角度来看，第三人的善意是由法律所推定的，第三人无须就自己善意进行举证；相反，如果公司主张第三人恶意，应对此承担举证责任。本案中，F公司并未提交朱某系恶意第三人的证据，据此可推定朱某系善意第三人，即被告F公司就借款承担连带保证责任成立。[1]

上述案例中需要提示的是以下几个方面。首先，李某本身是F公司的股东，因此用F公司为其个人债务提供担保属于关联担保，依据2018年《公司法》第16条第2款，关联担保“必须经股东会或者股东大会决议”。其次，《民法典》第61条、第504条能否在本案中适用的问题是关系到公司担保与《民法典》和《公司法》适用的实践难题。应该说，上述判决中对法定代表人不能未经决议就用公司资产对外担保的理解是正确的，但对于本案适用《民法典》第61条、第504条则是值得商榷的。《民法典》第504条是针对各种类型的法人的法定代表人的各种“越权代表”行为（包括经营事项和非经营事项）的一般规则。而公司担保是《公司法》规定的特别行为，不是普通的民事行为；法定代表人越权提供的公司担保也不是法定代表人普通的超越经营范围的“越权代表”。《公司法》相对于《民法典》而言就是特别规定；《民法典》第504条虽然是新法，但并没有否定2018年《公司法》第16条的规定。因此，按照2015年《立法法》第92条以及《民法典》第11条确定的特别法优先于一般法的法律适用规则，本案应当是适用2018年《公司法》第16条及相关司法解释，而不是适用《民法典》第504条。

如果对本案适用2018年《公司法》第16条、《民法典担保制度解释》

---

〔1〕参见陕西省渭南市中级人民法院（2022）陕05民终907号民事判决书。

第 7 条，则朱某是否善意的举证责任应由朱某而非 F 公司承担，F 公司为李某向朱某提供的借款担保应无效，F 公司亦无过错，故不应承担任何责任。对此，《民法典担保制度解释》第 7 条第 3 款规定了何为“善意”。此外，《九民纪要》第 18 条关于善意的规定、第 41 条关于“盖章行为的法律效力”均已经清楚地规定了关联担保中第三人的举证责任。该案中，朱某应对其“善意”承担举证责任，即必须证明订立担保合同时，他审查过 F 公司同意担保的股东会决议。但朱某根本没有任何审查过 F 公司同意担保的证据，事实上 F 公司对这一担保事项也从未有过任何决议，因此本案担保是无效的。并且李某作为 F 公司法定代表人，可以很方便地用 F 公司为其个人债务提供担保，但 F 公司本身无任何过错，担保无效也不应承担任何责任。

上述案例的法律适用，是民法典时代一个非常典型的法律适用范例，也能比较好地展现民法典时代有关商法人制度如何在实务中加以应用。《民法典合同编司法解释》第 20 条更进一步规定，法律、行政法规为限制法人的法定代表人或者非法人组织的负责人的代表权，规定合同所涉事项应当由法人、非法人组织的权力机构/决策机构决议，或者应当由法人、非法人组织的执行机构决定，法定代表人、负责人未取得授权而以法人、非法人组织的名义订立合同，未尽到合理审查义务的相对人主张该合同对法人、非法人组织发生效力并由其承担违约责任的，人民法院不予支持；但是法人、非法人组织有过错的，可以参照《民法典》第 157 条的规定判决其承担相应的赔偿责任。相对人已尽到合理审查义务，构成表见代表的，人民法院应当依据《民法典》第 504 条的规定处理。合同所涉事项未超越法律、行政法规规定的法定代表人或者负责人的代表权限，但是超越法人、非法人组织的章程或者权力机构等对代表权的限制，相对人主张该合同对法人、非法人组织发生效力并由其承担违约责任的，人民法院应依法予以支持。但是，法人、非法人组织举证证明相对人知道或者应当知道该限制的除外。该司法解释更进一步列示了《民法典》中的营利法人制度在商事实践中可以得到全部适用，但是由于《公司法》等商事单行法的存在，《民法典》不可能单独适用于商法人，而必须在特别法优先的法律适用原则下考虑具体法律事实以及相关商事特别法的规定，尤其是协调好组织法和行为法，这样才能正确应对这个法律适用。

2.《民法典》商主体制度的供给不足

尽管《民法典》确立了三大类型的商事主体，但是相较于实务的需求，我国的商主体类型其实存在相当多的主体制度供给的不足。

首先，《民法典》的三大主体类型不能相互切换。例如，有公司在搭建员工持股平台时，需要将现有的公司股东之一作为员工持股平台，该股东也是公司，如果可以将该公司直接转换为有限合伙企业，则交易成本以及时间效率将大大提高；但目前我国相关的立法不允许这种主体类型之间的切换。

其次，《民法典》无差别地看待民事主体和商事主体，将《民法典》中的商主体也按单个、独立的主体对待，但现实中的商主体往往呈现“主体聚合”状态，这就是商事主体区别于民事主体的重要特征——公司集团化。集团化的公司给《民法典》的适用带来了很多困难，因为集团化的公司必然面对民事主体所不需要面对的问题——控制。按照权利不得滥用的基本原则，控制者尽管有控制权的依据，但应当对被控制者承担诚信义务。该义务对于商主体内部存在的控制和对关联方的控制中均应当存在。[1] 如果非控制股东遭受控制股东的私人强制（或称为“压迫”），非控制股东的行为自由就受到了损害，而控制股东的行为自由就超出了正当的界限。《民法典》禁止滥用控制权的原则性规定虽然可以适用，但仍不够具体和明确。因为控制行为是事实行为，法律难以像对待法律行为那样通过意思表示构成要件予以规制。法律更无法消除控制行为，给予其单纯的否定性法律评价毫无意义；并且基于商主体自治和营业自由的理念，司法审查也有限度。所以，法律唯有设计周全的程序性规则才能对控制行为加以规制。这种程序控制，还需要处理好其与交易效率、交易安全的关系，但立法欠缺对商主体内部的控制以及对关联交易的程序控制，这个问题只能交给相关公司章程以及上市公司的特殊规则解决。

最后，在商主体内部也有远比民事主体更复杂的关系需要通过法律适用来解决。

案例 2－10 张某是 H 公司的业务员，负责销售，无社保，未签署劳动合同。H 公司按张某的创收给张某提成。2014 年 5 月 27 日至 2019 年 1 月 17

---

〔1〕 邓辉：《论公司法中的国家强制》，中国政法大学出版社 2004 年版，第 2 页。

日，H公司向张某转款28笔、现金支付1笔，共计支付251000元，每月有2000元报酬。2019年1月之后，双方再无合作。H公司内部所使用的“借款单”上均载明张某的借款事由为“差旅费”“业务费”。2014年6月25日至2018年1月26日，张某通过报销差旅费、招待费、业务提成冲销的方式，向H公司累计偿还借款86360.5元。2019年1月9日，张某向H公司出具借条，载明“本人今借到H公司10000元，该款项已收到”。2019年1月17日，张某向H公司出具借条，载明“本人于2014年5月27日至2019年1月借到H公司现金154639.5元，该款项已全部收到”。因张某未归还上述借款，H公司向法院提起诉讼，要求判令被告向原告偿还借款本金154639.5元，并按照全国银行间同业拆借中心公布的贷款市场报价利率给付自起诉之日起至实际给付之日止的利息。L区人民法院作出判决，认为H公司提交的2014年5月27日至2019年1月17日的“借款单”显示，借款事由为“预支差旅费”或“差旅费”“业务费”等，部分备注为“咨询费”；依据H公司提交的费用报销单、车票、费用结算表，能够证明上述“借款单”中预支的费用，被告通过报销差旅费、招待费、业务提成等方式已抵冲部分，其中“冲销理由”的备注有“首月报销”“合同提成”“回公司开会车费”等；而张某提交的与H公司财务人员李某的微信聊天记录和转账记录显示，李某向张某转账的款项中有部分明确是报销款、业务费预支以及工资。综上，H公司所提交的证据不足以证明其与张某之间存在民间借贷法律关系，因此一审判决最终驳回H公司的诉讼请求，二审维持原判。[1]

在该案中，张某的身份判断是一个焦点问题。如果认为张某是民事主体中的自然人，其与H公司之间存在劳动关系，那么张某所从事的行为是H公司的职务行为，这种情形的法律适用按劳动关系处理。最高人民法院对此有批复，核心是如果具有劳动关系的员工从单位预支款项是为了完成单位指派的职务行为，那么人民法院不应作为民事案件受理，而应按单位内部的财务制度处理。

但是，该案中，张某虽然是H公司的“业务员”，但张某是通过独立拓展市场渠道推销H公司的产品，进而根据业务量拿提成；在案涉期间，H公

---

〔1〕 陕西省西安市中级人民法院（2022）陕01民终20146号民事判决书（调研案例）。

司每月给张某所发的2000元仅系维持业务合作关系的劳务费用，并非工资。张某的工作时间、工作地点、工作内容均是按照其个人意思决定。张某是凭借其独立自主的业务渠道而非H公司的指派开拓业务。从张某工作内容的法律性质来看，他应属于传统商法中具有相对独立身份的商事代理人，这样他与H公司之间就是平等的民事关系，而不是劳动关系。并且张某所从事的行为也是一种相对独立的、带有商事代理性质的行为，不构成职务行为，更不是职务代理。更重要的是，在平等的民事主体之间，如何分担风险和确定利益归属是判断法律关系性质的关键性要素；而"职务行为"的风险、利益则只能归属于单位。该案中，张某能否获得提成取决于他是否能够拓展市场，即给H公司带来商业机会，H公司按业务量支付报酬，至于张某行为的风险即不能获得商业机会的风险，H公司并不承担。相较而言，如果H公司与张某是劳动关系，张某从事的拓展市场的业务属于H公司指派给他的职务行为，那么H公司应向张某支付作为劳动者的正常、固定工资及奖金，而不是按每一笔收入（业务量）支付报酬；即使张某没有任何业务，H公司也应向张某支付固定工资和购买社保，是否能够获得商业机会的风险也是由H公司自己承担的。所以，从风险和利益来看，张某从事的业务不能被认定是H公司的职务行为，张某并非法律意义上H公司的"职务代理人"，而是独立的商事代理人。

在中国，有相当一部分商主体采取上述模式，由数以万计的业务员独立负责市场拓展，发掘商业机会。由于业务需求，这些业务员向商主体借款的现象较为普遍。但若像上述案例所展示的那样不支持成立民间借贷，且因合作终止使得公司根本无法再适用内部的财务会计制度进行账面的冲销，通过劳动关系路径的追索也基于时效等原因不可行，那么此种裁判就商主体而言是不公平的，将使得商主体的合法权益陷入无法救济的局面。

但上述将张某定性为"独立商主体"的观点在我国也存在一个无法克服的障碍。在我国，合法的商个人只能是个体工商户、个人独资企业，且均需要进行登记。这就彰显了商法原理对于商事实践的巨大意义。因为在商法原理中，还有一种商主体是"表见商人"，在传统商法中，表见商人是作为登记商人的补充出现的，如商事登记簿的登记错误，或者没有登记义务的事实的登记或公告。表见商人不具备特殊的登记法特征，而是必须比照适用登记以外的——即商人和商人之间——领域。表见商人的原理可以归为商法中一般的权利外观学说，是当事实与“外观”不符时，选择保护交易安全和善意第三人信赖的“外观”，而不是按事实（未登记）来处理。对于我们所熟悉的“越权代表”“越权代理”，之所以要让越权行为有效，是因为行为人某种过错的可归责性不同；之所以能将某些事实上不是商主体者按商主体对待，是因为“更严格的发生原则和风险原则”。[1] 表见商人可能自称是商人或者以其他方式（比如使用直播间的设备介绍卖家商品）让人留下其就是商人的印象，即使他在无过错的错误中认为自己具有商人身份时，也适用表见商人的规则；他显然比善意第三人更应承担“正确性的风险”，因为错误产生于他，并且相对于第三人，他更易于避免或查明错误。因此，对于未登记的个人，实际是从他从事的连续的、反复的、持续的商事行为中推定其具备商主体的资格，因而可以对其适用有关商主体的法律。

此外，日本商法史中的“小商人”也对这类商主体的定性有参考价值；“小商人”是指那些规模小、未登记、商事账簿不完整的商主体；就小商人而言，登记及设置商事账簿均不是强制性的法定义务。相较而言，在即使未登记也可以被作为商主体方面，“小商人”有借鉴意义，但“小商人”仅关注商主体自身，而“表见商人”更侧重保护第三者的信赖，将其作为这类商事类型劳动者的商主体定性更为确切。

因此，我们不能排除未来中国的商主体类型在“登记商人”之外还有若干更为丰富的类型得以被重视和应用的可能，尤其是面临更为精准、具体和公正的法律适用需求时，未登记也可能被作为商主体对待的表见商人等商主体类型，或许不应再是商法史上的尘封往事，而是可以有更多和更灵活的应用空间。若如此，则未来中国的商个人，可能更接近“小商人”这个传统的商主体类型。

四、《民法典》中的商行为规定及不足

传统商法认为，商行为是商主体从事的以营利为目的、以营业方式进行

[1] ［德］C. W. 卡纳里斯：《德国商法》，杨继译，法律出版社2006年版，第113—119页。

的经营性行为。作为《民法典》典型制度的民事法律行为制度，并没有对商行为有过多体现。当然，有必要厘清的是，民事法律行为是一个抽象概念，而商行为是一个类型概念（具体概念）；民事法律行为不可或缺的构成要件是意思表示，而商行为的三大构成要件，即主体的商人性、方式的营业性和动机的营利性并不需要全部具备。因此商行为是适宜于类型化的具体概念。商行为、民事法律行为依据不同标准进行划分，一个民事行为如果具备意思表示这个要件，那么它就是民事法律行为，可以适用《民法典》民事法律行为的一般规则；如果一个民事行为具备主体的商人性、方式的营业性和动机的营利性，那么它就是商行为。因此，民事法律行为与商行为在逻辑上是两个不同序列的概念，二者并不冲突，也不存在“商行为是不是民事法律行为”这个逻辑的拷问。民事法律行为既然有意思表示这个“公因子”可以提取，那么在立法上完全可以用“抽象涵摄”的方法建构一套民事法律行为的一般规则；但作为类型概念的商行为，则不存在可以提取的“公因子”，而是由立法专门进行商行为的规则建构。因此，《民法典》中的商行为规则也不存在被抽象涵摄进而形成一套可以被演绎适用的规则；商行为规则必然是类型化和具体化的。相对于《民法典》对商主体的公开和主动认可，商行为规则在《民法典》中的存在较为隐晦。除《民法典》第 448 条外，其他条文并没有刻意强调行为的主体需要具备商事主体的身份或者哪类行为是商行为。但是，如果我们用传统商法关于商行为的标准来检视这部《民法典》，会发现其中其实有相当丰富的商行为规则。但与《民法典》对商主体规则较为刚性的规定相比，《民法典》中商行为规则相当灵活和多变。因此，这类商行为规则必将在《民法典》的适用中面临更多的具体化难题。

（一）沉默视为同意规则的适用困境

《民法典》第 140 条对于沉默在何种情形下可以视为“意思表示”规定了三种情形，分别是法律规定、当事人约定以及符合当事人之间的交易习惯。这一规定固然有《民法典》作为抽象涵摄式立法需要对沉默成立意思表示作出概括式规定的立法形式要求，但是本应明确何种情形下沉默方才成立意思表示的法律条文，成了一个“引致性”法律条文，即在什么情况下沉默可以被视为意思表示，必须要看相应的法律规定、当事人的约定或者交易习惯。《民法典》中的引致性法律条文，从抽象涵摄式立法的技术标准来看，确实是有法典需求的；但若是这类引致性法律条文数量过大，那其实降低了《民法典》的直接适用性，法律适用的后果是《民法典》被束之高阁。

仍以上述沉默是否成立意思表示为例。早在罗马法中，沉默本身既不意味着同意，也不意味着否定；只有在法律有专门规定的情况下才将沉默视为同意或者拒绝。近代各国都沿袭了罗马法对沉默的规则，在不同的法律关系中具体规定沉默的后果。在商事领域，出于对商事交易效率的追求和商事习惯的遵从，沉默的法律后果往往需要明确的规定。如果相关法律将沉默的法律后果规定为“同意”，那么这个规则就被表述为“沉默视为同意”或者“沉默视为承诺”，其基本含义就是商人的沉默意味着同意对方当事人发出的意思表示。该规则主要适用于合同订立过程中对要约的沉默后果，但是其原理也适用于其他判断“沉默”效果的场合。因此，沉默视为同意规则是商事关系中一个较为普遍和常用的意思表示推定规则，只要没有相反规定，沉默就等同于同意的意思表示。但我国因为没有这个规则，所以对于沉默能否作为意思表示或者是作为哪一种意思表示，就只能再去分析相关法律、约定和交易习惯。

在商法中，沉默引发的是一种信赖。较为少见的是“沉默视为拒绝”，例如 2023 年《全国法院金融审判工作会议纪要》（征求意见稿）第 44 条规定了不做应答视为拒绝的一个规则，即电子商业汇票承兑人或付款人对提示付款申请不做应答的，持票人就可以认为是拒绝付款，进而可以开始行使追索权。该规则明确将电子商业汇票承兑人、付款人的“沉默”推定为拒绝付款，但显然该规则是为了促成追索权的行使条件。而商法将沉默直接作为承诺或同意的情形比较多，即为了实现交易的迅捷、高效，维护商业信誉，如果一方当事人对另一方当事人发出的要约保持沉默，则有可能被法律推定为承诺或同意；承诺或同意的后果就是使合同或其他契约关系成立并约束双方当事人。这是民法和商法对沉默视为同意规则的区别所在，也是商法将沉默视为同意规则作为区别于民法中典型的商事行为的原因所在。[1] 德国学者还指出，沉默视为同意被法院扩大适用到了其他情形。一般情况下，对要约

---

〔1〕［德］C. W. 卡纳里斯：《德国商法》，杨继译，法律出版社 2006 年版，第 568 页。

的承诺如果迟延，则构成新的要约；对商人来说，他可能负有答复这一新要约义务，如果他保持沉默也等同于对新要约的承诺。[1]《日本商法典》第509条规定，商人自素常交易人处接受属于其营业范围的要约时，应速发承诺与否的通知。怠发其通知者，视为承诺要约。

在我国民事立法中，对沉默视为同意仅有相当零星的立法和司法解释规定。《民法典》第480条、第484条虽然是针对合同缔结的规定，但是这些规定允许以"交易习惯"排除立法所要求的承诺的"通知"。我国的《民法典》允许把当事人沉默依习惯或约定当作承诺或同意看待。在司法实务中对于沉默视为同意规则也有相当的认知和应用。如《最高人民法院关于适用〈中华人民共和国合同法〉若干问题的解释（二）》第24条的规定即是一个典型的沉默视为同意规则。

司法实践中，对沉默视为同意规则也有较多的应用，如最高人民法院十几年前的一起公报案例，具体如下。

案例2-11 S公司依据"补充协议"的约定，于2005年12月5日向T公司提交了J花园联合开发项目开发进度表，要求T公司解除转让土地上的抵押，T公司未予答复。T公司的此举违反了"联合开发协议"第1条关于双方共同确定项目开发进度表的义务性规定，未能按协议约定适时解除转让土地设定上的抵押，提供无权利瑕疵的土地，此种消极不履行合同的行为，已经构成违约。T公司的沉默行为，引起S公司对合同继续履行的正当信赖，导致S公司与Z公司等第三方签订了工程设计等一系列与项目开发实施行为有关的合同……因此，T公司应当按"联合开发协议"第10条的约定承担违约责任，即按S公司总投资额的30%支付违约金。[2]

当然，总体而言，沉默视为同意规则在我国是否可以作为商行为规则并予以适用仍不甚清楚。目前我国关于沉默视为同意规则的问题缺乏限制条件，并且沉默视为同意规则究竟是一项独立的规则，还是需要绕道交易习惯或者借用交易习惯的法律渊源地位以及沉默视为同意规则是否可以在适用上不受限制都不是很清楚。交易习惯是商业实践的产物，而商业实践的根本目

---

〔1〕［德］罗伯特·霍恩、海因·科茨、汉斯·G. 莱塞：《德国民商法导论》，楚建译，中国大百科全书出版社1996年版，第237页。

〔2〕参见最高人民法院（2008）民一终字第122号民事判决书。

的在于实现特定的经济利益，因此交易习惯必定蕴含着交易主体的某些价值判断，并借此促进经济利益的实现。

此外，沉默视为同意这个意思表示规则，是否限于双方商行为以及是否限于“惯常交易”？《德国商法典》将沉默视为承诺规则的适用情形局限于为“为他人处理事务”，即以事务处理为标的的雇佣或承揽活动，目的是实现他人的利益，如专利代理、商事行纪、运输、仓储等。[1] 除此以外，沉默视为同意规则（例如对单纯的销售要约）并不能得到适用。《日本商法典》则将沉默视为同意的情形限定为“素常交易”，即在要约人与受要约人之间存在长期的、连续的交易，双方也都愿意将这种交易继续进行下去。只有在“素常交易”中，沉默才能被视为承诺或同意。这些限制是否在我国也应采纳，值得关注。笔者认为，在缺乏商法总则性规定的民法典时代，考虑到商事关系中“惯常”的本质是为推定意思表示提供经验基础，因此是有必要采纳的。

（二）商事代理制度的立法不足

1. 《民法典》对商事代理规则的初步容纳

商事代理是大陆法系的一个名词。大陆法系民商分立国家的代理制度在立法上有民事代理和商事代理的区分。如《德国民法典》第 164—181 条对民法中的代理进行了规定，《日本民法典》在债编中通过委任合同的形式对民法中的代理进行了规定。但民商合一国家往往规定统一的代理制度，如《意大利民法典》第 1387—1400 条对民事代理进行了规定。我国《民法通则》《民法总则》规定的代理总体上也属于民事代理，《民法典》也依然贯彻此种“民商不分”的代理制度。但笔者认为，民商分立或民商合一，终究仅是立法的形式差别，既不影响商事代理应有的规则，也不影响我们继续探究民法典时代所面临的商事代理规则缺失的弥补问题。

我国《民法典》与《民法总则》一样，在代理部分仅有一个条文展现对商事代理的包容，即《民法典》第 168 条。双方代理和自己代理在商业实践中很难避免，因此在商事代理中，代理商只要经过本人的同意，就可以从

---

〔1〕 范健、王建文：《商法论》，高等教育出版社 2003 年版，第 709 页。

事双方代理和自己代理。[1] 例如《俄罗斯联邦民法典》第 184 条“商业代理”第 2 款的规定。还有些国家是从商事代理人受到竞业禁止义务约束的角度对此进行了规定，如《日本商法典》第 48 条“竞业禁止义务”的规定。此外，《日本商法典》还规定如果代理商违反上述竞业禁止义务，为自己交易，企业主就可以将其视为为自己所进行的交易。

2. 商事代理中代理人的权利不足

但是，尽管《民法典》第 168 条展现了对商事代理的开放性和适用性，《民法典合同编司法解释》第 20—22 条也增加了关于职务代理的规定，[2] 但总体来看，《民法典》中对于商事代理的规则依然是匮乏的。作为商事代理人的代理商依商法享有一些特别的权利。主要如下。

第一，佣金请求权。商事代理均为有偿代理，代理商的佣金请求权是其最重要的权利，商事代理的制度设计也围绕着对代理商佣金请求权的实现。但是本人支付佣金的前提是代理商的媒介或代理与第三人缔结合同有因果关系。例如，遵从宽泛的因果关系，代理商对在代理商合同关系期间成立的所有可归因于其代理行为的交易，包括代理关系终止后的交易，都享有佣金请求权。

第二，费用偿还请求权。代理人与本人的内部关系适用委托。民法关于委托的规定要求，对受托人为处理事务而支出的、根据情况认为是有必要支出的费用，委托人有偿还义务。因此代理商可以请求本人偿还其在通常的营业中产生的费用，但这些费用应当以在营业上为通常为限。

第三，补偿请求权。这种权利在《德国商法典》第 89b（2）条中有非常清晰的规定，并体现了商事代理对商事交易连续性的适应性和对商法诚信以及公平原则的追求。德国商法学者认为，尽管对代理商补偿请求权的法理依据究竟是不当得利还是公平原则存在学理争论，但是这种权利是合理的，因为上述情形存在代理商代理行为与代理成果的相关性：代理商一方面有义务对企业主进行宣传活动，另一方面只有在活动有了成果后才能获得偿付，因此代理商要自己承担努力和投资无成果的风险。所以，代理商相应地也应

---

〔1〕 任先行、周林彬主编：《比较商法导论》，北京大学出版社 2000 年版，第 399 页。

〔2〕 参见《民法典合同编司法解释》第 20—22 条。

当参与对他在履行其行为义务时开创的成果的分享，如果这种分享因合同终止而无法实现，则是不公平的。

3. 代理商的义务仍不完整

代理商在商法上承担的特别义务。代理商在商法中的主要义务包括以下几个方面。

第一，依据民法委托关系而产生的义务在商法中得以强化。代理商首先应当依据民法委托关系的要求承担相关义务，例如《德国民法典》第666—670条规定的受托人的义务，包括受托人有义务将必要情况报告给委托人，并在处理完代理事务后向委托人作出详细报告；受托人有义务将因处理委托事务而收取的以及从事务管理中取得的一切归还于委托人；受托人为自己的利益，如果动用应归还于委托人的金钱，或者动用应为委托人的利益而动用的金钱，有义务自动用之日起支付利息等。当然，商法中还可能对上述义务进行强化，如在代理商向本人进行必要通知时，强调应当“毫不迟延”。

第二，勤勉和注意义务，即代理商应当努力维护本人的利益，并以通常商人之注意标准履行其义务。我国《民法典》对代理商的勤勉和注意义务并无太多规定。

第三，忠实义务、竞业限制义务和保密义务。由于代理商承担着为本人利益服务的义务，因此就应当保守有关业务和营业的忠实、竞业限制和保密义务。我国对此没有规定，大多需要在合同中自行约定。

4.《民法典》中的代理制度并不能解决实务中商事代理的多样性

中国的商事实践比较复杂，《民法典》在代理制度中仍有相当多的制度“留白”，仍面临未来具体化的重任。

以我国的商业银行为例，根据《商业银行法》第19条和第22条的规定，我国商业银行实行的是“统一法人，分级授权”体制。商业银行作为法人主体，对分支机构统一核算和管理，同时基于经营发展的需要，依照内部规模和素质的不同级别，对其业务范围作出划分。而根据我国《公司法》《商业银行法》《民事诉讼法》的相关规定，银行的分支机构根据授权申请取得金融许可证和营业执照，以自己名义开展经营活动，可以作为民事诉讼主体。这样的话，某银行在某地的分行、支行均有资格作为民事诉讼的主体；但是在实体权益的判定方面，某支行所为的商事行为可否由某支行承担责任呢？

在我国，民事主体和民事诉讼主体并不完全一致。民事主体是民事实体法规定的权利义务责任的集中者，而民事诉讼主体则是按诉讼便捷性界定的诉讼参与者。《最高人民法院关于适用〈中华人民共和国民事诉讼法〉的解释》（以下简称《民事诉讼法司法解释》）第 52 条规定商业银行的分支机构可以作为诉讼主体参加诉讼，这并无疑义。但是在实体权益的承担方面，商业银行的分支机构不具有法人资格，在总行的授权范围内开展业务，民事责任由总行承担。实务中商业银行的分支机构按照层级开展业务活动，承担经营管理义务，但其民事责任是在其经营管理的财产不足时由其上级分行乃至总行承担。同理，在分支行经营活动中，其民事权利也可由其上级分行乃至总行享有。然而这种做法该如何从商法法理上予以说明和解释？实务中出现了不少案例坚持认为分行从事的商行为只能由分行承担责任，支行从事的商行为只能由支行承担责任，特别是在一些对主体身份要求比较严的场合，如对于支行从事的票据承兑可否由分行作为承兑人并承担票据责任就存在争议。

此种情形下，如果我们将商业银行的分行、支行均作为商事代理中的“代办商”来理解，就可能可以解决上述争议。因为在商业银行“统一法人，分级授权”这个特定的银行体制下，商业银行的分行、支行均是商事代理中的“代办商”，仅仅在授权范围内（经营金融业务许可证）享有代理权，代办商为了开展营业，可以有自己的营业场所、商业名称、公章，但代理的后果应由被代理人承担；所以无论是分行所为的行为还是支行所为的行为，在作为代办商的后果承担方面，都只能由总行即法人来承担，所以分行、支行在此种情形下均不具有独立的人格，其各自所为的行为在作为代理行为方面其实是混同的，也不必拘泥于形式上的身份差异。

（三）商事留置权的制度“留白”需要填补

我国《民法典》第 448 条规定了商事留置权。商事留置权是发生在商人之间的留置权，在许多国家都已经是较为成熟的商事物权制度，也是我国目前为数不多的、由成文立法确立的双方商行为规则。

1. 商事留置权的特殊构成

第一，商事留置权必须在双方都是商主体的债权法律关系中才能存在。第448条是《民法典》中为数不多的强调主体为商人的条款，并仅限于“企业”。因此从文义解释来看，只有商法人、商合伙之间才可以产生商事留置权，商个人中也仅个人独资企业有产生商事留置权的可能性，个体工商户、农村承包经营户因无“企业”的构成要素而被排除在商事留置权之外。各国在规定商事留置权的时候，都非常重视商事留置权的主体身份要求。即使在民商合一国家的民法典中，也允许商人之间适用商事留置权，如《俄罗斯联邦民法典》第359条的规定。

第二，商事留置权的产生对牵连关系的要求比较宽松。牵连关系的范围直接决定了可以适用商事留置权的范围，因此如何设计商事留置权的牵连关系是平衡债权人和债务人之间利益的重要立法技术。我国要求留置的财产与债权应属于同一法律关系。

第三，有价证券也可以成为留置的标的物。构成商事留置权时，留置的标的物既可以是动产，也可以是有价证券。由于商业实践中有价证券使用的广泛性，其作用与传统民法的动产比较相似，因此大多数国家都允许就有价证券成立商事留置权。但目前我国《民法典》对此并无规定，它强调的是“动产”可以适用商事留置权。

2. 商事留置权的效力仍不清晰

尽管各国民事留置权的性质和效力存在差别，但商事留置权的性质是单一的物权性质，具有较为一致的担保物权效力，主要包括留置即拒绝交还标的物的抗辩权、变价权以及优先受偿权等。我国《民法典》也明确商事留置权是一种与其他留置权一样的、具有担保物权效力的物权。

第一，拒绝交还标的物的抗辩权和优先权。该效力与民事留置权完全相同，即使债务人将该标的物的所有权已经移转给第三人，债权人也依然享有留置权，并且该留置权优先于该第三人的所有权。

第二，变价权。在商事留置权的实现方面，债权人除可以通过诉讼经由法院判决以实现留置权外，还可以通过变价方式实现。依该规定，出售清偿应当依质权的方式进行，而质权的实现方式是预告和公开拍卖。

第三，优先受偿权。在债务人宣告破产时，商事留置权也与其他担保物权一样属于优先受偿权。例如，当债权人依据商法典对破产财产拥有商事留置权时，可以获得质权人的地位并依据质权要求对所留置财物按顺序优先清偿，首先是清偿费用，其次是利息，最后是本金。

3. 我国商事留置权制度的完善空间

通常我们强调只有商事留置权的主体双方皆是商主体，才有产生商事留置权的可能，但如果只考虑主体，则必然失之偏颇。商事留置权的产生，与民事留置权的牵连关系要求不同，牵连关系的范围直接决定了可以适用留置权的范围，因此如何设计留置权的牵连关系是平衡债权人和债务人之间利益的重要立法技术。我国《民法典》要求牵连关系中的留置物必须是债权人和债务人之间法律关系所指向的标的物。但是，在商事留置权中，如果还要求存在这样的“同一法律关系”则太过苛刻，会导致很多情形因无牵连关系而不能成立留置权，从而危及债权人债权的安全。所以，各国商事留置权都放松了对牵连关系的要求。不过，像我国这样对牵连关系不作任何要求的情况也比较少见，其他国家对商事留置权的牵连关系通常还要求留置的标的物应当与营业有关或者基于商行为产生。多数国家还要求具备“营业”要素，这样更为合理地限定了可以行使商事留置权的范围，清晰界定了商事留置权的合法边界，也给我国商事留置权留下了相当大的完善空间。

五、本章小结

本章主要讨论我国《民法典》存在的立法漏洞。《民法典》虽然正式开启了民商合一的新时代，也尽力将能纳入的商事规则都放在《民法典》之中，但是仍有不少商事规则在立法中存在不足，未来的适用也会成为典型的法律漏洞。交易习惯原本是商主体之间的交易惯例，主体的商人性是交易习惯作为商事法律渊源的必要前提，但《民法典》对此未加任何解释与限制，只能依靠司法解释来加以限定。《民法典》的商主体制度被民事主体的三大类型包容，但是商法人制度可能与商事特别法存在冲突，商合伙也有参照适用规则的匮乏问题，商个人更是欠缺灵活的、适宜的适用制度。此外，与传统商法的商事代理、商事留置权制度相比，《民法典》虽然构建了这些制度的基本模型，但有关商事代理人的权利、义务以及商事留置权的构成要件，均存在完善的必要。《民法典》存在的这些立法漏洞或许很难再通过成文法的完善来弥补，因为立法不可能包罗万象，并且千差万别的商事活动实践也不太可能通过抽象涵摄式立法解决，所以立法的漏洞或许需要通过法律适用来弥补。

第三章 《民法典》适用于商事关系的应有前见

"前见"，也称"前理解"，是法律诠释学用语，是指我们理解对象时已经存在的先入之见。前见是理解的条件，包括理解者的价值观、知识观等，具有多元性、开放性、解释性、沟通性等特征，也与理解者的语境相关。尽管学术界对于前见在法律适用中的意义认识有差异，但是前见并非偏见，在实质商法的立法背景下，法律适用中前见将发挥法律适用的重要意义。民法典时代，适用于商事关系的应有前见包括以商法理念界分商事关系、风险与责任相一致、商事营业维持以及商事利益平衡等类型。而针对商事关系特性所需要的类型化思维则是民法典时代商事关系法律适用的必要方法论前见。

一、前见的一般含义

前见,是在认识事物之前，人们对于该事物的理解和认知，其作为法律诠释学的术语之一被广泛使用，泛指人们在理解某一事物之前的知识、经验或理性，正是在这些前见的基础上，我们才能理解应被理解的事。但前见并非偏见，其含义相当于"先见之明"中的“先见”。早期人们为了达到认识的客观性，实现主观与客观的截然对立，事实上是千方百计要摒弃前见，以避免前见成为偏见。尤其是在启蒙运动开始时，为了挣脱中世纪欧洲教会法、封建法对于人们思想的禁锢，前见是被多方批评和要求摒弃的观念，尤其是要摒弃教会法所带有的以崇拜、信服为前见的宗教束缚。

但是，伽达默尔从两方面着手恢复前见的合法性：一是认为前见是个人无法回避的；二是前见与权威、传统和理性可以并立存在。〔1〕前见并不是偏见。笔者认为，前见本身是一种认知和观念，同时是新的认知的基础和前提。而“认知”也被称为认识、理解；人类作为认知的主体，如何才能实现对客体的认知，原本就是人类认识客观事物的永恒话题，心理学、社会学、哲学等都对此有了丰硕的研究成果。伽达默尔的前见理论对法学的认知理论产生了重大影响。当我们提到“认知”时，不仅需要认识、理解相关法学知识的内涵、外延，还需要有基本的、作为认知必备要素的法学观念——前见。“认知”应当是从功能角度出发，将一切在认知过程中能影响认知的要素均予以考虑；这一理论关心的是决定认知全貌或全部要素的理论，认为认知过程不仅依赖于认知主体，还与认知对象、认知环境密切相关。〔2〕完整的认知理论包括以下三个特点。

第一，决定认知的要素具有多样性，包括主体的前见。早期的认知是指将人作为主体，依据人的理性或智商对客体意义的外界事物进行认识和理解，形成概念、知觉、判断或想象从而获取知识。现代以来，认知的内涵得到极大扩展，其不再是主体对客体的单向认识、理解，而是被看作一个过程，在这个过程中，凡是对认知能发挥作用的要素，如主体的情感、经验以及认知者所在的特定文化、历史和情境，甚至前见，都被纳入认知的研究范畴。认知不是主体被动地接受客体的刺激，而是主动的、带有建构性的认识客体。〔3〕因此，决定认知的要素的多元性就应当被重视。

---

〔1〕［德］汉斯－格奥尔格·伽达默尔：《诠释学Ⅰ：真理与方法》，洪汉鼎译，商务印书馆2007年版，第381页。

〔2〕周国梅、傅小兰：《分布式认知——一种新的认知观点》，载《心理科学进展》2002年第2期。

〔3〕刘俊生、余胜泉：《分布式认知研究述评》，载《远程教育杂志》2012年第1期。

第二，决定认知的要素在分布上是系统的、多维的，其中前见发挥着不可或缺的系统化作用。传统认知理论重视的是决定认知的“点”，但现代的认知理论认为，决定认知的是要素是多元的且有可能存在多种的分布状态，所以决定认知的各个要素不是孤立的“点”，而是呈现由多种因果决定的复杂关系。因此，认知的系统性必须被考虑进解读认知的方式中。〔1〕在这一系统性观点之下，决定认知要素的分布必然是多维的，既可能按时间维度分布，如在先发生的事件会影响在后发生事件的性质，因此，认知者不同时期的文化以及认知所持续的时间均会影响到认知的结果；也可能按空间维度分布，如分布在认知系统的内部和外部，即对认知个体以及认知工具、环境等均应予以关注。这些要素也可能在作为认知主体的协作成员之间并立地、同时地分布，而前见可以将这些要素系统化、同质化，避免这些决定认知的要素离散和产生矛盾。

第三，前见作为决定认知的多个要素之一，与其他要素和认知对象具有交互性。传统认知认为，认知就是人大脑里形成的概念、知识，并不看重认知要素之间的交互作用；而现代认知理论从功能视角探究影响认知的多个要素，这些要素相互之间交互和协作。〔2〕因此，决定认知的多个要素的“交互性”使我们在认知客观事物的同时，形成交互或协作共同体。〔3〕这足以体现各个认知要素的“交互性”所具有的划时代意义。而认知中的前见发挥着为新认知提供素材和基本逻辑的巨大作用。如果我们的头脑中没有前见，那么客观事物在我们的头脑中仅仅能够产生影像，而无法形成理性的认知；从这个意义上讲，前见虽然是主观的认知，但带有客观性。前见，并没有违反辩证唯物主义的认识观和方法论，反而在实证和积极意义上更清楚地阐释了主观、客观的辩证关系。偏见则是一种先验的价值判断的认知，偏见属于前见，但在认知的理性和权威要求下，偏见应是被抛弃的认知。前见是我们无法忽略的、在理解和认识事物前就必须有的观念，离开前见，我们根本无法正确认识客观事物。

---

〔1〕 于小涵、盛晓明：《从分布式认知到文化认知》，载《自然辩证法研究》2016 年第 11 期。

〔2〕 程志、徐建志：《分布式认知指导下的学习环境设计策略》，载《当代教育论坛（综合研究）》2011 年第 11 期。

〔3〕 刘俊生、余胜泉：《分布式认知研究述评》，载《远程教育杂志》2012 年第 1 期。

我国并没有像民商分立国家那样专门制定一部适用于商人和商行为的商法典。学者们虽然把当前的民事立法称为“民商合一”，但是我国的《民法典》在民商合一方面，更多的是民商不分，尤其是作为商行为主体内容的合同编，立法毫不迟疑地坚持要一体化处理民事关系和商事关系，将民事主体和商事主体平等对待，将民事行为与商事行为也同样平等对待。所以，如果一定要将我国的《民法典》也称为“民商合一”，那么这种民商合一的程度相较于当前其他国家的民商合一更为彻底，其中的商事关系更为隐蔽。相较之下，并不是每一个民商合一的国家都对“商”有意忽略。例如，《俄罗斯民法典》中尚有一个“经营行为”的术语可以大体区分经营行为与非经营行为，或者商行为与非商行为。因此，在《民法典》这样具有平等性和普适性的规则中，要判断是否有必要区分商事关系与民事关系以及应如何将这些隐蔽的商事关系与民事关系区分，的确需要前见。

二、商法理念是界分民商关系的前见

（一）法律理念的一般含义

法律价值、法律原则、法律理念都是立法中较为抽象的一般观念。一般而言，法律价值的抽象程度是最高的。法律价值就是我们通常所说的正义、公平；而法律原则是某个法律领域通行的一般规则，它比法律价值要具体和丰富，一般是这个法律领域或部门法的区别性标志；法律理念中所谓的“理念”与“理想”“追求”的含义相近，包括以一定的方法来实现该理想的信念。理念的抽象程度低于法律原则，它可能仅是某一类法律关系中适用的一般规则，未必可以达到像法律原则那样适用于某个法律领域或部门法，并且一般而言，法律理念更侧重于是人们理解法律的前见，也就是基本的法律观念。

例如，《民法典》第 1 条中所规定的“社会主义核心价值观”其实就是《民法典》的法律价值，这个法律价值是我国社会主义民法区别于资本主义民法的本质规定性所在，而《民法典》的基本规定就是民法的基本原则。《民法典》的法律价值、法律原则均可不加区分地适用于民事关系和商事关系，并且无论是立法、司法还是民（商）事活动，法律价值和法律原则均应得到适用。但法律理念则与法律价值、法律原则有所不同。商法理念如商事营业维持、交易安全与效率、信赖保护、加重责任等均仅是商事关系所特有，在民事关系中并不适用；并且商法的这些理念也不是所有的商事关系均可适用，例如商事营业维持和交易安全与效率就适用于不同的领域。

（二）商法理念是界分民商关系的前见

商法理念是商法抽象的理想和观念。通常，我们把商事营业维持、信赖保护、交易安全与效率、商事交易的便捷和高效作为商法理念。它们既是对商法总体特征的抽象概括，也是商事立法、司法以及商事实践中应用商法应当达到的理想效果。商法理念与商法价值、商法原则是有区别的。商法理念不能普遍地适用于全部商事领域，而仅针对某特定领域。商法价值、商法原则则具有普遍的适用性，并与其他部门法的价值一样，均体现为正义和秩序，商法的全部制度构建都为实现这些法律价值而服务。因此，商法在法律价值方面并无特性，它应当遵从法律的总体价值。在原则方面，商法也没有太多特色，《民法典》规定的公平原则、诚信原则对商法无疑也是适用的。但相比之下，商法理念则可以使商法这一部门法得以区别于其他部门法。例如，商事营业维持就是通过对法律制度的设计，尽量对营业活动和营业资产予以维持。又如，商法在贯彻交易的便捷安全和高效方面，使用了非常多的立法技术，精巧又平衡地实现这些理念，包括商行为的类型化、较短的时效或除斥期间。再如，票据、仓单、提单的流通制度，证券的登记结算制度等。尤其是商法中的责任往往比较严格，严格的责任构成了一种交易风险的防范机制，以提高商事主体的注意义务，强化对相关权利人的法律保护。

在宏观层面，商法理念对廓清商法外延起到价值导引作用；在微观层面，则对商法概念、规范和体系起到精细化的调整作用。可见商法理念作为商事关系法律适用的前见是必不可少的。相比于其他部门法，商法理念问题是商法的热门话题。这主要是因为商法理念是为数不多的商法的共同性规律，甚至可以说，纷繁复杂的商法之共性即是商法理念。如果我们把民法定位为传统的、具有封闭性的民法，则商法理念与民法截然不同；而商法的价值、基本原则不能与民法相区分。这恰恰说明商法的价值和基本原则的抽象程度最高，因而与同为私法的民法发生共鸣；而商法理念则抽象程度稍低，但它是商法的特性所在。经由司法实现的商法理念，将有助于商法自身的完善。[1] 如果没有这些商法理念，商法不少具体的制度将无从被理解和把握，更无法被正确应用。

三、民法典时代作为前见的商法理念

（一）风险与责任的一致性

《民法典》规定的民事主体是无差别的平等主体，民事法律行为的核心构成要件是“意思表示”。由此可见，《民法典》为了抽象涵摄民商事主体的共性，对于商主体的逐利本性并无规定。但是，商事关系中，商主体是以“营利性”为存在目的的，那么在民法典时代，我们就需要正视这种逐利性，将风险与责任的一致性作为商事关系法律适用中的首要的前见，商法不存在“等价交换”。为此，就需要做到以下几点。

1. 民法典时代需要用风险和利益的分析正确定性商事关系

商事关系的定性有三个层次方面的要求：一是需要判断是否有必要区分民商事关系；二是如果需要区分，那么这个商事关系是哪种性质的商事关系；三是对商事关系予以正确的法律适用。民商合一的《民法典》其实加大了第一层次的难度。目前，我国《民法典》在商事主体方面有较为清晰的商主体类型和规则，但在商行为方面较为含糊；商事特别法调整的绝对商行为部分较为清晰，但相对商行为的租赁、运输、居间等则较为混沌。区分民事关系和商事关系的技术难度可以从交叉运用商主体和商行为的规则方面考量，但是否有必要进行这种区分关键还是要从结果的公平性来进行考量，这就需要正视商主体的逐利性，明确风险与责任的一致性是商事关系适用《民法典》的首要前提。

例如，商事实践中有大量法律行为类型并立，如融资租赁、融资买卖

---

〔1〕 程淑娟：《商法理念的司法实现》，载《西北大学学报（哲学社会科学版）》2012 年第 4 期。

等。这些类型并立的商行为，本身就结合了几个典型合同的特征，它们应如何适用法律需要具体分析。如果类型并立的商事交易可以归属为《民法典》规定的典型合同，如融资租赁，则应适用《民法典》有关融资租赁的规定；如果类型并立的商事交易，不能归属为某类典型合同，那么其法律适用就需要从风险和利益的角度来考虑到底如何适用法律。以融资性买卖为例，包括托盘交易方式，即资金提供方作为托盘方与买卖合同的双方分别签订采购合同，通常利用远期汇票的时间差为卖方提供融资。托盘方从中获得资金使用费，卖方得以融资进行买卖。〔1〕此外，还有循环买卖的交易方式，即通过相同的企业或关联企业之间签订若干份相同的买卖合同，形成一个闭合的货物流转回路，帮助融资方取得在一定期限内的资金使用权，但不发生真实的货物流转。例如，A、B、C、D 四家公司分别签订货物买卖合同，履行方式为一方支付货款，另一方交付货权凭证，货权凭证最初由 A 签发，最终再流回 A。在这个循环买卖中，A 并不实际交付货物，只是取得了货款在一定期间内的使用权。〔2〕再有就是委托采购（销售）形式的买卖型融资性贸易，即提供资金的企业接受融资企业委托采购货物，提供资金的企业将收购、保管、销售三个环节全部交给融资企业完成，或将其中两个环节交给融资企业的关联方客户完成。〔3〕对于上述买卖型融资性贸易的合同效力认定，有法官指出，审判实务中，应根据当事人的交易目的、标的物是否实际交付流转、交易过程是否符合常理、当事人一方是否只收取固定收益而不负担买卖风险等，结合交易惯例，综合判断交易性质是否为融资性贸易及其类型。非融资企业以资金融通为常业，通过买卖形式实际经营放贷业务的，属于以合法形式掩盖非法目的的情形，合同应认定为无效。在合同无效的情形下，借款方应返还借款的本金及利息。对于借款方因返还不能而造成的损失，应由参与融资交易的其他当事人根据过错程度合理分担。〔4〕如果不存在上述无效情形，那么当事人之间的融资性买卖合同会被认定为有效。商事交易中，风险和利益分析是具体且必要的，不同交易模式中当事人的风险和利益均存

---

〔1〕 最高人民法院（2010）民提字第 110 号民事判决书。

〔2〕 北京市第二中级人民法院（2015）二中字民（商）终字第 09571 号民事判决书。

〔3〕 最高人民法院（2014）民申字第 1178 号民事判决书。

〔4〕 王富博：《企业间融资性买卖的认定与责任裁量》，载《人民司法》2015 年第13 期。

在较大差异，相应法律适用也不同。

由于风险和责任的并存，类型并立的商事行为在法律适用方面较为特殊。一般情况下，类型并立的商行为形成了法律关系的并立，因而首先适用各自类型商行为相关的法律规定；但是，由于类型之并立，这些不同类型的法律关系之间也需要商法的特别调整，由此形成利益和风险的最优匹配。

例如，基于交易效率的要求可能会使类型并立的几个法律关系突破债之相对性，因为类型并立的商行为，往往并存多个给付关系，在这并存的多个给付关系中，如果要再严守债之相对性就很可能有违交易的效率。因而，有不少法律规范实际已经打破了债的相对性，由此构建起债权人、债务人、第三人之间较为复杂的商行为规则。如在融资租赁合同中，出卖人履行交付义务不应向名义上的买方履行，而应向标的物的实际使用人即承租人履行，无须固守单纯买卖合同向买受人交付的传统规则，因而承租人虽然并非买卖合同法律关系的当事人，但可以承受买受人之法律地位或享有买受人之权利，由此可以化解标的物丧失致其无权追索的风险；出卖人虽并非融资租赁合同的当事人，但向融资租赁合同中的承租人承担买卖合同中的义务。此外，在解释论上买卖合同的瑕疵担保、风险负担等规定也应当适用于融资租赁物的买卖合同，只是出卖人义务的承担对象并非买卖合同的买受人（出租人），而是融资租赁合同中的承租人。显然，这些规则均是对传统债的相对性的突破。

又如，在融资性贸易中由资金提供方（第三方）履行该义务，并掺杂了各类典型或非典型的商事担保（应收账款质押、货权质押等），形成了复杂的交易模式。在类型并立的商行为中，之所以为此种债的相对性之突破，显然是因为避免在债的履行方面叠床架屋，在法律价值方面则是因为交易效率和交易安全。因而债权转让、债务承担、履行承担等债的制度得以普遍应用。

再如，商行为类型并立形成的多个请求权的并存状态需要法律按请求权之目的实现进行精细化调整。民法中多个请求权并存的原因较为复杂，有的是基于法律事实的多样化，有的是基于多个法律规范的不同规定，还有的则是基于同一法律规范的不同规定。学术界已经有将请求权之并存予以类型化处理的研究。[1] 但是，商行为类型之并立更加剧了民法请求权并存的复杂局面，可能抽象研究请求权之并存或竞合得出的结论并非能够适宜于具体的情形。也正如梅迪库斯教授所指出的，我无法就全体请求权予以一般性的回答，而只能仅从某些具体的请求权之间的相互关系出发来作探讨。[2] 笔者在此借鉴梅迪库斯教授将基于债务合同的请求权区分为原合同请求权和次合同请求权的方法，将在类型并立的商行为中，一方当事人向另一方当事人负担的主给付义务作为原请求权，将主给付义务不履行时的替代性义务作为次请求权，包括损害赔偿型、解除型和调整型三大类请求权。[3] 原合同请求权取决于当事人的具体约定，在类型并立的商行为中，往往存在多个给付类型——这也恰是笔者所主张的商行为类型并立之原因；而次请求权与原请求权的关系及各个次请求权之间的关系，则只能在具体个案中加以研讨。如果出租人既主张解除合同、收回租赁物，又主张作为次请求权的赔偿损失请求权，那么赔偿范围应包括承租人全部未付租金及其他费用与收回租赁物价值的差额；合同约定租赁期间届满后租赁物归出租人所有的，损失赔偿范围还应包括融资租赁合同到期后租赁物的残值。[4]

可以预见的是，未来由于类型并立的商行为之复杂，请求权的并立状态必然日趋复杂，因此商行为的相应规则也随之复杂。这就代表着一种法律精细化的发展态势，也是商行为法逐渐科学化、现代化的走向。但是，如果对多种请求权之并立问题完全仰赖立法之完善，就可能是天方夜谭。立法固然

---

〔1〕 张弛：《权利并存的类型化处理模式》，载《华东政法大学学报》2013 年第 1 期。

〔2〕［德］迪特尔·梅迪库斯：《德国民法总论》，邵建东译，法律出版社 2000 年版，第 68 页。

〔3〕［德］迪特尔·梅迪库斯：《请求权基础》，陈卫佐等译，法律出版社 2012 年版，第 77—101 页。

〔4〕 2014 年《最高人民法院关于审理融资租赁合同纠纷案件适用法律问题的解释》第 22 条规定："出租人依照本解释第十二条的规定请求解除融资租赁合同，同时请求收回租赁物并赔偿损失的，人民法院应予支持。前款规定的损失赔偿范围为承租人全部未付租金及其他费用与收回租赁物价值的差额。合同约定租赁期间届满后租赁物归出租人所有的，损失赔偿范围还应包括融资租赁合同到期后租赁物的残值。"第 12 条规定："有下列情形之一，出租人请求解除融资租赁合同的，人民法院应予支持：（一）承租人未经出租人同意，将租赁物转让、转租、抵押、质押、投资入股或者以其他方式处分租赁物的；（二）承租人未按照合同约定的期限和数额支付租金，符合合同约定的解除条件，经出租人催告后在合理期限内仍不支付的；（三）合同对于欠付租金解除合同的情形没有明确约定，但承租人欠付租金达到两期以上，或者数额达到全部租金百分之十五以上，经出租人催告后在合理期限内仍不支付的；（四）承租人违反合同约定，致使合同目的不能实现的其他情形。"

可以分配当事人的利益格局，但或许在个案中由法官更多地进行利益的衡平进而确定当事人的请求权是否可以行使以及如何行使可能才是更为现实的方案。

此外，对类型并立的商行为的处理结果的整体性也值得关注。类型并立的商行为尽管存在多个并立的给付，但它不是商行为类型的简单叠加，而是客观上存在当事人相同、标的物相同等联结点，因而形成了权利义务关系的交融。仍是基于效率、安全的价值考量，类型并立的商行为在最终处理结果上仍应具有整体性，在涉及相关当事人的责任时，往往遵循因果关系和过错分担这一最为基本的责任分担方法。这一结论可以通过当前的司法解释及案例得以实证化研究。

恰如最高人民法院法官在撰文分析融资性买卖合同的处理时所指出的，应当将多个合同构成的融资性买卖作为一个整体，根据参与交易各方当事人的过错程度，合理分配相应的损失赔偿责任。由于各参与主体通过相应的合同建立联系，共同构筑了一个完整的交易流程并从中分享收益，故在责任范围的主体确定上，应当突破单一合同的相对性限制，从整体上分析各方当事人的责任，[1] 这是根据利益与风险相一致的理念得出的合理结论。

2. 民法典时代需要用风险和责任的一体化约束商主体的行为

商法中的商事责任是一种交易风险的防范机制，只有有了责任的约束，才能正向地提高商主体的注意义务，提高交易的便捷与安全。例如，对商事交易当事人适用的严格归责原则。民事责任往往是过错责任，民事主体的注意能力比商事主体要差，因此只有在具有过错的时候，才承担责任。但在商事交易中，商事主体本身大多是构造精巧的组织体，有着复杂且完备的决策机制，如资本多数决、民主表决，一旦犯错成本就会很高，因而商法推定商主体不应犯错，严格归责是适宜的。又如，将过错的判断标准实现客观化或实行过错的推定，此外，还有责任主体的扩张等，如《公司法》中各种公司、其他股东、发起人的连带责任。

如果法律条文清晰规定了商事责任，那么在适用法律时并不会太困难，但在更多情形下，商事关系中的风险与责任的评价取决于法官在个案中的利

---

〔1〕 王富博：《企业间融资性买卖的认定与责任裁量》，载《人民司法》2015 年第13 期。

益衡量。在实务中，风险与责任的一体运用是常用的责任判定方法。

例如，在 L 公司的破产清算案中，管理人在破产财产分配中拟将 L 公司对某商厦的经营管理权作价出让给债权人之一的 S 公司，S 公司支付的现金则可以用于对 L 公司的其他债权人的清偿。管理人遂以 L 公司的名义与 S 公司签署了一份协议书，约定与某商厦有关的经营管理权处置的相关风险均由 S 公司自行承担，L 公司不承担任何责任。对这份协议书，如果依据《企业破产法》，那么自破产申请被受理起，管理人就已经全面接管了债务人的财产、印章、账簿、文书等。也就是说，被法院受理破产后的 L 公司其实根本没有权利再自行使用公章来签署任何合同，所以这份协议书因主体缺乏相应的权利能力和行为能力而无效。并且破产程序是概括清偿程序，不允许对任何债权人进行个别清偿。因此，如果按此思路，该协议书无疑应当无效。但若这样认定很可能会导致整个破产财产分配方案包括人民法院下发的对破产财产分配方案予以认可的裁定都将效力存疑，为此也需要另行寻找更有利的解释。从该协议书的内容来看，将其解释为一份管理人对破产财产分配方案的免责声明更为准确。该协议书因破产程序禁止个别清偿而不可能发生处分 L 公司经营管理权的效果，只能解释为给管理人履职带来的风险进行免责的声明。从破产实务操作来看，管理人在破产财产的处置中“借用”债务人的名义，签署这样一份协议书根本没有必要，但也能理解管理人尽量避免其履职风险的苦衷。此时按无效法律行为之转换原理，这份协议书因主体不合法而无效，但将其解释为管理人的单方免责声明则应有效，并且这份协议书的存在也不会影响到 L 公司整个破产程序的合法有效。

3. 商主体的商人身份使其足以在商事交易中预测和分配风险与责任

在商事法律实务中，经常有当事人认为自己与对方所签的合同中具有格式条款且该格式条款侵害了其合法权益，故而该格式条款应无效。例如，某大型国有企业在与某公司签订的“钢材买卖合同”中约定，如果某公司迟延向某大型国有企业供货，则应按贷款市场报价利率的 4 倍支付迟延利息；但如果某大型国有企业迟延向某公司支付货款，则某公司应给予某大型国有企业 3 个月的宽限期，宽限期届满仍未付款的，按中国人民银行同期存款利率支付违约金。对于该条款，某公司认为某大型国有企业并未与其进行协商，是某大型国有企业单方制订且反复适用的条款，因此属于格式条款，根据

《民法典》第 496 条的规定，不应作为合同的内容。

对上述“钢材买卖合同”中关于迟延履行责任的约定是否属于格式条款，确实存在不同的观点。2022 年 11 月的《民法典合同编司法解释》（征求意见稿）并未将这种情形直接认定为格式条款或者不认为格式条款，而是从举证责任角度对是否构成格式条款进行了制度设计。事实上，格式条款对消费者等民事主体实施特别保护乃是各国立法的通例，但对商主体则不应适用。

此外，如果有足够的商法理念，就会知晓商事生活中类型化契约与格式条款的区别，从而不至于在上述案例中将类型化契约异化为格式条款。类型化契约固化了意思表示，节约了交易双方就交易而产生的沟通成本和时间成本；凡是属于同一类型的法律行为，都可以适用相同的法律规则，法律后果也只有量的区别而无质的差异，这样当事人也可以方便、准确地预期到自己行为的后果及交易风险，为商行为的履行做好充分准备。因此，类型化契约极大地便利了交易活动，符合商事交易应有的效率性。在通过合同条款表达的意思表示固定化方面，类型化契约与格式条款或格式合同有相似之处。如果深入研究类型化契约的具体条款，就会发现其与格式条款一样都是事先拟定并在实践中反复且普遍使用的，都体现了对交易效率、交易安全和交易公平的追求。也有不少学者认为类型化契约就是定型化契约，也就是格式合同；中国早期的民法学者曾使用过“定型化契约”这个概念，但后来逐步改用“格式合同”或“格式条款”。笔者认为，类型化契约与格式条款（合同）的内涵应有以下两点区别。

第一，类型化契约是双方商行为的规则。格式合同或格式条款的规制属于单方商行为规则。在格式合同、格式条款中，相对方对于该合同或条款的制订并无表达意思的机会或现实可能，因此只能全部接受或不接受，更多的时候可能是不得不接受。这样就可能违背作为合同缔结正当性基础的意思自由原则，因此法律有特别加以规制的必要。格式条款的提供方与接受方地位不平等，目的是重复使用交易中预先拟定的条款，并且更为重要的是，格式条款的接受方并不参与格式条款的制订。类型化契约也可能被重复使用，条款也可能被预先拟定，但类型化契约的合同当事人有平等的法律地位，均有表意的自由，双方也都参与了条款的制订。当然，在实践中，我们不能排除某些类型化契约也存在对事实上在谈判中处于弱势地位一方的意思表示自由的损害。但即便如此，在合同双方均为商人的情形下，法律也推定双方具有相当的缔约地位和能力，不需要运用格式条款的上述特别规定来对利益受害方予以特别保护，而是可以通过其他合同法的制度如合同的撤销或变更、违约金的调整等制度来进行规制。

第二，法律规制的理念不同。格式合同、格式条款通常被作为对意思表示自由的限制，主要从合法性和公平性两个角度予以规制。对格式条款一直存在特殊的规则，如果格式条款限制对方主要权利或者免除自己主要责任、加重对方责任，则应无效。为了确保格式条款应用的公平性，在格式条款的解释方面也遵循不利解释原则，以此来凸显在应用格式条款时法律对不能表达意思自由一方的保护。而商法中的类型化契约，其实并不需要上述格式条款的规制方法，因为这类商行为的主体双方具有平等性，合同条款也是双方基于自主自愿协商而成的。更多的情形是，合同条款已经是商业惯例，虽然也可能被重复使用，但只不过是为了减少沟通成本、提高交易效率而预先制订和重复使用，对类型化的双方商行为无须动用格式条款之规制方法。

（二）商事营业维持理念

商事营业维持是一项古老的商法理念，历经多年的发展，商事实践中对营业维持原则的运用可谓驾轻就熟，商法的所有制度均旨在使商主体的营业得以持续存在和发展。最高人民法院指导案例 164 号就是一个体现商事营业维持原则的典型案例。[1] 该案的一个典型亮点即在于管理人所要求的试生

---

〔1〕 在该案中，S 公司是江苏省睢宁县唯一一家拥有酒精生产许可证的企业，对地方经济发展具有重要影响。进入重整后，为维持企业的重整价值，管理人提出由重整投资人先行投入部分资金恢复企业部分产能的方案，随后法院准许投资人 C 公司进行试生产，通过投资人试生产，S 公司在重整过程中遇到的酒精生产许可证脱审、职工稳定以及设备安全等问题被解决，企业由停滞状态逐渐恢复活力，并保持在预热状态。该指导案例的裁判要点确认，在破产重整过程中，破产企业面临生产许可证等核心优质资产灭失、机器设备闲置贬值等风险，投资人亦希望通过试生产全面了解企业经营实力，因此管理人可以向人民法院申请由投资人先行投入部分资金进行试生产。破产企业核心资产的存续直接影响破产重整目的的实现，管理人的申请有利于恢复破产企业持续经营能力，有利于保障各方当事人的利益，该试生产申请符合破产保护理念，人民法院经审查，可以准许。同时，投资人在获得试生产准许后，应接受人民法院、管理人及债权人的监督，以公平保护各方的合法权益。

产得到了法院的支持，而试生产的理论基础恰恰就是商事营业维持原则。破产重整制度作为公司破产制度的重要组成部分，为面临财务危机的企业恢复经营能力提供了机会，其本质是在不消灭企业主体资格的情况下，通过债务的清理与营运的重组达到维护各方利益的目的。商事营业维持原则的本意是：作为促进本国国民经济高效率发展法律工具之商法，必须把对商事营业的大力维护以及对企业发展之全面支持作为制度建构之目的与推行商事法则的核心任务。商事营业维持原则是破产重整制度的基本原则，破产重整以利益相关者的经济人理性为基础，通过再造企业并释放企业的持续经营价值让企业起死回生。破产法背后的逻辑是实现债权人整体利益最大化目标下的实质公平追求，而挖掘债务人在企业破产期间的继续经营能力能有效实现债务人的财产增值。在破产重整过程中，保留核心业务，剥离亏损或者较难盈利的业务，对债务人的整体产业布局和资源整合进行优化，从而提高债务人的资产清偿率。破产法经历了从债权人利益保护到债务人利益兼顾的变迁历程，但唯一不变的是利用债务人的财产去清偿债权，债务人财产的保值、增值一直贯穿整个破产法制度。实践中，在人民法院裁定债务人企业进入破产重整后，甚至在后续重整之前的破产清算期间，债务人企业可以持续性地进行经营活动，这一方面有利于降低投资人实施运营重组的成本，另一方面便于投资人判断企业的存续价值。该案中，S 公司长期负债，生产线被闲置，自身无力继续经营。重整企业现有资产经审计后已确认；根据管理人与投资人达成的投资协议，重整企业的偿债资金数额、来源也已确定，投资人进场试生产与重整企业清偿债务之间并不冲突，遂由投资人取代债务人企业的地位，在有限范围内进行试生产，使核心资产酒精生产许可证不至于灭失，为重整后的企业保住核心市场竞争力。同时，投资人参与企业治理、深入企业的具体经营决策行为能够对重整企业的价值进行更加充分的预估，增强投资人的投资意愿。企业的负债水平、投资的风险概率与收益规模对试生产经营期间企业治理中的章程设计与权力配置具有重要影响，允许投资人试生产的目的不是让投资人盈利，试生产应限定在一定的风险范围之内。例如，假定投资人在试生产期间采取风险投资，对债权人来说，其获得潜在收益可能性在提高的同时经营失败的可能性也在提高，从而有可能进一步降低资产清偿率。S 公司投资人严格按照睢宁县人民法院批准的试生产范围，将试生产限定在某几个车间，并在管理人的监督下严格限制试生产的规模，试生产只需达到企业生产线基本运转水平并使酒精生产许可证得以延续即可。在此过程中，需防止投资人利用重整中的企业生产盈利，损害重整企业和债权人的利益。[1]

此外，近年来作为热点话题的企业合规，本质上也是为了实现商事营业维持。如果把企业合规理解为案发后发挥责任减免、免除刑罚、免于被追诉的功能就过于狭隘了。如果具备商事营业维持理念，就不难理解，合规义务的设置更加注重的是事前的预防和识别，而不是事后的责任追究。并且刑法迄今仍坚持罪刑法定原则，合规义务作为企业责任减免事由并没有相关法律规定。营业维持不仅是商主体自身的利益诉求，而且可能需要长期依赖外部的监督管理；但如果只依赖外部的监管来维持有序的营业，那么不仅会消耗大量的人力物力，而且由于外部监管人员自身知识水平、认知水平等方面的差异，对于企业经营管理的专业化方面难免力不从心。因此在探讨合规义务的性质和未来如何建立统一的董事合规义务时，我们应在公司法的层面上首先进行深入的分析，鼓励企业自身根据统一的指导意见建设内部的合规计划，由作为执行机构的董事会发挥企业全员自我监督、自我管理的能动性，这样才可能真正实现企业的可持续发展，减少司法资源的浪费。只有在商事营业维持理念之下，才可以保证企业可持续发展，实现商主体利益、股东利益、利益相关人利益的共生共荣。[2] 因此，从企业追求自身利益和坚持股东利益至上两方面来看，公司董事合规义务具有私人属性，将合规义务置于《公司法》规定的执行机构董事会之下，就是为公司和利益相关人长远利益而作出的制度设计。

（三）商事利益平衡理念

商事关系往往涉及多方主体的利益，因此在商事关系中，商事利益平衡是常用的法律理念。从民商对比的视角看，《民法典》中有一种民事权利的分类方法是绝对权和相对权，前者是指权利主体特定但义务主体不特定；后

〔1〕 张志瑶等：《〈江苏苏醇酒业有限公司及关联公司实质合并破产重整案〉的理解与参照——企业破产重整中投资人试生产的法律适用》，载《人民司法》2022 年第 23 期。

〔2〕 陈瑞华：《企业合规基本理论》（第二版），法律出版社 2021 年版，第 116—118 页。

者是指权利主体和义务主体均特定。这种权利的分类在商法中也是适用的，例如商法中物权、商事人格权等也是绝对权；而特定主体之间的权利如债权自然也可以归类为相对权。但是民事关系往往是单一的，而商事法律关系涉及的主体较多，即使是相对权关系，也可能因主体的众多而呈现多线条的权利义务关系。其实，《民法典》所建构的绝对权和相对权体系，假定的一个前提就是权利主体和义务主体均稳定不变，但商事关系则是在这个权利类型的基础上更加侧重多个主体之间身份的互换：一个特定的商事主体，既可能承担着作为绝对权义务主体的义务；也可能承担相对权的不同权利义务，如其在与甲的相对权关系中是权利主体，而在与乙的相对权关系中则是义务主体。因此，不同主体之间的利益平衡，甚至包括个体性的商事主体与国家利益、社会利益，都存在平衡保护的需求。

商主体本身就是一个复杂的利益集合体，例如公司这个典型的商主体就运用了利益平衡的方法。以上市公司中双层股权结构为例。所谓双层股权结构，是指公司将发行的股票分为两类：一类股票的表决权是数倍高于普通股份的表决权；另一类股票是一股一权，或不享有表决权而仅享有收益权，或投票权受到限制。从阿里巴巴合伙人制度在港交所被认为违反“一股一权”原则而举牌失败，到小米科技成为首个赴港上市获得发行双层股权结构的公司，再到中国证监会对《关于A股应该加大对创新企业上市的支持力度的提案》的回复，均清楚地表明要重视内外股东利益平衡。我国2018年《公司法》第126条规定股份的发行，必须遵循公平、公正的原则，同股同权、同股同价。该规定在该法颁行之初被简单理解为“一股一权”，但后来被认为其根本内涵应当是同种类股份（而非每一股份）所囊括的表决权、收益权及其基础上的比例平等。实务中，特别是近年来风险投资的发展，对双层股权结构产生了迫切的需求。因此只要是同种类的股权，给予相同待遇就视为满足了“同股同权”的要求。例如，双层股权结构中的A股，只要是A股，该类股权所享有的表决权平等（资本多数决）、收益权平等、发行价格平等、发行条件平等就满足“同股同权”的条件。而在这样的股权架构中，利益平衡是相当重要的。但当优先股股东以失去表决权作为退让时，他们获得的利益能否有保障？董事会在成为公司控制人的时候对公司治理产生了怎样的影响，享有超级投票权的股东从中能得到什么？在当前公司所有权与经营权分离的情况下，股东与管理者本就存在一定的隔阂，而大股东与少数派股东之间由于资本多数决原则，大股东滥用权利损害少数派股东利益的行为也不少见。因此，双层股权结构的设计面临诸多利益平衡的问题。相应地，股东与管理层之间的委托代理成本问题也更加艰巨，如大股东联合管理人员侵吞小股东权益更加便捷、管理者自身行为发生两极分化、监督权与管理权原本制约的内外部状态失去平衡等问题。这些问题在双层股权初次在国外被采用时就已显现，日本东京交易所在 20 世纪 80 年代就采用了强制性燕尾条款，即当收购者收购股份时，对超级投票权股和限制投票权股应当开出同样的条件，这样股份转让才具有效力。安大略省证券委员会在 1987 年也发布临时政策附加条款，其中就限制表决权股收到信息资料的权利、发行该类股票应当征得少数股东中的多数同意等作出规定。

就股东与董事的关系而言，如果管理者与股东的利益重合程度较高，董事则更加主动地维护公司运营，忠实于股东利益。董事的收益主要来自固定工资、期权分红和长期激励计划的收益。长期且数额较大的收益会激励董事勤勉、忠诚；期权分红非短时间能获得巨大收益，其与公司的经营情况是否良好有不可分割的关系，长期激励计划的优点在于排除了董事个人能力水平及主观能动性发挥程度与公司获取利润、市场价值间的线性关系的偶然因素，有效地缩减了代理成本，精准地反映了董事是否恪尽职守。长期激励计划尤其适用于双层股权结构，在一部分股东持有限制表决权和无表决权股时，他们具有无法逐出无能管理者的无力感，他们除了“用脚投票”退出公司，很难对抗代理人。提高激励性报酬的占比对采用双层股权结构的公司来说无异于雪中送炭，股东和董事之间原本尴尬的利益冲突在一定程度上得到了缓解。

就大股东与小股东的关系而言，利益平衡的思路是完善派生诉讼机制，强化投票权中的监督能力。投票权也是监督权，股东可以通过选举、表决等行使监督管理者的权利，持有超级投票权的股东应当利用好手中的投票权，当发现董事有侵害公司利益行为的时候，通过股东会表决罢免董事。而投票权被限制的小股东则可以选举代表集中行使投票权，这也得益于累计投票制度的实行，通过联合使“达摩克利斯之剑”发挥最大作用，提醒董事恪尽职守。例如，在实现双层股权结构的方式上应当采用发行新股的方式，而非股权重置。因为股权重置实质上是在剥夺一部分原有股东的表决权，在重置之前，来自外部的投资者可能通过购买创始人手中的股份或增发新股的方式获得表决权。此外，也可以参考美国适用证券集体诉讼制度，减轻中小股东参与诉讼时的负担。当大股东滥用权利，如滥用表决权侵害小股东利益时，中小股东可以联合起来对大股东进行诉讼。在中小股东自我救济机制上给予倾斜，不仅有利于挽回中小股东自身的损失，而且对于居心不良的大股东也是一种监督，只有维权不那么难，作恶者才会有所收敛。并且在举证上可以采用举证责任倒置的方式，让中小股东在强势的公司面前减轻负担。

而在强化公司创始人对公司的控制权方面，要对超级表决权股进行一定限制，在涉及普通股东重要事项上，除独立董事发表建议以外，可以允许超级表决权股暂时失效，按照所有股东一股一权的方式进行投票。但是这一限制不能滥用，否则便丧失了双层股权结构制度建立的意义。除此之外，何种情况属于丧失超级表决权的重大事项应当提前约定。只有那些对公司发展方向具有决定性意义，或者就公司业务拓展具备必要知识技能的人才可以享有超级表决权股。因为这类人员有特殊价值，能够保证丧失表决权的股东在公司价值增长方面享受回报。正所谓失之东隅，收之桑榆。此外，还可以采取“日落条款”，即当上述具有特殊价值的股东失去特殊价值时，受益人不再享有超级表决权股。限制超级表决权的目的并非限制创始人把持公司朝着自己预计的方向发展，而是保障创始人在和管理层共同实现自己远大目标的时还能兼顾普通股东的利益。

四、类型化思维是民法典时代商事关系法律适用的必要方法论前见

（一）类型化的方法

在我国，商法一直以来饱受“无体系”的诘难，其实这与采用抽象概念来建构商法的制度体系的错误理念有直接关系。抽象涵摄的困难使商法总则性规定与民法相比显得“无体系”“无逻辑”。无论是客观主义的商法立法

例，还是主观主义的商法立法例，都有“先天的缺陷”。[1] 但正如类型研究者所指出的，类型兼具抽象化和具体化的作用，可以分别适用于具体的事物和抽象的价值，可以说是法律资料之体系化以及法律体系之应用最为常见且有效的方法。使用类型掌握案例并说明其中的道理，或使用类型剖析价值对于具体状况之内涵，不会流于表面或受空间所限。常常能够在个案之处理上降低劳动强度，触类旁通，在价值之引用上避免过度一般化，以偏概全。[2] 只要在类型化上，于归纳时把握存在于生活中之道理，朝向法律所要实现的正义价值，于具体化时避免流失存在于理想中的道义，垂怜生活所需建立的法律和平；那么类型化所得的类型便可自然而然地纳入以价值逻辑和形式逻辑所建立的法律体系，构成各阶层之子系统。只要对这些子系统加以观察和利用，就可以构成类型谱和模块。类型谱可以作为利益权衡上是否应予不同处理或判断有无漏洞的比对对象观察事物；模块可作为观察事物、思考问题的蓝本或检查清单，提供后进在前人经过系统化控制管理之知识的基础上解决问题、确保生存、争取发展机会的可能性，为承前启后之文化结晶。因而需要我们研究如何选取模块，当然，选取的标准应当取决于所要处理或说明的事务。[3]

主张民商合一的学者其实已经注意到了商法与民法不同的方法论。[4] 民法需要作为基本法，涵摄全部民商事关系，因此只能采取抽象涵摄的方法，并且民事规则越抽象，所能涵摄的内容就越广泛。但是，商法与民法的区别在方法论上是较为明显的，商法原本就不适用这种民法的抽象涵摄方法。民法学者对商法“抽象涵摄不能”的质疑是正确的，这对于厘清民商关系也是必要的。如果商法找不到属于自己的法学方法论，那么无疑对于证成商法的独立性将缺乏说服力。立足商事关系，商主体和商行为更适宜运用类型化的方法表述为具体概念或类型，若非要运用民法抽象涵摄方法，则不仅不能厘清它们，而且颇有作茧自缚的态势。商行为在自身作为“类型概念”的同时，同样可以应用类型化方法实现自身子类型的具体化。商主体本身就

---

〔1〕 赵旭东：《商法的困惑与思考》，载《政法论坛》2002 年第 1 期。

〔2〕 黄茂荣：《法学方法与现代民法》（第五版），法律出版社 2007 年版，第 577 页。

〔3〕 黄茂荣：《法学方法与现代民法》（第五版），法律出版社 2007 年版，第 579 页。

〔4〕 王利明：《民商合一体例下我国民法典总则的制定》，载《法商研究》2015 年第 4 期。

是民事主体中经商营业、追逐营利的主体类型，《民法典》对此已经规定“营利法人”是最典型的商主体。商行为同样是商主体从事的、以营业方式开展的营利性行为。类型与抽象涵摄最大的区别在于抽象涵摄的构成要素不可或缺，例如《民法典》中的民事法律行为就是一个极具代表性的抽象概念；如果一个行为缺乏意思表示，就不构成法律行为；反之，如果一个行为包含意思表示，则构成民事法律行为。但类型则不要求构成要素全部具备，因为其抽象程度低于抽象涵摄。

作为中等程度的抽象，类型化的方法相较于抽象涵摄更为具体，更能适应多变的客观现实。例如，商行为规制主体、方式和动机等不属于意思表示范畴，却是影响到法律适用实质公平的要素，因此能够与民事法律行为制度相互配合或补充适用。笔者在前文已经指出，将商行为作为一个类型而非抽象概念可以完成对商行为确定性的研究。作为类型的商行为，其内涵是清晰的、确定的。商行为有自己的构成要素，即主体商人性、方式营业性和动机营利性，这些构成要素足以区分商行为与非商行为；但它们就成立商行为而言并非全部必要，并且相互之间有一种维系关系。举个例子，《民法典》中的法律行为等基本私法制度是树干，商行为规则就是树干上的枝叶，若仅有民法相关规则而缺少具体的商行为规则，固然会留下若干“阳光的空隙”；但这棵大树构建起的私法行为规范越是丰富浓密，当事人所受到的庇护也就越详尽周到。一个国家市场经济的发达和市民社会的完善与否，端赖这棵私法的大树能否枝繁叶茂。我们界定清楚商行为并非目的，商行为的研讨也绝非满足逻辑、体系或学术上的美感；确证商行为是为了对商行为适用相关的商事规则。[1] 因此，在完成了对商行为的确定性论证后，应当继续探讨具体的商行为规则。

第一，作为类型的商行为可以被立法界定，但很难达到抽象概念的确定性程度。立法中的抽象概念必须有确定的内涵，否则无法演绎——以逻辑严谨、内涵清晰的成文法形式“推而广之”地适用于社会生活。但相对于抽象概念的确定性，类型的确定性程度则较低。因此，立法同样可以描述类型，但与抽象概念形成鲜明对比的是，类型不能达到太高的抽象性和确定性。也

---

〔1〕 程淑娟：《商行为：一种类型化方法的诠释》，载《法制与社会发展》2013 年第 3 期。

正是由于作为类型的商行为，在立法中不像抽象概念那样具有演绎的功能，所以商行为的立法甚至可以不对何谓“商行为”作出描述，只规定商行为的具体类型或子类型也并无不可。这一“只见树木不见森林”的立法思维确实与我国民法学界惯常的概念法学不同，但似乎在商法学界中颇为常见，比如我国《公司法》第 2 条缺乏对“公司”的一般描述，而是规定公司即有限责任公司和股份有限公司；《合伙企业法》第 2 条同样缺乏“合伙企业”的一般描述，而是规定合伙企业即普通合伙企业和有限合伙企业。民法抽象涵摄的习惯思维固然彰显了人类理性思维的优势，其对私法法典化的贡献从来不应被小觑；但在商法领域，商事实践的复杂性需要多元化的方法论，单一的抽象涵摄并不全部适用。换个角度看，尽管类型化的方法不能使“商行为”如抽象概念般确定，但只要我们允许人类认识的层级性、进阶性，就可以在立法中通过类型来描述何谓商行为，或者通过罗列商行为的具体类型而忽略“何谓商行为”来实现商行为内涵的确定性。因此，将商事法律规范纳入《民法典》，本身就需要《民法典》包容立法技术的多元化。

第二，立法对商行为的类型描述服务于法律适用的需要。立法之所以对商行为进行类型描述，是因为商行为有法律适用的需求。基于民商法的同源，世界各国的商法典无一例外是在其民法典的基础上制定的，并服从于私法的整体框架。因此商法规则适用于怎样的主体与行为，就必须予以明确。民法作为抽象涵摄立法技术的佼佼者，为了实现抽象，将主体、行为间的差异性有意识地忽略，只提炼出共同性、一般性的规则，再按演绎的方法“平等适用”于所有民事主体。其实，商事主体的身份意义仅仅是经济意义和法律意义上的区分，没有政治意义；并且民事主体和商事主体也是地位互换的。笔者认为，如果不涉及商法的法律适用需求，“商人”“商行为”的类型之描述将毫无意义，也只有在具体的法律适用中，商主体、商行为这样的类型描述才有意义。

第三，依据构成要素划分商行为的类型具有相对确定性。类型之下，可以有类型的序列和结构，即类型可以有子类型，子类型之下还可以有诸多具体类型。偏重主体在法律适用中的意义的德国将商行为区分为双方商行为和单方商行为；日本则依据商行为是否采用营业方式区分为绝对商行为和相对商行为，依据动机则可以将商行为区分为基本商行为和附属商行为。而“类推商行为”则是那些虽然不具备商行为的构成要素，但因法律适用的需要而将民事行为或行政行为推定并适用商行为的具体规则，从而与纯然商行为形成类型之对比。由此所展示的商行为类型就是按立法对不同商事要素的评价而定，并且具有自己的逻辑，形成商行为体系化的类型序列。因此，类型化的商行为在法律规制方面呈现“多点联动”而不再是“单点离散”。不少商行为可以按投资者“自然人或民事要素”的递减和“财产或商事要素、内部组织行为”的递增进行类型排列。依据类型，某一行为的类型归属就完全有可能多元且丰富，它可能既是双方商行为，也是营业商行为，还是绝对商行为；这种复合性的归类不会打乱商行为的逻辑和序列，并且能帮助我们在立法中尽可能多地考量相关商事要素，设计出更为适宜的商事法律规范。所以，本书对商行为的类型划分，并不否认类型之间的关联性，这也再次印证商行为类型划分中的“双向综合”以及法律规制的复杂性。

（二）类型化的商行为

类型化的商行为的立法实现路径较为清晰。既然“多点联动”更适宜于表达商行为规则的应然性，那么商行为的规则也应当按其类型加以确定，笔者的初步设想如下。

双方商行为与单方商行为的子类型需要在立法层面强调主体要素时运用，其在立法中将呈现“点”“散”的格局。一般而言，如果立足于单方商行为中的商主体一方，则对于非商主体一方有特别保护。单方商行为中最常见的子类型是消费者合同，所涉消费者也包括金融消费者，如银行卡用户、保险产品消费者等。双方商行为规则将成为商行为规则的主要构成部分。究竟是把不区分主体身份皆为商主体的规则设计为一般规则，商事规则设计为特殊规则；还是相反，即应当取决于立法的习惯和该规则对民事或商事的倾向。立法处理这类规则大致有三种方式：一是已经完成民法化的商事规则，例如我国《合同法》中买卖合同的大部分规则已经在《民法典》中予以修订和补充；二是参酌大陆法系立法，诸如沉默视为同意的意思表示，交易确认书、交互计算、商事保证等均应作为双方商行为的规则；三是立足民事规则的普适性，如果有些特殊的商事规则仅适用于双方商行为，则需要特别提示主体的商人性，如商事留置权、动产集合抵押等。

绝对商行为和相对商行为也是重要的商行为子类型。综上，绝对商行为和相对商行为的分类对于《民法典》实现实质商法有相当大的意义。不少学者曾担心《民法典》民商合一的可行性，认为商事法律规范数量太多，但《民法典》作为一部法典容量太过有限。其实这种担心是多余的，绝对商行为的规则要么以商事单行法的形式存在，要么以合同编中典型合同或特别债法的形式存在。绝对商行为有太多与现行《民法典》冲突而无法融合的规定，且“个性”显著，无从通过法典来“一统”，如果非要由《民法典》“一统”这些商事单行法则太过叠床架屋；而相对商行为规则的完善则是我国未来民商事立法的重点，它们作为债法特别法，已经成为民法商法化、商法实质化的具体成果，并支撑着《民法典》的债法部分，特别是体现着债法现代化的水平。要在具体的规则设计方面有更多的研究，同时要不断借鉴司法实践的研究成果，但是也不需要再刻意渲染其商事要素。相对而言，商行为的立法则成为未来民商事立法的难点和重点，它们将在未来的民商法中呈现“以点带面”的立法格局。

基本商行为既可能是双方商行为也可能是单方商行为，既可能是绝对商行为也可能是相对商行为，因此对于基本商行为不需要再有特有的规制，需要立法加以把握的是附属商行为。附属商行为的规范在当前中国的立法及司法实践中均较为薄弱，《民法典》对附属商行为的规范设计是少而精，给未来商事实践中出现的附属商行为提供了更多的自治和发展空间。附属商行为的典型例证是商事担保或公司担保。民事生活中，债权债务具有偶发性，因而担保行为所担保的债权额往往是特定的。而在商事实践中，商主体因营业所需，债权、债务连续、反复和持续发生，因而商事担保所担保的债权在担保方式方面有自己的特殊技术，可以确定时间、确定所担保的债权的最高额，但不确定每一笔担保的具体债权额，这就是商事担保中独有的最高额担保。民事担保强调物的使用价值，往往通过实际占有债务人的特定物来增加债务人的心理压力，促使其尽快还款。但商事担保可以通过交易模式的设计同时实现债权担保和发挥物的使用价值双重功能，例如在保兑仓交易中，让第三人（仓储方）受托管理质押物，设质人即债务人继续使用担保物，将原始的控制担保物给债务人造成压力的作用转变为债务人信用增级，保证担保物物尽其用，使得债务人在物尽其用的基础上增加财产，保障债权人债权实现，避免债权人产生仓储等费用，这就进一步降低了交易成本，可谓是对担保物使用价值和交换价值最大限度地发挥。

类推商行为在《民法典》未来的适用中将有重大意义，立法无法预见类推商行为的具体类型，较为适宜的做法就是在债法或主体法部分规定一个“类推”条款，《民法典》第467条就担负着这样的功能，即按照公平需要，对当事人之间需要适用该法典的，适用该法典的相关规定，但法律另有规定的除外。此外，类型化的商行为也支撑了商法的独立部门法地位。实务中，典型的类推商行为是指政府特许经营权合同。政府为获取经营方对某些大型项目的投资和建设，作为对价向其出让特许经营权。与典型民事主体如自然人以民事权利实现终局性的自身私益相区别的是，政府取得、享有和行使民事权利均具有“过渡性”或“中介性”；相关的利益只是借助政府这个中介平台，其仍应输送、服务和满足于公共利益。政府如果把民事权利之享有作为自己的最终目的或借自身这个天然的、权力的优势平台满足自身或某些政府成员的私益，则必然是违法寻租行为。唯有法治才能确保政府行为的合法性。政府在行使民事权利方面不能再依托其行政权力，而是应当依据相关民商事法律，这样才可以防止对相关当事人利益的损害。而民商法本身也具备极大的包容性和扩张性，只要没有违反强制性的法律法规，就完全可以容纳政府以民事手段来实现公共利益的目的。其实，从表层来看，特许经营权合同确实是行政法学界所称的“私法遁入公法”，即公法在若干方面对私法的原则、制度均可以借鉴和利用；但从深层来看，特许经营合同其实是政府及公共利益的实现方式的多元化和整个社会的法治化，将此类型纳入商行为的优势在于对政府和合作方均可以适用《民法典》。

以上商主体、商行为的类型化，是民法典时代商事关系法律适用的必要知识观。长期以来，我国商法基础理论对商主体、商行为的研究较为片面，观点混乱，经不起严格的逻辑拷问，这种研究残缺的原因，就是缺乏必要的法学方法论支持。例如，很多学者在阐述商主体、商行为规则时、在研究比较法时，往往套用所有主观主义、客观主义或折中主义。殊不知这种理解存在较为严重的偏差。商行为的主体、方式、动机等商事要素对于任何一个国家在立法中确立何谓商行为都是必须考虑的因素，而绝非可以顾此失彼，只是由于立法传统和习惯的不同，不同国家对于商事要素之于商行为的确定意义会有不同的评价。而适宜于作为类型的商主体和商行为，其研究方法也同样应以类型化的方法展开。唯有在上述适宜的法学方法论下，才能形成有关商主体、商行为的正确知识观，成为民法典时代商事关系法律适用的应有前见。

五、本章小结

民法典时代商事关系的法律适用研究，需要一些必要的前见。前见是一种认知但不是偏见。客观事物能被正确理解的前提是理解者自己有必要的认知和理解能力，前见就是这样的认知和能力。理解民法典时代商事关系的法律适用，最重要的界分民商关系的前见就是商法理念。如果欠缺商法理念，那么民商关系将是混沌的。笔者认为商法理念中的风险与责任理念、商事营业维持理念以及商事利益平衡理念是较为重要的前见。而类型化的思维则是民法典时代商事关系的法律适用研究的必要方法论和知识观。只有按照类型化思维而非民法的抽象涵摄思维，才能正确认知商主体、商行为，也才能理解类型化的法学方法对于本书展开的意义所在。类型化的研究相较于抽象涵摄的法学方法更为具体适用。

第四章　《民法典》对商事关系的涵摄适用

立足上述作为法律适用前见的商法理念和类型化方法的商法知识观，通过对典型案例的实证分析，需要对民法典时代商事关系的法律适用区分类型予以具体研究并提出规范化建议。民法典时代，《民法典》中相当一部分的规则可以直接适用于商事关系，包括民法最一般性的理念即社会主义核心价值观以及《民法典》的民事基本原则、主体、行为、客体、责任制度等应在民商领域等同适用。实践中不少商事关系的规范法律应直接适用《民法典》的基本规定。民法与商法的关系并非截然对立，而是均属于私法，在实务中相互支撑和配合；商事关系不可能脱离《民法典》，《民法典》民商合一的优势得以在此种法律适用情形中被充分展示。

一、《民法典》社会主义核心价值观对商事关系的直接适用

在我国民事立法的进程中，曾经有相当长的一段时间比较重视对国外特别是大陆法系国家民法典的借鉴。应当说，不同法系民法典的立法理念和具体制度

确实对构建我国的民法体系发挥了很大的启示性作用，尤其在发挥“调整民事关系”的民法技术功能方面，以较快的速度传播了诸如民法是私法的基本理念以及人格权、物权、债权、请求权、抗辩权等基本概念和若干法律规范的逻辑构成，搭建起了基本的民法理论和立法体系。随着立法进程的不断推进，我们逐渐意识到，与宪法、行政法等公法相比，民法与市民生活更贴近，我们也无从否认人类社会市民生活的规则有较多共性。但是，民法依然离不开国家的社会经济、政治和文化，尤其是当我们把《民法典》看作多年积淀的立法成就以及未来中国法典之典范、民事生活的百科全书时，其不仅作为一种法律规范是法官的裁判依据、民事活动的行为依据，还担负着法律价值宣示、国家社会治理、社会道德风尚引领等国家层面的特殊使命。《民法典》对社会主义核心价值观的追求和体现，就是一个特别重要的价值导向问题。

从最直观的文义解释看，《民法典》第 1 条将“弘扬社会主义核心价值观”作为立法目的之一，并且这一立法目的与“保护民事主体的合法权益”的民法本位、“调整民事关系”的民法技术功能、“维护社会和经济秩序”的民法社会和经济功能、适用中国特色社会主义发展要求的政治功能以及合宪性的合法性依据相并列。由此可见，就《民法典》而言，“弘扬社会主义核心价值观”所承载的就是《民法典》的文化功能。虽然《民法典》将“弘扬社会主义核心价值观”定位为立法目的，但没有直接规范具体的法律关系。因此需要通过裁判文书说理这一透明和客观的形式，由法官向自己、当事人、上级人民法院以及包括法律专门职业共同体在内的社会公众说明裁判的过程和理由，论证事实认定和法律适用的正当性。[1] 以社会主义核心价值观指引法的规范适用，有利于更好地遵循基本的道德规范与具体的法律规范。社会主义核心价值观既是对立法、司法和当事人的要求，也是对民事主体的基本行为要求，还可以作为一般的法律原则或相应法理予以转换。

从当前社会主义核心价值观的应用来看，民事判决融入社会主义核心价值观的情形较为多见。有运用社会主义核心价值观加强论证的情形。该类裁判文书在进行法律论证之前或之后会援引社会主义核心价值观以加强裁判文

---

〔1〕 王亚新：《日本的民事裁判文书：说理的形式和方法》，载《人民法治》2015 年第 10 期。

书的说服力。如山东省临清市人民法院（2021）鲁1581民初787号民事判决书中载明，原、被告因琐事发生殴斗，有违社会主义核心价值观，更违反法律规定。根据公安机关的处罚决定，原、被告均负有过错，但被告占主要过错，应承担主要责任，以60%为宜。也有运用社会主义核心价值观进行法律价值宣示的情形。该类裁判文书的目的是宣示某种价值，从应然的角度陈述如何践行社会主义核心价值观。如江苏省南京市中级人民法院（2020）苏01民终1880号民事判决书载明，魏某英、夏某琴既系邻里关系，也系近亲属关系。双方应当践行文明、和谐、诚信、友善的社会主义核心价值观，互让互助互利、和善和睦相处，以增进相邻生活的幸福感……故一审法院将双方的责任按照魏某英30%、夏某琴70%的比例分配具有事实依据，并无不当。还有运用社会主义核心价值观解释法律的情形。该类裁判文书因法律无明文规定或者规定较为模糊而运用社会主义核心价值观弥补法律漏洞或者解释法律。如辽宁省朝阳市中级人民法院（2021）辽13民终736号民事判决书中载明，被上诉人陈某波驾驶机动车无偿运送上诉人陈某明的行为，系好意施惠行为……为了适应中国特色社会主义的发展要求，弘扬社会主义核心价值观，上诉人陈某明作为好意施惠的受惠人，应依照公平原则给予被上诉人陈某波适当补偿……该条款运用社会主义核心价值观对公平原则进行了解释。还有一些判决是为了对当事人的行为进行道德的评价，即在裁判文书中对当事人或者相关人的行为进行褒贬评价。如湖南省石门县人民法院（2021）湘0726民初540号民事判决书中载明，为弘扬社会主义核心价值观，弘扬法治精神，激发社会浩然正气，应当指出在场人唐某霞作为印某战之妻……迷信私力，在长达约半小时的僵持中，既不报警也不向政府和基层组织报告……其行为应当予以谴责。

但是，社会主义核心价值观在商事案件中同样适用。2020年，在最高人民法院颁布的社会主义核心价值观典型案例中，有两个例子是商事案例。一是某房地产公司以案涉房屋未取得商品房预售许可证为由，将支付了全部购房款的李某某起诉至法院，请求确认双方签订的内部认购合同无效。该案当时即引发了广泛社会关注的“开发商自我举报无证卖房案”。该案的法律适用非常典型，二审法院没有因开发商签约时未取得商品房预售许可证而机械认定房屋认购合同无效，而是结合合同目的、合同履行、商品房预售制度的立法目的等因素，认定开发商提起本案诉讼是为获取超出合同利益的恶意违约行为，有违社会主义核心价值观。从商法层面看，商行为的营利性以及营业活动的连续性、反复性、社会连带性等客观特征对商主体的诚信提出了更高的要求。诚信要求理性的商主体恪守诺言，爱人如爱己。商法以诚信为主线所展现的丰富个性，也是司法裁判时需要格外加以重视的特点；对于很多商事纠纷的判断，法官必须在相当大的程度上依赖诚信原则的正确应用。二是"暗刷流量的合同无效案"。一方面，该案在认定合同无效方面有代表性，认为"暗刷流量"的行为违反社会主义核心价值观，突破商业道德底线，损害社会公共利益，违背公序良俗，应属绝对无效；另一方面，该案在无效后果的处理方面也很有典型性，并没有按一般合同无效要求返还，而是采取了"收缴违法所得"的处理措施。

二、《民法典》的基本原则可以在商事关系中直接适用

《民法典》的立法主旨之一是鼓励人们从事各种物质精神财富的创造活动，但成文法典不可能对所有的民事活动都有充分的预见和具体、详细的规范。因此，民法基本原则发挥着具体的行为指引和抽象的缺漏补充功能。民事主体可能未必能表述《民法典》的基本原则，但是基于正确的道德观，包括社会主义核心价值观，其往往也能正确行事。但《民法典》的基本原则如果适用于商事主体则要求更高，本书具体进行分析如下。

（一）平等原则是商事关系中主体地位的基本体现

"天公平而无私，故美恶莫不覆；地公平而无私，故小大莫不载""不患寡而患不均""等贵贱，均贫富"等是中国传统文化中质朴的公正与平等观念。平等原则是社会主义核心价值观中"平等"的直接体现，民事主体的平等更是我国《民法典》首先要确认和倡导的。平等原则在《民法典》中的具体体现比比皆是，平等成为民事主体的先验性存在。

但在商事关系中，由于商事主体的经济实力有差异，市场地位有差别，实际上平等原则很难适用。经济实力强的主体在与经济实力弱的主体交易

时，“甲方优先”是不言自明的客观事实，因为优势方可以很方便地将自己的利益和诉求凌驾于相对方。而复杂的商事交易结构，也很容易掩盖商事主体事实上的不平等。例如，在笔者调研发现的一份购销合同中，对产品可能涉及的知识产权归属约定如下：“披露方有权在任何时间要求接收方退还包含有任何保密信息的所有文件和材料（以任何形式），如果接收方或代表接收方在保密信息基础上创造有新的文件和材料，也应返还。”该约定仅从文字含义看也会发现对接收方难言平等。又如，在很多公司的业务招标文件中，虽然不能对投标方的注册资本、业绩等进行明显的歧视，但完全可以通过分值的限制进行筛选。有公司在招标文件或合同中会约定有对方违约时“罚款”或没收保证金的情形，如“乙方如果不能履行合同，甲方有权扣除100万元保证金，并纳入失信名单”。但严格来说，罚款只能适用于行政相对人，平等主体之间不可能存在罚款的适用。商事主体的平等原则应该成为商事主体之间平等地位的体现，但事实上依然任重道远。

在当今中国，还有一个较为显著的问题是不同所有制企业的市场主体待遇仍在事实上有较大差别。就企业的融资而言，国有企业从各种渠道获得的融资均高于民营企业，而融资成本则刚好相反。在现有金融市场中，所有制类型仍然是决定企业融资规模和融资成本的重要因素。不同所有制类型的企业在融资成本方面有巨大差异，这在事实上导致了非公有制的民营企业融资难、融资贵，有违市场主体地位的平等原则。

（二）自愿原则是商事主体的基本交往规则

我国《民法典》第5条规定了民事主体的自愿原则。该原则要求尊重当事人真实的意思，没有人能够强迫民事主体实施任何行为。民事主体的自愿原则是民事法律行为制度中意思表示真实的根基，自愿的同时意味着自觉、自律和自我担责。自愿原则也是作为私法的民法与其他公法有所区别的关键要素。

商事主体在交往中也要遵循自愿原则，自愿在商事关系中得到了更多的尊重和体现。例如，《民法典》规定的非典型担保。物权法定原本是《民法典》物权编的基本原则，但是物权的僵化需要人们更多地利用债权的灵活性，大量非典型担保虽然不符合物权法定而具有物权的对世效力，但是可以凭借意思自治产生债权效力。司法实践也认可，只要不损害国家、社会和第三人利益，非典型担保即使没有办理登记，也可以按担保合同的约定实现对自己担保权益的保护。即使没有物权的对世性，也并不等于当事人的意思自治被否认，非典型担保的效力在当事人之间具有债权的约束力。当然，前提是不得违反我国现有的强制性法律法规，如禁止流押的条款。非典型担保可能在一定程度上模糊了传统民法担保的界限，但更体现了对当事人意思自治或者是对商主体自治的尊重。又如，商法中相当多的法律规范允许当事人自行约定，如《公司法》允许当事人在章程中对诸多事项进行约定，且具有“约定优先”的效力。再如，在混合担保的情形下，允许当事人就物保与人保如何适用进行约定。实践中不少当事人将这一“约定优先”的权利充分利用。例如，X 公司向 Z 银行申请承兑汇票，于是与 Z 银行签订了一份最高额抵押合同，其中约定以 X 公司拥有的房地产（包括房屋所有权以及该房屋占用范围内的国有土地使用权）为 2007 年 9 月 29 日至 2010 年 9 月 29 日已经签订或将要签订的多个主合同项下债务及对应的利息和费用提供抵押担保，并且办理了抵押物的登记。2008 年 3 月 31 日，自然人 P、F 与 Z 银行签订了最高额保证合同，约定 P、F 自愿为 X 公司对 Z 银行 6000 万元限度内的债务及对应的利息、费用承担连带责任保证担保。同时还约定，主债务在本合同之外同时存在的其他物的担保或保证不影响债权人之本合同项下的任何权利及其行使，保证人不得以此抗辩债权人。此处的最高额抵押合同与最高额保证合同就是较为典型的物保与人保并立，这类案例最突出的特色在于当事人所约定的“主债务在本合同之外同时存在的其他物的担保或保证不影响债权人之本合同项下的任何权利及其行使，保证人不得以此抗辩债权人”。在立法还在为混合担保内部的追偿权之有无犹豫不决时，深谙风险控制的商主体早就将这个问题约定得十分清楚，即该合同所担保的债权同时存在债务人提供的物的担保和保证担保的，债权人有权选择担保物或保证人承担保证责任……物的担保与人的担保各自独立、互不影响影响且互不发生追偿。由于商主体从事的商行为绝大多数是营利性活动，因而商法中的自愿原则也大多与经济利益有关。如果民法更关心民事法律行为是否自愿，那么商法更关心如何实现自愿，并通过自愿实现商事主体的合法利益诉求。

（三）公正原则是商事关系利益平衡的客观需求

公正是人类文明进步的重要标准，是人类社会秩序的价值规范。把公正作为社会主义核心价值观在社会层面的价值取向之一，是社会主义的内在要求，是社会主义制度优越性的集中体现，是中国特色社会主义的核心价值追求。在中国传统文化中，“天下为公，公正为民”的思想随处可见。“圣人无常心，以百姓心为心。”黄宗羲总结尧舜之道时指出：“不以一己之利为利，而使天下受其利；不以一己之害为害，而使天下释其害。”社会公正是古代先贤们主张的政治文明的重要体现。《尚书》载有“以公灭私，民允其怀”的训诰。《吕氏春秋》载有：“夫私视使人目盲，私听使人耳聋，私虑使心狂。三者皆私设，精则智无由公。智不公，则福日衰，灾日隆。”

社会公正的实现，既是社会主义制度的本质要求，也是《民法典》的追求。《民法典》第 6 条规定公平原则。《民法典》中的诸多商事规则作为交易规则，保护的就是当事人的自治，实现当事人之间利益处置的公平。可以说，《民法典》中的公正原则，是贯彻在民事关系的产生、变更和终止的动态过程中的灵魂，更是民商事纠纷解决中重要的裁判规则。

案例 4－1 2014 年 10 月 9 日，Z 银行与 D 公司签订贷款合同并与 G 公司签订了保证合同；D 公司与 G 公司签订了委托保证合同；G 公司与 H 公司签订了保证反担保合同，约定鉴于借款人 D 公司在 Z 银行贷款 1500 万元、贷款期限为 12 个月，H 公司同意用其所拥有的全部财产和财产权利以连带责任保证方式向 G 公司提供反担保，保证期间为对 Z 银行债务履行期届满之日起 2 年。

上述合同签订后，Z 银行向 D 公司发放了 1500 万元贷款，但 D 公司未能如约还款。2016 年 2 月 29 日，Z 银行扣划 G 公司保证金 600 万元；2017 年 1 月 12 日，Z 银行扣划 G 公司保证金 615191.06 元并为 G 公司出具了代偿证明。2019 年 1 月 2 日，G 公司向 Y 法院提起诉讼。2020 年 4 月，D 公司被法院受理了破产申请。2020 年 7 月 29 日，Y 法院判决 D 公司偿还原告 G 公司垫付款 6615191.06 元及违约金等；H 公司对上述垫付款 6615191.06 元及违约金承担连带清偿责任等。H 公司后上诉、申请再审均无果。

本案涉及 H 公司保证期间的起算。依据 D 公司和 G 公司所签订的委托保证合同的约定，保证期间为自 D 公司对 Z 公司债务履行期届满之日起 2 年。该合同并未约定保证期间以 G 公司偿还的每一笔借款分期计算保证期间。一般情况下，债务人是否分期履行，只是履行方式的差异；对于分期履行的同一债务，保证人保证期间的起算，有约定的从其约定，没有约定的从最后一期债务履行期限届满之日起算。本案中，G 公司代偿的 600 万元和 615191.06 元基于同一笔债务，且合同也没有明确约定保证期间以 G 公司偿还的每一笔借款分期计算保证期间，因此法院判决认为应以 G 公司被扣划的最后一笔保证金的时间起算保证期间。但是，在上述案例中，不容忽视的一个问题是：G 公司并没有在被 Z 银行扣划款后及时向 H 公司主张承担反担保责任，而待 G 公司向 H 公司主张承担反担保责任时，D 公司已进入破产程序，由此导致即使 H 公司向 G 公司承担了反担保责任，也无法再向 D 公司进行追偿。这种结果本身就是不公平的，需要我们反思上述保证期间的起算是否合理。

在上述公平原则的指引下，我们需要对反担保作出更深刻的反思。反担保也是一种担保，本身是与本担保相对的概念，在法律适用上也多适用本担保的规定。但反担保的目的是确保担保人承担担保责任后能得到债务人的清偿，因此反担保的本质是“求偿担保”。本担保所担保的债务是“或有风险”，但反担保的责任则是“实有风险”。对于反担保保证期间的起算，目前并无明确的法律规定，需要结合保证期间的价值来进行判断。考虑到反担保是具有法定属性的担保，不同于主合同债权的合意属性，因此从担保人实际承担责任时开始计算保证期间，更能有利于平衡各方当事人的利益。例如，最高人民法院（2013）民申字第 1578 号民事裁定书就明确指出，主合同的保证期间与反担保人的保证期间适用的起算规则不同，反担保人的保证期间应当从担保人实际履行了担保责任之日起计算。甘肃省高级人民法院（2020）甘民终 533 号民事判决书则指出，反担保关系中的反担保人对担保人的负债是既成的、真实的负债，是以担保人代债务人向债权人履行债务作为前提的，即反担保人的保证期间应当从担保人实际履行担保责任之日起计算。因此，鉴于该案 H 公司提供的是反担保，本案 G 公司被 Z 银行划走第一笔保证金 600 万元的时间是 2016 年 2 月 29 日，因此该笔 600 万元保证金的保证期间应是自 2016 年 3 月 1 日起至 2018 年 3 月 1 日止；第二笔保证金扣划的时间是 2017 年 1 月 12 日，保证期间应是自 2017 年 1 月 13 日起至 2019 年 1 月 13 日止。因此，G 公司 2019 年 1 月 2 日起诉要求 H 公司承担反担保责任，第一笔 600 万元的反担保已经过了保证期间，H 公司可以据此抗辩免责；但第二笔 615191.06 元未过保证期间，H 公司不能据此抗辩免责。这样的结果对于 H 公司才是公平的，否则反担保中的权利人 G 公司如果迟迟不向 H 公司主张承担反担保责任，导致 H 公司无法再向 D 公司行使追偿权，就会使得在上述复杂的交易链条中，真正使用资金的 D 公司无须偿债和承担责任，而使 H 公司成为唯一的利益失衡者。让 G 公司无权就第一笔 600 万元要求 H 公司承担责任，也与其在行使权利时的“惰性”——沉淀时间成本有关，即应承担相应收益与风险一致原则相适用。

（四）诚信原则是商事关系自我存在和发展的内生动力

《民法典》第 7 条规定了民事主体应遵循诚信原则。诚信也包含权利不得滥用，是法律对于民事权利行使时不得超过必要限度的要求。罗马法中“行使自己的权利，无论对于何人均非不法”。既然每一个民事主体都是平等的，那么各自的自由和彼此的权利之间往往可能存在冲突。人类生存和人类的可持续发展的要求要高于个人的自由，因此有必要在权利冲突时运用诚信原则。例如所有权受到限制、征用征收，又如环境保护，其中都有诚信原则的要求。

在商事关系中，诚信原则的意义不可小觑，具体而言，包括以下几点。

1. 诚信作为当事人意思表示解释方法，可以扩展私法自治

诚信是表示的一种解释方法，可以有力地作为意思表示的解释方法，进而实现私法自治的扩张。在一起案例中，当事人有争议的是其约定的定价依据“基准价 37 元/吨，如果甲方（G 公司）与电厂的年度基准运价高于 37 元/吨，高出部分的运价由甲乙双方（G 公司和 L 公司）按五五比例分成。如果甲方（G 公司）与电厂的年度基准运价等于或低于 40 元/吨，双方另行协商”。对该约定，最高人民法院认为，如果比较 2011 年度和 2012 年度相关价格可知，2012 年国电公司与电厂之间的总运价从 2011 年度每吨 50 元下调至 48 元，基准运价从每吨 43 元减少至 40 元，从而引发“另行协商”条款的适用。在此情形下，如果按照市场价 29.4 元/吨计算，G 公司在 2012

年度因行情不好总运价下降时反而获得比 2011 年更高的利益，而 L 公司则相应遭受巨大的损失，对 L 公司明显不公。一审、二审法院采取的计算方法是以合同约定的基准运价 37 元/吨为基础，就 37 元和 40 元之间的差价部分酌定按照四六比例分成，由此确定 2012 年度的运价。依照此方式，2012 年度基准运价为 38.2 元/吨，G 公司所获利润为 9.8 元/吨，不但与其 2011 年度获得的 9.5 元/吨差价利润相当，而且与 2010 年的 9.5 元/吨差价利润相当，该计算方法符合当事人的定价规律，保证合作期内双方当事人获得相对稳定的收益，兼顾双方当事人的利益，符合诚实信用原则。[1] 这个案例较为典型地运用了诚实信用的解释方法，依据该方法确保了双方商行为中当事人合理预期利益的实现。正如黄茂荣教授所指出的，诚信原则扮演着规整的角色，从而使公权力通过司法权对私法自治予以介入。这种介入与私法自治权的赋予精神是不一致的，私法自治权本应只能通过立法来限制，而这种做法实质上是司法权侵越了立法权，即法院以自己的价值标准代替当事人的价值标准。在契约的解释上，还是应当受到当事人所选取之评价基础的拘束，否则法院之所为，当不再是契约的解释，而系对私法自治之越权的监护。[2] 因此，运用诚实信用的解释方法时必须适度，尽量避免对当事人自治的干预。

2. 诚信是商事主体当事人的义务来源

在没有明确的法律和当事人约定义务时，诚信也可以作为当事人义务的来源之一。例如，营业资产的出让人承担竞业禁止义务，即传统商法按照诚实信用原则要求营业资产出让人必须承担义务。也就是说，转让营业资产时，如果当事人无另外的意思表示，则营业资产的出让人在一定地区和一定年限内不得从事同一种营业行为。该义务的理论依据是营业资产担负着“营业”功能，出让人在将其转让时也就将自己原先的营业主身份一起转让给了受让人，因而自己不能再从事该营业。[3]

3. 诚信是商事裁判的准则之一

在商事审判中，诚信往往可以作为裁判依据之一。

---

〔1〕 参见最高人民法院（2014）民申字第 1228 号民事判决书。

〔2〕 黄茂荣：《法学方法与现代民法》（第五版），法律出版社 2007 年版，第 278 页。

〔3〕 王保树：《商法总论》，清华大学出版社 2007 年版，第 187 页。

案例 4-2 2011 年 3 月，A 公司与目标公司 B 及其唯一的股东 C 签订增资协议，约定 A 公司向目标公司 B 投资。增资协议约定的业绩承诺条款的主要内容是，目标公司 B 在 2011 年度的税后净利润不低于 1000 万元，若净利润低于上述标准，则 B 公司、股东 C 对 A 公司进行现金补偿。当 B 公司任何一年度的税后净利润低于业绩承诺标准，股东 C 要受让 A 公司持有的目标公司股权，B 公司对受让义务承担无限连带责任。2012 年，因 B 公司没有完成约定目标，A 公司提起仲裁，要求 B 公司和股东 C 根据增资协议的约定进行业绩补偿和股权回购。对该案，仲裁庭最终认定投资人 A 公司与 B 公司、股东 C 之间的业绩补偿条款和股权回购条款合法有效，B 公司未完成承诺的业绩，B 公司、股东 C 应支付现金补偿，且股东 C 应回购股权。增资前股东 C 是 B 公司的唯一股东，增资后其依然持股 90%，而投资人增资后只为小股东，投资人对企业的估值依赖于股东 C 对预期经营状况的承诺，所以其高溢价出资的对价是该业绩承诺得以实现。为了降低风险，投资人要求签订业绩承诺协议。B 公司、股东 C 为了获得高溢价的出资，自愿签订此条款，其中并不存在欺诈与非法目的。同时，B 公司的经营活动始终由股东 C 控制，在这种情况下，业绩承诺条款是帮助投资人在投资之前预防风险、在投资之后化解风险的契约性保护手段，也是鼓励与约束 B 公司、股东 C（是股东 C）履约的利益激励与责任约束机制，因而符合平等自愿、权义对等、公平合理、诚实信用的契约精神，应认定为合法有效。B 公司和股东 C 应按照业绩承诺条款的具体约定，向投资人支付现金补偿。该案是国内一起较早的“对赌协议”案例，在当时尚无“对赌协议”裁判依据时，仲裁庭根据诚信原则对该案进行了处理，较好地体现了诚信在商事关系中的重要意义。

从商法角度看，商行为的营利性以及营业活动的连续性、反复性、社会连带性等客观特征，其实对商主体的诚信提出了更高的要求。诚信要求理性的商主体恪守诺言，爱人如爱己。从经济学角度看，合理的预期可以降低当事人的交易成本，提高交易效率，对法律秩序价值的维持也有独特功能。商法以诚信为主线所展现的丰富个性，也是司法裁判时格外值得重视的特点，并且长期性、反复性、持续性的商事关系对诚信提出了更高的要求。与民法偶发性的法律关系相比，商法中有很多长期性的法律关系，因此可能存在特别且明确的诚信需求，以保护当事人因期限漫长而产生的合理期待。

（五）公序良俗原则是商事营业维持的必要前提

公序良俗是《民法典》要求商事主体遵循的、维护国家以及社会的公共秩序和善良风俗的一般准则。曾有学者对公序良俗原则在我国的司法适用情况作了实证分析，公序良俗的适用场景相当丰富，包括用于判断民事法律行为效力、认定涉及人格权和人格利益在内的侵权行为以及解决物权纠纷、裁决继承和离婚纠纷等。[1] 应当说，民事关系运用公序良俗的场景较为广泛，但实际上，在商事领域中，商业秩序也是一种公序良俗，商事关系的构建和运行，均应遵循公序良俗原则。国家对于商事关系的各种外部控制，例如首次公开募股（IPO）的条件、企业合规，乃至于对商主体的行政监管、刑事领域对各类经济犯罪的矫治，实际均是为了维系应有的公序良俗。

以企业合规为例，抽象的“公序良俗”在实务中被不断具象化，逐步成为商事营业维持原则的有力支撑。有学者指出，企业合规不等于企业的“依法依规经营”。从实质上讲，企业合规是一种基于合规风险防控而确立的公司治理体系。[2] 尽管企业合规的研究，是在企业经营的视角下，试图在“依法依规经营”的基础上构建起一套独特的公司治理体系，但毋庸置疑，企业合规的基础仍是依法依规经营。就商事主体而言，合法合规经营本身就是按照公序良俗来运营，以实现商事营业的维系。而近年来，我国也日渐重视企业经营的合规。

如果公序良俗在民事领域侧重道德建设，那么在商事领域，公序良俗则成为商事营业维持的必要前提。民法典时代，由于商事关系日渐复杂，公序良俗原则的意义也将更为凸显。因而《民法典》中的公序良俗，也将成为极为典型的可以直接适用于商事领域的民法基本原则。

三、《民法典》规定的民事法律关系制度对商事关系完全适用

《民法典》所追求的法律秩序，实际上都受特定指导性法律思想、原则

---

〔1〕 参见蔡唱：《公序良俗在我国的司法适用研究》，载《中国法学》2016 年第 6 期。

〔2〕 陈瑞华：《企业合规基本理论》（第三版），法律出版社 2022 年版，第 4 页。

或一般价值标准的支配。法律判断本身包含事实判断，但更主要的是一种价值判断。在法律适用中，每一个法律规范都蕴含着一定的价值观念。而这些法律判断既存在于具体规范背后的价值观念中，又存在于其必须服从和贯彻的某种更为抽象、位阶更高的价值观念中，直至法律的终极价值目标，即法律所追求的社会公平正义。《民法典》作为民事关系的基本法，其所规定的民事法律关系制度为商事关系搭建起了基本的法律关系模型。为了方便结合民法制度叙述，在艰难拆分后体现为以下三个层面。

（一）民事主体制度对商主体类型的涵摄

民事主体制度对商主体类型形成了涵摄。《民法典》规定的民事主体的三大类型即自然人、法人和非法人组织，分别涵摄了商自然人（个体工商户、个人独资企业和农村承包经营户）、商法人（即《民法典》中的营利法人）、商合伙（即《民法典》中的合伙企业）。由此使《民法典》中主体类型完全涵摄了商主体的类型，在民商合一的体例之下，商主体本身就是民事主体的类型之一；《民法典》中对商主体的抽象规定，均毫无例外地可以得到适用。

但商主体与民事主体的差别是显著的。民事主体的典型类型并不是法人、非法人组织，而是自然人。自然人仅有存在意义，是依据法律事实中的事件而存在；但商主体则是组织建构起来的主体，是依据法律事实中的法律行为而存在。自然人仅需要“活着”就拥有足够的权利能力，商主体却需要依赖组织管理行为才能运行。商主体的人格是抽象的，商主体要形成自己的意思表示，就需要建立商主体的组织机构，由组织机构对营业资产进行使用，对外开展各种营业或非经营行为。因此，商主体的组织管理往往首先由设立人拟定章程（或合伙人协议等），将章程作为对其成员具有约束力的内部规范；之后要建立组织机构，明确各个机构之间的权利、义务以及责任，确定人员的选任。组织管理还包括日常管理机构的运作及调整。这就使得如何建构既符合设立人需求又符合法律要求的商主体成为商主体法的重要内容并由此在主体制度方面产生民商之间的重大差别。

此外，典型民事主体——自然人按照年龄和智力等有行为能力的区别，但并无其他方面的区别；而商事主体的权利能力和行为能力均有较大区别，因为商事主体的权利能力和行为能力是服务于营业需求，而营业又受到公序良俗原则的制约，国家对营业实施着不同程度的干预。除非发展到国家特许经营，否则一般不会因为商主体超越经营范围而使其从事的业务活动无效，但毫无争议的是越权经营可能会面临行政处罚。

（二）民事法律行为对商行为的全面适用

民事法律行为与商行为的关系一直是学术界争论的要点。我国商行为研究曾长期“困惑”于其与法律行为的关系。有人认为商行为仅指商事法律行为，也就是以意思表示为必备要素的行为；[1] 也有人认为商行为未必就是法律行为，商行为应当指商法上的行为。[2] 还有学者曾撰文认为，商行为与法律行为是人们对事物不同抽象程度、不同层次的认识，某行为如果具备意思表示的构成要件则成立商行为；如果具备主体的商人性、方式的营业性和动机的营利性等构成要素，则成立商行为。我们可以讨论某具体行为归属于法律行为或商行为，或既是商行为又是法律行为，或仅是商行为而非法律行为。但总之讨论商行为是否为法律行为其实不具有任何意义。这是由于抽象概念与类型存在差异，作为抽象概念的法律行为依据是否具备意思表示来判断，而作为类型的商行为则要按商事要素来判断。我们借助意思表示只能推断某行为是否为法律行为，无法推断其是否为商行为；同理，作为类型的商行为必须依据主体是否为商人、方式是否为营业、目的是否为营利才能判断，从这些构成要素无法推断出该行为是否为法律行为，因为意思表示未被作为构成要素纳入对商行为的诠释；意思表示仅是法律行为的构成要件。

笔者从不否认意思表示和法律行为制度在私法自治中的独有功能以及鲜明价值，但是商事生活如此丰富，仅靠法律行为制度未必能够对其进行最优的规制。商行为的价值基础与法律行为不同，商行为根基于共同体主义。共同体主义是在超越自由和平等的悖论尝试中、在社会功利思想与个人权利思想的论争中发展起来的思潮，其目的就是要解决个人原子化、社会科层制带来的各种问题。共同体主义认为，人的主体性不仅表现为选择的自由和能

---

〔1〕 樊涛：《我国商行为制度的评判与重构——兼论与法律行为制度的区别》，载《河南师范大学学报（哲学社会科学版）》2008 年第 5 期。

〔2〕 叶林：《商行为的性质》，载《清华法学》2008 年第 4 期。

力，而且表现为对于选择目标的自觉和反思，以避免选择的恣意化和无力化；这种能使个人摆脱孤立和单调的主体性只有在共同的选择中才存在“互换性的参与”，意思的自由只能在一定的情形下实现。[1] 所以，商行为的价值不是与法律行为相冲突，而是形成对法律行为价值的补充和协调。商行为的大部分规则也是对法律行为规则的补充或变更，如商法意思表示解释的外观主义；也有一些商行为规则是针对民法中的事实行为，如在德国商法中的善意取得就不要求善意信赖处分人为“所有权人”，而仅是“处分权人”即可，这就使民法和商法中的善意取得在举证方面存有差异。因此，商行为和法律行为作为不同的法学方法，完全有可能规范的是事实上的同一行为，这种现象验证了以下两个结论：一是在部门法意义上，大陆法系惯行的抽象涵摄方法使商行为规则只能是民法的法律行为及其他行为规则的补充或例外；二是所谓商法的独立性总是相对于狭义民法而言的。[2] 无论商法采用何种形式——民商分立或民商合一，都无法否认这两大公理性结论。

法律行为作为抽象概念，商行为作为类型，相关规则的“相辅相成”说明了抽象概念与类型之间存在协同关系：类型的应用从来不是要排斥抽象概念，类型的应用使“从类型到概念，再从概念到类型”无论是在立法上还是在司法上都足以形成一种交互作用的辩证过程。[3] 这种状态更进一步表明类型作为法学方法的意义：它不是可有可无的，而是在促进立法的科学性方面不可或缺的。但法律行为的具体规则皆围绕着意思表示而展开，如《德国民法典》的《立法理由书》指出，就常规而言，意思表示与法律行为为同义之表达方式。适用意思表示者，乃侧重于意思表达之本身过程，或者乃由于某项意思表示仅是某项法律行为事实构成之组成部分而已。[4] 为了实现法律行为概念的抽象涵摄，行为主体、行为方式、行为动机等相对具体善变的因素必须被舍弃，能保留的仅是意思表示这一稳定的、可以被毫无例外抽

---

〔1〕 季卫东：《关系契约的启示》（代译序），载［美］Ian R. 麦克尼尔：《新社会契约论》，雷喜宁、潘勤译，中国政法大学出版社 2004 年版，第 8 页。

〔2〕 谢怀栻：《外国民商法精要》（增补版），法律出版社 2006 年版，第 246 页。

〔3〕 吴从周：《论法学上之“类型”思维》，载杨日然教授纪念论文集编委会主编：《法理学论丛》，台湾月旦出版社 1997 年版，第 339 页。

〔4〕［德］迪特尔·梅迪库斯：《德国民法总论》，邵建东译，法律出版社 2000 年版，第 190 页。

象的共性。作为类型的商行为却具有很强的包容性，若干被法律行为舍弃的要素因法律评价的需要，完全可以成为商行为的构成要素。或者我们可以说，商行为的规则对法律行为的规则有弥补的功能，这个功能所解决的主要是我国目前商化不足的问题。

鉴于上述分析，除非有特别规定，《民法典》中民事法律行为的规定对于商事关系完全适用，商行为从来不可能排除《民法典》中民事法律行为的适用。民事法律行为的核心构成要素——意思表示及解释规则在商行为中仍有大量的适用必要。

案例 4－3〔1〕 S 公司与 R 公司有长期合作，由 R 公司向 S 公司提供网络资源用于 S 省广电网络。双方所签的“基础包节目内容合作协议”明确约定：基础包产品结算是以截至每自然月最后一日 S 省广电网络 BOSS 系统中 OTT 平台、VOD 平台（OTT 平台为用户提供视频等业务、VOD 平台为用户提供视频点播业务）互动用户在线数量为双方分成计算依据。当 S 省广电网络 OTT 平台和 VOD 平台在线总用户数在 2022 年 4 月在线总用户数基础上离线率达到 25% 时，双方就上述平台基础包产品分成结算价格重新商定。该约定以 2020 年 4 月 S 省广电网络 OTT 平台和 VOD 平台在线总用户数 1306364 为基准（其中 VOD 平台互动用户在线数为 555057 户、OTT 平台互动用户在线数为 751307 户），如果离线率达到 25% 即对基础包产品分成结算价格重新商定。合同签订后，S 省广电网络 OTT 平台和 VOD 平台在线用户数客观发生了如下变化：2020 年 4 月，S 省广电网络 VOD 平台互动用户在线数为 555057 户，OTT 平台互动用户在线数为 751307 户，在线总用户数为 1306364 户。2022 年 12 月，S 省广电网络 VOD 平台互动用户在线数为 216933 户，较 2020 年 4 月该平台互动用户在线数减少 338124 户，流失率为 60.92%；OTT 平台互动用户在线数为 1042090 户，较 2020 年 4 月该平台互动用户在线数增加 290783 户，增长率为 38.70%；VOD 平台和 OTT 平台互动用户在线总数为 1259023 户，较 2020 年 4 月平台在线总户数减少 47341 户，流失率为 3.62%。S 公司和 R 公司争议的焦点是，2022 年的上述数据是否触发“约定变更”。

〔1〕 调研事例，未成诉讼。

“约定变更”是当事人为合同的条款约定了一个未来的、带有一定商业风险性的变更条件，如果该条件成就，就按约定办理。因此，能否发生约定变更的效果，关键在于判断当事人所约定的“变更条件”是否成就。如果事人对于合同条款，包括所约定的“变更条件”的含义存有疑虑，依据《民法典》第466条之规定，应适用《民法典》第142条第1款的规定，即对于变更条件的解释，需要按照“词句”（文义解释）、“结合相关条款”（体系解释）、“行为的性质和目的”（性质和目的解释）、“习惯以及诚信原则”（习惯和诚信原则解释）等规范解释方法予以解释。

第一，“词句”（文义解释）方法的应用。词句或文字，是人类最大的共识，因此文义解释是最重要也是最常用的对当事人意思表示进行解释的方法。在本案中，双方当事人约定的、就基础包产品分成结算价格重新商定的条件是：与2020年4月S省广电网络OTT平台和VOD平台在线总用户数相比，如果离线率达到25%即对基础包产品分成结算价格重新商定。可见，从文义看，该变更条件被比较的基准数据是“2022年4月S省广电网络OTT平台和VOD平台在线总用户数”，并非OTT平台或VOD平台各自的在线用户数；而“离线率”应指S省广电网络OTT平台和VOD平台在线总用户数的离线率，因为本句“2022年4月S省广电网络OTT平台和VOD平台在线总用户数”与“如果离线率达到25%即对基础包产品分成结算价格重新商定”之间使用的是逗号，所以从文义来分析，离线率只能是指逗号之前“S省广电网络OTT平台和VOD平台在线总用户数”，绝不可能得出离线率是S省广电网络OTT平台或VOD平台在线用户数的结论。

第二，“结合相关条款”（体系解释）方法的应用。体系解释是指当事人的意思表示具有整体性，不能孤立地、片面地理解某一合同条款，而应结合相关条款来判断当事人的意思表示。本案对于“基础包节目内容合作协议”第6条第2款的准确理解，还应当结合第1款的约定。“基础包节目内容合作协议”第6条第1款约定，当S省广电网络OTT平台和VOD平台在线总用户数在2020年4月在线总用户数基础上增长25%时，双方就上述平台基础包产品分成结算价格重新商定。如果将第2款的规定与第1款相对比，就会发现这两款均是当事人约定的变更条件，只是第1款约定的是当S省广电网络OTT平台和VOD平台在线总用户数在2020年4月在线总用户数基础上增长25%时；第2款则在体系上是与第1款相反的情形，即当在线总用户数离线率达到25%时。“基础包节目内容合作协议”并没有对第2款中“离线率”的含义作出约定，但通过体系解释的方法，只能认定“离线率”是指与第6条第1款相反的情形，即当S省广电网络OTT平台和VOD平台在线总用户数在2020年4月在线总用户数基础上减少25%时的在线总用户数。

第三，“行为的性质和目的”（性质和目的解释）方法的应用。本案“基础包节目内容合作协议”的性质是合作合同，属于《民法典》中的“非典型合同”。S公司和R公司作为合作合同的当事人，签约的目的即是合作。“基础包节目内容合作协议”第2条约定，“现经甲乙双方友好协商，就乙方在S省地区甲方的有线数字电视网络覆盖范围内OTT平台上投资的、所有的DVB＋OTT机顶盒、纯OTT机顶盒和网关设备终端，甲方进行一次性回购，并就乙方在甲方OTT平台和VOD平台上提供节目内容并运营达成新的合作……”。该条约定即是“基础包节目内容合作协议”的签约目的，即S公司回购的是R公司之前在“OTT平台上投资的、所有的DVB＋OTT机顶盒、纯OTT机顶盒和网关设备终端”并就“乙方在甲方OTT平台和VOD平台上提供节目内容并运营达成新的合作”。显而易见，S公司和R公司合作的内容是在OTT平台和VOD平台上提供节目内容及运营。因此，从意思表示的性质和目的解释方法来看，“基础包节目内容合作协议”并没有将OTT平台和VOD平台拆分对待，而是一体对待，这再次表明将“基础包节目内容合作协议”第6条第2款理解为OTT平台和VOD平台的离线率按两大平台总数计算的合理性。

第四，习惯解释方法的应用。本案S公司和R公司自2017年起即开始合作广电媒体与新兴媒体的深度融合。因而合作双方所形成的习惯就是由R公司为S省广电网络OTT平台和VOD平台提供优质的节目内容，丰富用户体验，进而实现观众、听众向用户的转变，增强用户与平台的黏合性。OTT平台为用户提供视频等业务，VOD平台为用户提供视频点播业务。两个平台有技术和内容的差异，是以平台吸引用户，不同平台有各自的用户群，但均属于由R公司作为第三方提供的网络节目资源，因此计算两个平台用户数的“在线总用户数”更符合商业习惯，没有将两大平台分开计算“增长率”

“离线率”“流失率”的必要和可能。再者，就“离线率”的含义，按习惯解释，S 公司也应认可“离线率”就是指客户的减少或流失。因为 S 公司的年度报告中从未提及顾客“离线”，而是在多处着重反映对顾客“流失”的担忧和重视。

第五，诚信原则解释方法的应用。若考虑到诚信原则的解释方法，则“基础包节目内容合作协议”第 6 条第 2 款的约定更应被理解为未触发约定变更条件。首先，从双方合作的经济目的来看，由 R 公司提供网络资源，并没有区分 OTT 平台与 VOD 平台的差异，双方是在 OTT 平台和 VOD 平台上提供节目内容并运营，因此，从双方合作开始，就是将两大平台的服务一并计算的。其次，从双方的经济利益来看，R 公司自 2017 年开始与 S 公司合作，双方约定有清晰的分成比例计算方法。对此，“基础包节目内容合作协议”第 2 条第 3 款第 1 项明确约定：基础包产品结算是以截至每自然月最后一日 S 省广电网络 BOSS 系统中 OTT 平台、VOD 平台互动用户在线数量为双方分成计算依据。可见在获利分成时双方并没有区分 OTT 平台和 VOD 平台，因此，对“基础包节目内容合作协议”第 6 条第 2 款约定的协议变更的解释也不应违背诚信原则。最后，从双方合作的风险分配看，无论是 OTT 平台还是 VOD 平台，均有用户量增减的风险；本着合作共赢的合作目的，按 S 省广电网络 OTT 平台和 VOD 平台在线总用户数一并计算，更符合诚信原则下双方的风险分配诉求。

（三）《民法典》中的权利制度对商事关系完全适用

《民法典》被誉为民事权利法，整个《民法典》所围绕的就是民事权利的确权和保护。在商事关系中，无论是权利的类型还是权能，其实都毫无争议地与《民法典》保持一致，这或许是“民商合一”最为典型的特点。当然，按照笔者的观点，即使民事权利制度完全适用于商事关系，也不能排除商事特别权利的存在及意义，民事权利制度对商事关系的适用是基础性和前提性的。即便商事关系存在若干不容忽视的特质和法律适用的特别需求，但民事权利制度在民商关系中的根基作用是不可能有所动摇的。当然，因为商事关系绝大部分是财产关系，所以《民法典》第 113 条“民事主体的财产权利受法律平等保护”这一基础性规定的适用范围更广。当然，商事关系中也有一些人格权，如名称权、名誉权和荣誉权，但相较于财产权，人格权本身的适用情形较为有限。

就商事主体享有的财产权利而言，《民法典》第一编第五章规定的物权、债权、知识产权、股权和其他投资性权利以及数据、网络虚拟财产等权利，商事主体均毫无争议地享有。与民事主体享有民事权利的“个体利益”属性相比，就商事主体而言，享有上述《民法典》赋予的民事权利，不仅是其作为主体依法应享有的相关利益，而且是开展营利性营业活动的基础、是商事主体在营业活动中承担相关责任和风险的依据。因此，商事主体的权利其实关系整个交易安全、交易秩序的“整体风险”。但是，这丝毫不影响《民法典》在商事主体的财产权利方面是商事主体的权利之源。

案例 4－4 张某与 A 房地产公司于 2014 年签订一份商品房买卖合同，约定张某以 100 万元的价格购买 A 房地产公司开发的商铺。商品房买卖合同约定 2015 年 12 月交房。张某在签约后就向 A 房地产公司支付了全部价款。2022 年，在张某等购房者的一再要求下，A 房地产公司将案涉商铺交付给了张某，张某将该商铺用于出租，但 A 房地产公司一直未给张某办理不动产登记。2023 年，张某在报纸上得知法院受理了 A 房地产公司的破产申请，便向法院起诉要求确认其与 A 房地产公司的商品房买卖合同有效并要求为其办妥案涉商铺的不动产登记。此时，B 银行申请作为第三人加入诉讼。就上述同一案涉商铺，B 银行向法庭出示了一份商品房买卖合同。这份商品房买卖合同签订于 2018 年 3 月，并于 2018 年 6 月办理了商品房备案登记。B 银行提出的诉讼请求是要求确认其与 A 房地产公司的这份商品房买卖合同构成让与担保，并要求确认 B 银行就案涉房屋拍卖变卖价款优先受偿。庭审中，B 银行主张其用案涉商铺所担保的债权是 2019 年 B 银行借给 A 房地产公司的 100 万元，该笔借款经由法院判决确认并执行，但 B 银行在之前的诉讼和执行过程中从未主张过就案涉房屋的优先受偿。[1]

上述案例中涉及 B 银行能否享有让与担保的民事权利。新型担保的效力

---

〔1〕 参见陕西省西安市中级人民法院（2020）陕 01 民终 3973 号民事判决书。

一直是商事关系中法律适用的难点，受到多方关注。[1] 早在2015年，最高人民法院颁布的《关于审理民间借贷案件适用法律若干问题的规定》（以下简称《民间借贷司法解释》）第24条就对买卖型担保进行了规定。理论上认为该司法解释是后让与担保，而不是让与担保。最高人民法院及各级人民法院有关于此相互矛盾的判决很多，有的认为是让与担保，有的认为仅是“非典型担保”而不是“让与担保”。[2]《九民纪要》以及《民法典担保制度司法解释》则对让与担保作出了较为清晰的规定，但仍未能解决上述案例中对于仅办理备案能否成立让与担保的争议。

其实，如果我们从利益衡量的角度看，张某支付全部房款且实际占有使用多年，张某实际承担着资金成本，B银行虽然有备案登记却从未主张过自己的权利。如果是这样，其实张某的利益更应当得到优先保护。应将2015年《民间借贷司法解释》第24条定位为“买卖型担保”较为妥当，即是非典型担保，而不是让与担保。在第24条的情形中，当事人之间存在两个债权性的法律关系的前提首先应当是存在借款的真实意思表示，当事人之间的借款合同关系应是主合同关系，所签的“买卖合同”应当是对主合同的担保，故“买卖型担保”中的“担保”才是该“买卖合同”的真实意思，“买卖合同”是主合同的从合同，“买卖标的物”中的“买卖”并不是真实的意

---

〔1〕 2020年7月20日，最高人民法院联合国家发展和改革委员会发布《关于为新时代加快完善社会主义市场经济体制提供司法服务和保障的意见》（法发〔2020〕25号）指出，依法认定新型担保的法律效力。准确把握物权法定原则的新发展、《民法典》物权编扩大担保合同范围的新规定，依法认定融资租赁、保理、所有权保留等具有担保功能的非典型担保合同的效力。结合《民法典》对禁止流押规则的调整和让与担保的司法实践，进一步研究细化让与担保的制度规则和裁判标准，尊重当事人基于意思自治作出的交易安排。依据物权变动规则依法认定担保物权的物权效力，最大限度发挥担保制度的融资功能作用，促进商事交易健康发展。

〔2〕 参见陕西省西安市中级人民法院（2020）陕01民终9910号民事判决书。该判决书指出，《物权法》和《担保法》规定的担保分为人的担保和物的担保，而担保物权又分为抵押权、质权和留置权，本案虽然不属于上述有名担保，但在相关司法解释及法律理论和司法实践中确认的非典型担保物权还有优先权、所有权保留和让与担保。本案以商品房买卖合同为民间借贷提供担保，根据《民间借贷司法解释》第24条的规定，案涉担保的性质应当属于上述法条规定的担保。在以商品房买卖合同的方式提供担保的情况下，当事人之间形成担保法律关系的前提条件并非签订书面担保合同，名为买卖实为担保的商品房买卖合同在民间借贷案件中是常见的交易行为，债务人或第三人与债权人签订不动产买卖合同，约定将不动产买卖合同的标的物作为担保标的物，但并未实际让渡不动产所有权，而是让渡物权期待权，且在债务人不能履行还款义务之时，也不能转移所有权，而是进行清算，即对担保标的物进行拍卖折价后从价款中受偿。因此，案涉公司提出的双方之间不构成担保关系的上诉理由，不予采信。

思表示，买卖权利义务也不需要实际发生和履行。根据第 24 条第 2 款的规定，买卖合同的履行请求权不能得到法律的支持，而是在借贷无法执行时，出借人/债权人可以就买卖合同标的物申请拍卖并就借款本息享有清偿的权利。在债务人破产的情况下，因破产申请被受理的法律效果包括所有的执行均中止，禁止再为个别清偿，因此第 24 条第 2 款的情形不应被认可存在。因此，就商事主体而言，其商事权利的享有依然要依据《民法典》的规定才能加以判断。

四、《民法典》的抽象涵摄适用是民商合一的优势

《民法典》强大的抽象涵摄方法以及对民商事关系的演绎适用，使《民法典》的规定很可能在实务中作为高高在上的规则存在，自上而下地俯瞰商事关系，将商事关系也纳入《民法典》的领域。这种抽象涵摄法律适用情形在商事实践中较为常见，也是《民法典》民商合一的优势所在。笔者将抽象引致的情形分为以下三种。

（一）《民法典》与商事规则的横向配合：股权让与担保

商事实践中，不少情形属于《民法典》与商事规则进行横向配合适用的情形。我国《民法典》和《公司法》第 84 条对有限公司股权转让及相关法律行为效力进行了一系列规定，但这些规定均不能解决股权让与担保的效力，因而还必须对股权让与担保进行具体化的分析。股权让与担保中值得关注的问题是，债权人作为股权让与担保的股权受让方，在满足以下条件时，是否可以取得股权。

案例 4－5 赵某原来是 F 公司持股 100% 的股东，因融资需要向 B 公司借款 4000 万元，并将 F 公司 70% 的股权转让给 B 公司。借款合同的主体是 F 公司和 B 公司，由赵某作为保证人。双方签署了借款合同和股权转让协议。F 公司到期未能还款，而此时 F 公司获得了某土地使用权。赵某要求 B 公司退出，但 B 公司认为自己是 F 公司的合法股东，应享有股东权利，包括土地使用权的开发权益。赵某向法院诉请将 F 公司的股权变更回自己；B 公

司则要求确认自己对F公司享有的70%的股东权利。[1] 该案B公司属于股权让与担保权人并无异议，但从法律适用角度看，至少有以下三个问题值得讨论。

第一，B公司是否具有F公司的合法股东资格。股东资格不属于《民法典》的范畴，因此应依据《公司法》关于股东资格的规定进行判定。股权让与担保中的对内关系，是指不涉及外部相对人，仅是债权人、债务人、公司三方之间的关系。司法实务的主流观点认定，就内部关系而言，股权仍由债务人享有并行使，原因主要如下。首先，从股权转让协议之真实目的考量，债务人转让股权是为债权债务关系设立担保，为了方便债权人了解和监督公司经营状态和资金流向，掌握和把控债务人偿还债务的能力，以确保最终能够实现债权，债权人并非要参与投资并以资金投入获得股东资格进而以股东身份参与公司经营、管理公司事务，也不是要最终实现获得分红和股权溢价等经济回报利益，其受让股权的真实目的并非同其他股东一样长久地、终局地享有股东身份和行使股东权利，债务人转让股权也不是想要终局性地放弃股东身份和让渡股东权利。其次，从股东资格认定的角度考量，债权人和债务人签订股权转让协议后，虽然存在变更工商登记等公示行为，但债权人在主观上没有投资意图、在客观上也没有对目标公司的投资行为，多是通过虚构交易价格等手段以实际无偿的方式取得股权，并未实际支付股权对价。按照传统定义和通常商事习惯之要求，股东作为投资人的本质是以资金投入换取股东身份以实现参与管理、获取分红等股东利益，履行出资义务既是当事人实际能被认定为公司股东的基本条件，也是目标公司能够真实运营进而实现盈利的基本资金支撑。股东身份的取得需要当事人实缴或认缴资本，如果通过股权转让方式取得股权，则需要支付合理对价。据此，从股东资格认定的角度并不能认定股权让与担保之债权人具有股东身份，也就无法肯定其对股权的享有和行使。最后，从有限公司人合性角度考量，公司股东行使股权的前提是作为获得认可的投资者加入公司，在事实上成为公司股东并管理公司事务，《公司法》及其司法解释对当事人进入和退出公司进行了一系列规定，而债权人是为担保债权实现才进入公司，从表面上看，其取得

---

〔1〕 调研案例，尚无判决结果。

股权已经满足了所有股权转让程序要求，具备了股权转让形式要件，符合了其作为股东身份进入目标公司的相应法律规范要求。但实质上，债权人并非要真实地、完整地受让股权并享有股东身份从而进入公司。这并不符合我国有限公司人合性所要求的“股东”条件，认定股权归属于债权人不利于对有限公司这一人合性组织整体利益的保护。

但涉及外部关系时，商事外观主义将有更多适用空间。股权让与担保的当事人会办理股权转让手续并完成工商变更登记，基于对工商登记强公示、公信效力的信任，与公司进行交易的外部第三人会默认被工商登记为股东者，即真正的股东。这是基于登记机关的公信力而产生的合理信赖，如果没有其他相反证据就应当予以维护。因此，在一般情况下，公司其他债权人等第三人基于工商登记要求债权人股东承担补充赔偿责任或连带清偿责任等股东责任，可能会被支持。有不少法院在对个案进行司法裁判时，认定股权让与担保的内部约定不能对抗外部当事人；涉及外部关系时，第三人依据对工商登记事项的信赖认定债权人享有股权具有正当性，股权应无争议地归属于债权人。

第二，B 公司对 F 公司享有的 70% 的股权是否构成了流押。是否构成流押不是《公司法》能解决的问题，《民法典》中对流押已经有了清晰的规定。《民法典》不允许典型或非典型担保中出现流押。因此如果借款期限届满但 F 公司、赵某未能还款，则股权归 B 公司所有的约定本身是无效的。B 公司作为股权让与担保的权利人，只能就该担保股权拍卖、变卖并从中优先受偿，而不能主张自己就是 F 公司的股东。

第三，股权让与担保除了上述内部关系，还有外部关系，即第三人信赖。在司法实务中可能存在的情况是，与公司进行交易的第三人作为公司之债权人向债权人股东主张权利，要求债权人股东履行股东义务并承担股东责任，如股东出资义务、股东瑕疵出资时的补充赔偿责任、股东清算义务以及怠于履行时的赔偿责任或连带清偿责任。一般情况下，此类情形也按内外有别的方法进行分析，以保护合理信赖的善意第三人。对于债权人股东于借期未至时向第三人转让股权的行为，如果认定属于无权处分，那么是否满足第三人善意取得股权以及其善意取得股权后各方之利益如何安排、债务人之权利如何救济。对此，应结合善意取得法理基础和《最高人民法院关于适用

〈中华人民共和国公司法〉若干问题的规定（二）》（以下简称《公司法司法解释二》）对股权善意取得之规定。第三人如果主观上善意，与债权人股东已达成股权转让合意并支付合理对价，那么便应当认定第三人已善意取得股权，债权人股东应向第三人转让股权所有权并进行工商变更登记。此时，如果第三人没有与债权人股东恶意串通，债务人便不可以担保目的抗辩阻却第三人善意取得股权；在这种情况下，如果债务人向债权人主张权利，既可以债权人违反合同为由主张其违约责任，也可以债权人擅自处分股权侵害债务人之所有权为由追究其侵权责任。此处两种责任竞合，债务人需择一主张。当然，责任的确定仍需要适用《民法典》。

上述案例说明，《民法典》在商事关系中的涵摄适用，在有些情形下会呈现一种民商“横向配合”的态势，即民商协调进行法律适用。这种情形很好地展现了民法与商法相互之间的张力以及共同作用的良性协调性。

（二）商事规则对《民法典》的纵向展开：关联公司实质合并

《民法典》的抽象涵摄适用还有一种情形与前述“横向配合”不同，即《民法典》并不直接适用于商事关系，但在抽象层面和宏观层面用抽象规则为商事关系提供指引和方向。这种情况也比较常见。例如《民法典》规定了营利法人应具有独立的人格、人格否认的原则，也规定了法人终止的情形之一是破产清算。而实务中的关联公司合并破产，则典型地体现了这种《民法典》对商事规则“纵向展开”的适用情形。

关联企业之间存在不当利益输送导致其中部分企业资产遭受不当减少时，该企业的债权人利益必将受到损害，其可通过撤销权制度、取回权制度、欺诈无效制度[1]、衡平居次制度及公司法人格否认制度进行救济，但公司法人格否认制度仅在个案中否认公司法人格，其与衡平居次制度均不解决人格混同的关联企业之间的债权债务关系。撤销权制度与欺诈无效制度大多在单笔或少数交易中能够较好地发挥制度价值，但当关联企业间财产边界不清晰、人格混同且资产难以区分或区分各自财产将成本过高时，撤销权制度与欺诈无效制度的价值将难以发挥，且即使将人格混同的企业间的不当交易逐

---

〔1〕 如我国《民法典》第146条及《企业破产法》第33条。

笔区分开进而予以撤销，债务人的相对方对债务人享有的对价返还请求权也可以按照共益债务受偿。撤销权也有期限限制。[1] 由此可见，目前我国法律上的救济方式对解决上述问题均存在一定的不足，而实质合并则可以彻底解决这类问题。

实质合并，是指将企业集团两个或两个以上成员的资产和负债作为单一破产财产的组成部分对待。[2] 实质合并破产有其独特的适用目的，即追求破产效率和保护债权人利益。破产法是典型的商法，破产追求的效率价值就是以最小的经济成本对破产企业的债务进行清理。当关联企业成员人格混同时，将关联企业债务全部归于“公共池塘”的实质合并制度可以实现破产效率的最大化；破产的效率原则实际是为了保护债权人利益，实现债权人公平受偿，并由此提高司法效率与经济效率。[3] 关联企业之间复杂性的根源在于其组成形态上各成员企业的法人格独立性与经营控制上的整体同一性之间的矛盾。[4] 这种冲突的关系在企业出现破产原因时会被放大，甚至使破产法公平价值、程序价值以及重整制度的价值受到严重破坏。[5] 如不对此种不当利益输送进行调整，将极大损害破产法的公正与效率价值。但实质合并破产的法律适用是较为困难的，因为《民法典》仅有原则性的规定，而商事规则方面则仅有《全国法院破产审判工作会议纪要》作为适用依据。应该说，合并破产能够及时、有效地对债务进行清理，对实现债务人资产的最大化、对债权人进行公平且高效的清偿具有不可代替的功能。但在目前相关法律规定缺位的情形下，需总结我国合并破产司法经验，通过法理与实务研究构建审查标准，以指导解决实践中的司法难题。

在适用实质合并破产时应坚持审慎原则。首先，应对其合法性进行审查，具体可分为两个步骤。第一步审查是否存在人格混同倾向，此处仅是初

---

〔1〕 参见杜军：《实质合并破产的制度价值及其适用前提》，载最高人民法院民事审判第二庭编：《商事审判指导》总第 54 辑，人民法院出版社 2022 年版，第 242 页。

〔2〕《贸易法委员会破产法立法指南》第三部分“破产企业集团对待办法”，第 2 页。

〔3〕 徐阳光：《论关联企业实质合并破产》，载《中外法学》2017 年第 3 期。

〔4〕 王欣新、周薇：《论中国关联企业合并破产重整制度之确立》，载《北京航空航天大学学报（社会科学版）》2012 年第 2 期。

〔5〕 王欣新、周薇：《论中国关联企业合并破产重整制度之确立》，载《北京航空航天大学学报（社会科学版）》2012 年第 2 期。

步判断其是否存在公司法上的人格混同，并不要求一定证明存在人格混同，存在合理怀疑即可。如通过审查其工商登记资料、财务报表等发现关联企业之间存在共用同一账户或存在企业经营决策、人事任免、资金使用、企业管理等重大事项由其他部分企业成员决定，或者存在企业高管交叉任职、企业人员混用以及企业相互之间存在无偿占用资金等足以使人对其人格的独立性产生合理怀疑的情形。若存在人格混同倾向的，则将进行第二步审查；未发现人格混同倾向的，则对具备破产原因的企业成员单独启动破产程序即可。第二步审查关联企业成员是否整体上具备破产原因，此处有两层含义：一是作为债务人的企业成员与其他企业成员均具备破产原因；二是作为债务人的企业成员已具备破产原因，虽然其他企业成员尚不具备破产原因，但是实质合并测算后整体上具备破产原因。关联企业成员整体上是否具备破产原因应作为合并破产审查的要素，理由有三：一是我国《企业破产法》第 2 条对企业具备破产原因进行了具体规定，如仅依据关联企业之间存在人格混同倾向就将不具备破产原因的企业进入破产程序，将有违《企业破产法》的规定；二是将不具备破产原因的企业强制纳入破产程序，其实是强制不具备破产原因的企业进入破产程序，该企业债权人的受偿将不可避免地受到不利影响，从而造成极大的不公正；三是鉴于关联企业之间的紧密关系，在关联企业存在人格混同时，大多数情况是以掏空、转移部分企业成员的资产至控制企业成员或其他企业成员名下，从而导致部分企业资不抵债而部分企业资产状况甚好，如此时即要求关联企业均具备破产原因，将可能导致部分实际已符合合并破产条件的关联企业成为“漏网之鱼”，阻碍实质合并破产的适用。通过第二步审查，如未发现整体上具备破产原因但企业成员单独具备破产原因，则对该企业单独启动破产程序；如整体上具备破产原因，则应进入合并破产的必要性审查，即审查是否有必要对其适用实质合并的方式进行审理。

其次，要进行必要性审查。这个环节仍然是适用商法，而不适用民法。对于必要性审查标准，企业破产法的要求是采用全部债权人获益标准，即如适用合并破产，所有债权人均将获得比单独破产更多的利益。也就是说，实质合并将有利于所有债权人，不会对债权人的利益造成损失。最高人民法院在《全国法院破产审判工作会议纪要》中规定，只有当适用合并破产的三个标准全部满足时方可适用，且对该标准应采取逐级递增式适用原则。具体标准如下。

一是基础要素，即存在公司人格混同。公司法人格混同是实质合并的核心要素，是合并破产适用的基础要素。只有在关联企业达到了公司法人格严重混同时，才具备启动合并破产的可能性；在不具备该基础要素时，其他要素都不足以单独作为适用合并破产的标准。我国《公司法》虽然对公司法人格否认制度进行了规定，但立法对公司法人格是否混同的认定标准过于宏观和抽象，可通过重点审查关联企业成员之间资产的混同程度、财产独立情况和财务报表是否存在合并、是否存在相互拆借和互保、是否存在相互无偿占用资金和动产或不动产、是否存在多笔相互挂账形式结算、是否存在由控制企业统一管理资金、关联企业成员之间是否资产和债务差距过大、是否存在多次注销关联企业情形等。如果是关联公司在经营过程中出现企业成员之间意思不独立，董事、监事、高级管理人员存在交叉任职、统一用章等情况，应属于为方便管理、减少市场交易成本而不可避免的情况，故关联企业成员间的意志混同，不应作为审查的重点，如仅存在关联企业成员之间意志混同，并不存在财产混同，则不应认定为合并破产中的人格混同。同时，这种审查也要求此种财产混同应达到严重程度及具备持续状态。严重程度可从混同的数额、造成的影响等方面进行审查，持续时间可界定为6个月以上。而如果只是具有轻微的混同，则不宜认定为人格严重混同。对于如何判断公司是否存在人格混同及严重程度，实践中应由专门的审计机构出具专项审计报告，该专项审计报告可作为人民法院认定是否存在合并破产人格混同的依据。

二是成本要素，即区分成本，是指破产程序中清产核资所需要的成本，主要包括管理人进行财务与法律调查、财产接管、债权审核、权属确认、追收资产等可能产生的成本，既包括确认及追收等恢复成员企业财产独立性的直接成本，也包括债权人资金被占用的收益损失及商业机会丧失等间接成本。[1]此处的区分成本应从债权人利益角度考虑，具体包括：财产严重混同；破产财产较少，如区分关联企业之间的财产，管理人需额外支出的高额审计费、

---

〔1〕 王欣新、周薇：《论中国关联企业合并破产重整制度之确立》，载《北京航空航天大学学报（社会科学版）》2012年第2期。

诉讼费等破产成本已超出破产财产；专业审计人员对关联企业之间资产与负债无法区分；区分财产的费用已经超出无担保的普通债权人可能受偿的 1/2 以上财产；关联企业成员超过 50 家，且区分成员之间债权债务的诉讼超出企业成员诉讼数量总和的 80% 。关联企业成员之间诉讼过多，必然会引起成员间的诉讼负累和诉讼成本，此种高强度的区分成本可视为区分成本过高。

三是结果要素，即严重损害债权人公平清偿利益。主张适用合并破产的债权人应当举证在不适用合并破产时，至少 1/2 以上的债权人最终清偿利益要低于进行合并破产债权人的清偿利益，且该部分债权人中有 1/2 以上的债权人降低的清偿利益超出其进行实质合并获得清偿额的 1/2 以上，主张合并破产的债权人可通过专业审计机构对清偿率进行测算，出具清偿率测算报告，以防止大部分债权人获得的利益是建立在对少部分债权人利益的“压榨”之上。全面分析适用合并破产将对债权人造成的影响，此种影响为金钱以外的影响，如是否会影响大多数债权人生存居住等民生方面的利益。即使不进行实质合并破产，各关联企业之间的诉讼成本及诉讼时间、利息损失等利益，也应纳入损害债权人公平清偿利益的范围，诉讼成本应计入破产费用，当诉讼成本过高、诉讼时间过长时，也会影响债权人的清偿利益。此外，还有第三人的信赖。债权人在与关联企业成员进行交易时，已将关联企业成员视为一个经济体，并非依赖于各企业成员之间法律上的独立关系，对该债权人的信赖利益也可作为结果要素的适当考量因素，即债权人信赖利益标准。如关联企业在向债权人宣传时将其控制企业或其他关联企业作为交易方进行宣传，或者在与债权人的合同中载明其控制企业或其他关联企业同时为交易方的意思表示，或者通过其他方式明示或暗示其与控制企业为“同一经济体”。但考虑到该因素所具有的较强主观性及当债权人出现不同信赖对象时如何判断等问题，债权人信赖利益标准不可单独作为认定标准。同时，如视为整个经济体的关联企业只是个别或少数，则其造成的影响范围有限，法院仍需结合其他因素予以综合认定。

以上关联公司实质合并破产的认定过程其实是商事关系法律适用的常态。抽象涵摄的立法有一种简洁的逻辑之美，但在具体实在的商事关系中，法律适用需要复杂的要素判断，这绝非易事。

（三）商事规则对《民法典》抽象涵摄适用的多样组合：破产重整中的信托

《民法典》为了实现对商事关系的抽象涵摄，其法律规范只能以抽象方式存在。而抽象和提纯后的规则，因为与现实之间存在距离，往往使《民法典》的抽象规则具有很强的适用性。除了前文所述《民法典》抽象引致的横向配合以及纵向展开，商事关系因《民法典》的抽象涵摄也可能发生另外一种情形，即根据《民法典》的抽象规则，商事规则可以按商主体的需求实行多样化的组合适用，笔者在此以破产重整信托为例展开。

在重整计划执行中，采用债务人自行管理模式，管理人处于监督者的地位，监督重整计划的执行，那么管理人又由谁约束？我国《企业破产法》中仅规定了管理人的职责，对于管理人不履行职责造成重整企业损失的责任承担未作详细规定。因此在司法实践中，管理人怠于履行职责的案例频发，例如不按时主动移交财产和营业事务、利用管理人地位牟利、违反忠实勤勉义务等，这导致重整计划无法顺利进行，对债务人、债权人以及相关第三人造成损失。笔者选用以下案例进行说明。

案例4－6 在某房企J公司重整计划的执行中，某管理人拒绝向债务人就印章等财产和营业事务开展交接工作引发争议。据查，2018年7月，X法院依法指定S律师事务所作为J公司的管理人。J公司向管理人移交了印章、账簿等全部财产和营业事务。2019年9月30日，X法院作出民事裁定书，批准了重整计划，终止重整程序。重整计划执行阶段开始后，管理人不向J公司移交各类印章（法人章和法定代表人私章）等财产和营业事务，导致J公司无法按重整计划开展经营和完成重整计划预期的偿债目标。2020年10月，J公司曾向X法院递交民事起诉状，提出要求管理人立即停止侵害并全面移交财产和营业事务等。多项诉讼请求未被X法院受理。2020年11月2日，管理人召开会议，向X县人民政府、X县破产案件协调处置工作领导小组、X法院，J公司债权人委员会发出“关于J公司重整计划执行僵局所涉事宜的报告”（J公司参会时管理人未将该报告发给J公司，J公司后从其他参会方处拿到报告），建议更换执行团队或者宣告J公司破产，以继续完成项目续建。2020年11月26日，管理人向J公司法定代表人、董事长Z某发出通知，要求Z某等不得再私自以J公司的名义对外从事与重整计划相关的工作，否则将申请X法院采取司法强制措施等。管理人通知抄送X法院、J公司债权人委员会等。

该案较为典型地体现了管理人在重整计划执行中存在的问题及困境，也彰显了重整中运用信托制度的必要性和可行性。依据《企业破产法》的规定，在重整计划执行中，应由债务人自行管理营业事务，因此管理人应当移交印章财产、营业事务等。但管理人考虑到债务人自行管理企业可能存在不利因素，于是拒绝履行该职责，从而导致重整计划无法继续执行，一度陷入僵局，也引发了广泛的社会关注，管理人、债权人、债务人三方互不信任，重整无法继续进行。

应当说，重整计划的顺利执行需要监督力量的保障与支持。这个问题其实就说明在破产重整中引入信托制度的可能性和必要性。如果可以在破产重整程序中引入信托，这种法律适用的情形就是不仅引致适用《企业破产法》，还引致适用《信托法》。由于在《企业破产法》中有明确规定，重整计划执行采取债务人自主经营模式，管理人负责行使监督职权，但是关于管理人的监督职责如何履行、履职标准、责任承担标准及责任承担方式都没有具体规定，而破产程序中既适用《企业破产法》又适用《信托法》的情形，恰是因《民法典》的引致适用而发生的商事规则的多样化组合。

这种多样化组合的引致适用，需要多种不同的商事规则本身具有“兼容性”。破产重整与信托本身并无冲突，恰是两种可以兼容的法律制度。如果将信托法律关系应用到重整计划执行中的管理人监督职责制度中，利用信托的优势，如信托财产具有独立性、信托制度具有灵活性等特点，将管理人定位于信托法律关系中的受托人、债务人定位于信托法律关系中的委托人、债权人定位于信托法律关系中的受益人、重整财产定位于信托法律关系中的信托财产，这样一来，就可以用信托义务对管理人进行有效约束，在极大程度上保障重整程序顺利进行，也能保障债权人利益最大化，实现债权清偿，达到重整的目的。引入信托规则，则可以用信托受托人重新定位管理人。信托目的和重整目的相契合。在信托制度中，受托人是负责管理、处分委托人财产，落实信托文件，根据信托文件内容履行职责，让受益人利益最大化。受托人要遵守注意义务、忠实义务。在信托法律关系中，受托人处于重要地位，只有其充分发挥作用，才能有助于信托目的实现。从重整制度来看，管理人处于一个受托人地位，是为了实现重整，保障债权人利益最大化。两种法律制度虽然是调整不同的法律关系，但是在立法精神上具有一致性。在重整计划执行中引入的信托关系，可以类推信托制度中的他益信托。在他益信托中，受托人具有独立性，管理人在重整计划执行中的行为不受制于各个利益相关方，这样能够保证管理人不受司法干预、不受债务人意志支配，防止债务人阻碍重整程序进行，提高管理人的工作效率，给重整企业提供了生机，也更有利于管理人履行职责。信托制度中对于受托人的权利义务都作了非常详细、明确的规定，把信托制度引入重整制度既可以赋予管理人权利，也对管理人形成一定的约束，让其受到有效监督。比如管理人需要遵守信托义务，按照信托文件实施行为，违反信托义务需要承担责任等。这样既能够提高管理人的管理水平，也能够提高重整计划执行工作的效率，有助于推进重整工作有序进行。

五、本章小结

《民法典》本身就是基于抽象涵摄的方法而立，当然也可以涵摄适用于商事关系。本章主要研究的就是这种《民法典》对商事关系的涵摄适用。《民法典》中能够对商事关系涵摄适用的规则是那些抽象程度较高的规则。社会主义核心价值观对于商事关系完全适用，因为社会主义核心价值观在我国发挥着法律价值的功能，商事关系法律适用不可能离开社会主义核心价值观的指引。而《民法典》所规定的民法基本原则，包括平等、自愿、公平、诚信、公序良俗等对于商事关系也应适用，并且这些基本原则在商事关系中还有自己独特的意义探寻。《民法典》所规定的民事法律行为制度在商事关系中当然也要具体适用，有相当数量的民事法律行为规则的功能只有在商事关系中才能集中体现和典型体现。《民法典》的权利制度同样也应在商事关系中被全面适用。抽象涵摄的民法规则，可能对商事关系形成横向配合、纵向展开和多样化组合等多种适用情形，这是民法典时代商事关系的法律适用的一种典型情形，也是民商合一优势的典型体现。

第五章　商事关系对《民法典》的逸出适用

尽管《民法典》于商事关系而言是基础性的适用，但是在某些商事关系中，《民法典》可能不能适用，这就是商事关系法律适用对《民法典》的逸出。逸出本身也是一种法律适用的情形，传统观念中商事特别法优先于普通法仅指此类情形，《民法典》第11条系指这种情形。从商行为的视角看，主要是商事单行法规定的各种绝对商行为，如证券交易、票据行为、海商行为、保险行为等；这类绝对商行为除适用民法的基本原则外，并不适用其他民法制度，且各个商事单行法各自的特性都相当突出，无须提炼抽象的共同规则。这就形成了商事关系游离在《民法典》适用之外的局面。但实务中，商事关系逸出适用《民法典》不是绝对的，即“徒商法不足以自行”。大量案例显示，绝对商行为往往需要与民事规则结合、并立或交叉适用，由此使商事关系的法律适用呈现异常复杂的局面。此种情形，是民法典时代商事关系法律适用的典型情形，也是最能体现民法典时代商事关系法律适用典型性、具体化的适用情形。

一、绝对商行为优先适用商事特别法

（一）绝对商行为的含义

绝对商行为，是指考虑行为的主体、方式和动机，因行为的性质为纯粹商事，在法律适用中不适用《民法典》而仅适用商法的商行为类型。在商法中，绝对商行为与相对商行为是一组对应的概念，后者需要通过判断主体是否为商主体、方式是否为营业以及动机是否为营利才能确定为商行为，也就是只有商主体以营业方式、以营利为目的实施的行为才是商行为。绝对商行为在法律适用时不适用《民法典》，而应仅适用商法。但是，在实务中，在“民商合一”体制下，这种绝对商行为的理想化法律适用可能很难实现。

案例 5－1 孟某 2021 年被认定为合格投资者，并向 X 信托公司购买了总计 6500 万元的信托产品，签署了信托合同等一系列信托文件；该信托产品期限为 1 年。2022 年，因底层资产风险发生，X 信托公司到期不能兑付，孟某购买的信托产品被延期兑付。与此同时，经孟某等人举报，X 信托公司被中国银保监会（现已撤销）J 省监管局认定从 2021 年开始即存在管理混乱等问题。2023 年，孟某向人民法院起诉要求解除信托合同。人民法院一审认为中国银保监会 J 省监管局已经认定 X 信托公司存在违法违规行为，故 X 信托公司的行为已经违反信托受托人应承担的受信义务，依据《民法典》关于合同法定解除的规定，信托合同应予解除，并且 X 信托公司应将 6500 万元及按 LPR 计算的利息损失返还给孟某。[1]

如果对该案适用《信托法》，则依据《信托法》第 50 条、第 52 条的规定，该案并不符合信托解除的情形；但是该案中，法官对案涉信托合同并没有适用《信托法》，而是适用《民法典》，并认定应予解除。该案是否符合《民法典》的解除情形另当别论，在该案中，值得我们思考的是案涉当事人之间的关系究竟是应适用《民法典》还是应适用《信托法》。笔者认为，若以绝对商行为和相对商行为的类型来分析该案，单纯就法律适用而言，应适

[1] 该案为调研判决，在笔者写作本书时终审判决尚未作出。

用《信托法》。

绝对商行为是依照行为的客观性和法律的规定即可成立的商行为，它必然适用商法进行调整。绝对商行为的成立，不需要将商主体的身份及营业方式作为该行为的构成要件，一般由立法确定具体类型，不允许作类推式的扩大解释。《日本商法典》第 501 条规定了四类绝对商行为：一是为获利而转让的意思，有偿取得动产、不动产、有价证券的行为或有偿转让取得物的行为；二是缔结供给自他人处取得的动产或有价证券的契约以及为履行此契约而实施的以有偿取得为目的的行为；三是于交易所进行的交易；四是有关票据或其他商业证券的行为。我国立法虽然没有对绝对商行为的具体类型加以明确，但是基于行为的客观性和法律的规定两个要求衡量，以下行为作为绝对商行为较为适宜：票据行为、证券期货交易行为、海商行为、融资租赁行为、仓储行为、保险行为、保理行为、营业信托。当然，绝对商行为中也有相当一部分已经被《民法典》规定，如融资租赁行为、仓储行为、保理行为。这些已经进入《民法典》的绝对商行为在法律适用上当然可以直接适用《民法典》，但仍有相当一部分绝对商行为《民法典》并不涉及，本章主要探讨的就是这类《民法典》并不直接适用而由商事特别法直接调整的绝对商行为。

（二）绝对商行为不直接适用《民法典》的原因

目前被商事单行法调整的绝对商行为，基本属于传统商事营业的范围，由于具有作为商行为的客观性和确定性，因此对其毫无争议地适用商法，并且在“特别法优先于普通法”这个商事特别法被优先适用的原则之下，对这类商行为在实践中适用商事单行法非常直接和便利。然而，既然《民法典》第 2 条规定《民法典》的所有民事主体均有适用价值，那为何这类商事特别法规定的绝对商行为可以游离在《民法典》的法律适用之外呢？商事特别法又为何可以优先于民商事普通法的适用？究其原因，无外乎以下三点。

1. 商事特别法是典型的商主体法，普通的民商事主体并不适用

如前所述，目前我国针对绝对商行为的商事特别法，包括《票据法》《证券法》《保险法》《海商法》等，其实均是典型的商主体法，均典型地适用于商主体。例如《证券法》规定的“证券公司”，《保险法》规定的“保险公司”，《证券投资基金法》规定的“证券投资基金公司”等。而《票据

法》虽然无差别地适用于所有使用票据的主体，但是一个不争的事实是，只有符合条件的主体方才可以开立各种票据账户，以商业信誉支撑票据的流通，因此“商主体”这个身份特征已经不需要再由立法特别强调。因为一般的民事主体根本不可能从事这些绝对商行为。

而从以上这些绝对商行为的起源看，无一不是起源于欧洲中世纪的商人法。票据最早就是商人为了便捷支付而发明的工具，证券、保险最早也是风险收益的工具。这类绝对商行为中，商主体的身份特征已经成为一个不言自明的客观前提，立法若要再重复和提示这类商行为的“主体商人性”，显然不仅叠床架屋、多此一举，而且可能破坏民事主体一体适用法律的形式公平性。近代民法是一场“身份到契约”的运动。可以说，民事主体能取得法律上的平等、无差别的地位和待遇，是有相当深厚的历史积淀和人类文明进化支持的。因此，再要立法明示商事关系中主体的“商人性”，客观上会引发是否又由“契约到身份”的逆流质疑。因此立法不再开宗明义地提示这类商行为中主体的商人性也在情理之中。从法律的适用角度看，笔者认为这种立法技术是成功的。如果《民法典》一定要明示这类商行为主体的商人性，紧接着带来的问题就是主体的商人性应如何与民事主体的平等性这个基本的民法原则进行协调？立法不能为了解决一个问题而制造出一个新的问题，但我们对绝对商行为的正确理解应当是民法典时代最重要的一个法律适用要点。

在案例5-1的一审判决中，若一定要依据《民法典》解除信托合同其实是很难找到法定解除的依据究竟是根本违约还是预期违约。如果按照信托合同的规定，合同的目的已经实现。尽管X信托公司存在一些违规行为，但是这些违规行为与孟某信托产品不能按时兑付并不存在必然的关联，因果关系本身是间接的。更重要的是，法院如果以X信托公司被监管机构出具违法行为的认定就认为X信托公司违反了受托人法定的信义义务，那么这种认定是缺乏说服力的。对于本案首先应明确的是，虽然孟某和X信托公司之间签署了信托合同，但是信托合同规范的是营业信托行为，在《信托法》对营业信托有特别规定的情况下，应按照特别法优先于一般法的规定，适用《信托法》而不是《民法典》。也只有在适用《信托法》的前提下，法院才应重点调查X信托公司在发售给孟某信托产品时，是否对底层资产进行了符合规范的法律和财务尽职调查。如果X信托公司在对底层资产的调查中存在未尽职的情形，就构成违反受托人的“勤勉义务”，此种情形下再认定 X 信托公司对孟某的法律责任，在整体的法律适用上就是正确的。

2. 商事特别法适用于特定类型的商行为

尽管商行为呈现鲜明的类型化特色，立法也对商行为的类型保持着开放和包容的态度，但事实上，商事特别法的立法数量是有限的，所针对的商行为类型也是特定的，而且并不存在对商事特别法之外的其他商行为类推适用于某个商事特别法的情形。例如，我国《票据法》仅仅是为了规范票据行为，保障票据活动中当事人的合法权益；《证券法》也仅是规范证券的上市和发行，均并不涉及其他商行为。对于票据行为，不可能适用《证券法》；对于证券法律关系也不可能适用《票据法》；由此使得这类商事特别法调整的商行为形成了“各自为政”的法律适用局面。《民法典》对这类商行为，基本没有可以适用的空间。

3. 优先适用商事特别法是为了保护特定主体的特定需求

至于商事特别法为什么要优先于普通法得到适用，这是一个颇有内涵的问题。从商法起源于欧洲中世纪的商人法这个历史溯源看，商法自始就是适用于商人这个特殊的群体；而欧洲中世纪与商人法并列的还有庄园法、教会法等，“分而治之”的法律适用并不为奇。商法本身就是为了保护商人这个群体的利益。对商人来说，其所从事的商行为已经有足够的商法规则。但随着近代民法的逐渐勃兴，在商人法之外，大陆法系的主权国家又颁布了适用于所有民事主体的民法。但无论这些国家的商法是以独立的商法典形式存在，还是在民商合一的《民法典》中存在，抑或依然作为习惯法存在，商法这个适用于商人特定主体的法都会得到优先适用。这样做的原因无非就是保护特定主体的特定需求，对于特殊情形特殊处理才是对法律适用公平性的追求。而在民法体系化、成文化后，商法就居于特别法的地位——它要么改变民法规则，要么补充民法规则，而对民法规则的改变或者补充其实仍是对商人这个特殊团体进行特殊保护的要求。所以，这些单行法作为商事特别法得到的优先适用也逐渐成为公认的一项法律适用原则。

商事特别法的优先适用并不破坏民法的平等性，因为商主体从事的商行为比民事主体从事的民事行为要面临更多的风险和责任；绝大部分的商行为，都是商主体主动采取的、追求实现更多利益的民事法律行为；而与典型民事行为相比，由于利益与风险是一致的，商行为更需要商主体对风险和利益进行充分地预判。因此民法的道德性在商事关系中被作为一种不言而喻的前提，商事关系不需要再对这种道德性进行重复和强化，反而更要强调在追求利益实现中的相关风险及预防。而法律显然承担着风险防范的重任，交易的安全和效率也是商法的理念和商事关系法律适用的前见之一。在风险和利益评判的需求下，往往需要商主体对全部交易细节以及可能遇到的风险进行分析，交易模式的选择和完善也往往需要更高的成本，这显然需要对商事关系通过适用商事特别法给予商主体特殊的保护，也唯有如此才能平衡保护交易对方的利益，并在整个社会范围内维持商事交易的稳定、高效运转。早有学者指出，其实我们大可不必对“主体商人性”这个身份持有偏见，因为近现代意义的“身份”早已经不再是奴隶制社会、封建制社会中政治意义的身份，而仅仅是一种职业的、经济意义的身份。

二、商事法律关系的特别客体不适用《民法典》

（一）《民法典》中的商事法律关系客体

法律关系的客体，是当事人权利义务指向的对象；而标的物则仅是给付行为指向的特定物。在具体法律关系中，我们需要区分客体与标的物，但为了表述方便，此处所指的商事法律关系的客体，特指双方商行为中涉及的“物”，当然，这种“物”既可以是客体也可以是标的物。

无论是在民事领域还是在商事领域，“物”都是满足人们需要的物质资料。商事法律关系的客体，在很多时候与民事法律关系的客体一样，包括物、行为、智力成果等。“物”在民商法中居于客体或者标的物的法律地位。法国商法学者指出，乍一看来，商法在财产方面的特殊性表现得并不很突出。商法仍然将财产区分为有形财产和无形权利、动产和不动产。但是，这些财产与权利所具有的意义大小与民法并不相同〔1〕。这是因为民法关注的

---

〔1〕［法］伊夫·居荣：《法国商法》（第1卷），罗结珍、赵海峰译，法律出版社2004年版，第701页。

是生活需要；而商法要满足的是商主体的营利和营业需要，更侧重关注怎样让客体或标的物满足经商营业的需求。从比较法来看，不动产由于其稳定性以及流通的严格程序性，并不十分适合成为商法的主要客体或标的物。不少国家的商法就明确将不动产排除在商法领域之外，如德国商法认为不动产的居间不属于商事居间，而我国商事居间的相当一部分是不动产的居间。[1]笔者认为，我国由于多年来实质商法的传统，加之民法对于客体制度以及物权制度的建构，包括动产与不动产的划分标准均不到位，[2] 因此还不能简单地将不动产排除在商法客体或标的物制度之外。区分民法与商法的“物”不能依据“物”的性质而只能凭借“物”之功能。但近现代以来，民法自身也展现出惊人的发展性，以其“抽象涵摄”的立法技术不断地将商事法律关系的客体尽数收入囊中。

总体来看，商事法律关系的客体或者标的物呈现多元化的特色。有时候可以直接适用我国民法关于法律关系的客体“物”或《民法典》第二编中对于“物”的规定，如商事买卖的标的物；虽然在买卖标的物的质和量的方面，商事与民事有重要的、不可忽视的区别，但在标的物的法律性质方面并没有差别。当然，有一些商事法律关系所涉及的、非常有商法特色的客体或标的物，例如动产集合抵押中以“集合动产”为抵押权的客体在《民法典》中已经有了清晰的规定；又如对于“营业资产”虽然《民法典》没有明确的规定，但无论是营业资产的归属，还是转让、抵押，《民法典》都提供了一些规则可以适用。更重要的是，营业资产在法律上属于集合物，可以对集合物的组成部分，包括动产、不动产、权利、债务等适用各自相应的民法规则，因此营业资产也不需要特别的、有关客体的商法规则。

（二）不适用《民法典》的商事法律关系客体——证券化的权利

但是，商事法律关系的客体是丰富的，还有一些商事法律的特别客体在

---

〔1〕 参见《德国商法典》第93条的规定，对于所称交易以外的其他交易的媒介，特别是对于关于不动产的交易的媒介，即使由商事居间人进行媒介，仍不适用本章的规定。

〔2〕 我国比较习惯于从物理形态上划分动产和不动产，但如法国对动产和不动产的划分就是从法律的适用角度，除物理形态的划分外，不动产的使用收益权、地役权或土地使用权等为不动产，债权及商业公司和工业公司的股权等为动产。

《民法典》中并无规定，并且从这类特别客体的性质来看，也不需要在《民法典》中进行特别规定，这就是证券化的权利。

在商品经济的发展初期，以物易物、即时清结的商品交换方式是常态，同一权利的成立与实现以同时、同地、同人的方式完成。随着商品经济的发展，商品的交易方式呈现多样化和复杂化。在商品经济活动中，同一权利的成立与实现，出现了不同时、不同地甚至不同人的情形。在特定权利的成立与实现过程中，维持该项权利内容的确切性、权利证明的准确性和权利实现的便捷性是十分必要的，证券化由此应运而生。将特定的民事权利明确记载于书面凭证上，以对该书面凭证的持有与移转代表民事权利的拥有和移转，无疑极大地方便了权利的实现，进而方便了商品交易活动。[1] 这就是权利的证券化。票据、证券、提单、仓单这些有价证券的应用均属于绝对商行为中的权利凭证。可见，在商法中，绝对商行为是导致权利证券化的主要法律事实。这些绝对商行为的子类型代表着商法中民事权利存在的高级形式。民法将有价证券作为特殊的物，学理上一般将有价证券分为三类：货币或金钱有价证券即票据（汇票、本票和支票）、商品有价证券（仓单、提单）和资本有价证券（股票、公司债权等证券）。每种有价证券所代表的权利均不相同。

1. 权利证券化有助于提升商事交易的安全

经由绝对商行为实现的权利证券化，提升了商事交易的安全性。有价证券的持券人持有证券，便拥有证券上的权利。例如某人拥有特定股票的所有权，就意味着他拥有了股票上记载的特定股份公司的股权。因此，在通常情况下，谁持有有价证券，谁就是该有价证券权利的享有者。特别是对于无记名的有价证券，持有或占有的事实本身就证明了其为权利人。在诉讼过程中，如果没有足够的相反证据，有价证券之持有本身就足以证明证券权利归属于持券人。因此，在交易中，当事人在自己善意的前提下，凭借对方对有价证券的占有就可以推定其为权利人，当事人的这种信赖是合理的，也是受法律保护的，因而权利证券化对交易的安全确实有促进作用。例如，票据权利的善意取得。即使是传统民法不适用善意取得的占有脱离物，比如作为盗

---

〔1〕 陈甦主编：《证券法专题研究》，高等教育出版社2006年版，第11页。

窃物或遗失物的票据，依然有可能构成票据权利的善意取得，只要符合票据形式合法（包括背书连续）、支付对价和善意这三个要件。流通证券的流通性意味着，任何人只要是善意有偿取得票据，均获得有效的权利，即使是转让人的权利存在瑕疵，也不影响受让人取得的权利。如果你善意地从窃贼那里买得我的书和汽车，你必须还给我，你只剩下（对它的价值）对窃贼提起诉讼的权利。但是，一个窃贼却可以将票据权利转让给一个不知情的购买者。[1] 此外，有价证券的要式性也是为了保证交易安全。有价证券的权利内容必须按券面的记载来确定，防止当事人之间因记载事项不全或理解不同而产生纠纷，从而确保持券人实现其证券权利的确定性和安全性。

2. 权利证券化有助于提升商事交易的效率

权利证券化是为了实现商主体所追求的交易效率，而交易效率往往是通过证券的流通实现，因此证券化的权利有了与民法截然不同的流通方式。

谢怀栻教授有过关于权利证券化对交易效率的意义的经典描述。一则，权利是抽象的，不易表现于外。权利表现在证券之上，抽象的权利表现在具体的证券之上。因为证券是一个有体物，易为人所识别，法律关系遂可确定地表现于外。证券上的债权人只要持有证券就可行使权利；债务人不必去辨认债权人，只需辨认“持有证券的人”就可以对之履行。一方提示证券，另一方履行债务后收回证券，债权债务关系就可结清，双方都十分方便。例如我们持银行存折到银行取款，银行只需凭折付款。这里几乎没有了“人”的关系，只有证券（存折）的授受关系，方便至极。二则，在债务人负有以多数人为相对方（债权人）的同种类债务时，债务人预先发给多数债权人一种证券（债权人的权利表现在这种证券之上），而后向持有证券的人履行债务，更为方便。例如电影院如不采用售票办法，在每场电影放映之前，多数观众付款入场，必然形成拥挤与混乱。采用预行售票办法，将看电影的权利表现在证券（电影票）之上，将售票与入场分开，再实行提前售票，就可以使债权人行使权利（按票上场次看电影）和债务人履行债务（接纳持有该场电影票的观众入场）都极为方便。[2] 这些解释笔者深以为赞。

---

〔1〕［英］F. H. 劳森、B. 拉登：《财产法》（第二版），施天涛等译，中国大百科全书出版社1998年版，第27页。

〔2〕谢怀栻：《票据法概论》，中国社会科学出版社2007年版，第6页。

以票据行为为例，背书和交付是票据流转的两种方式。其中的背书鲜明地体现了对交易效率的促进作用。行使证券化的权利，持券人只需向义务人提供证券即可明确表明其权利，包括仓单、提单在内的商品有价证券以及其他类型的有价证券中均是如此。民法债权的转让需要通知债务人，但通过转让背书方式转让票据权利时无须通知票据债务人；民法的债权转让遵循自治原则，可以全部转让也可以部分转让，但通过背书方式转让票据权利时不得将票据转让给两人以上，以防止民法复杂的共有制度影响交易的效率；为了防止民法“一物二卖”，票据权利的转让必须按实践法律行为那样进行实际票据的交付；更为重要的是，民法债权转让给他人后，原债权人不再具有债权债务当事人的地位；但由于票据的权利人与义务人地位更换频繁，一旦票据出让，原先的权利人就转换为票据债务人，并对后手及持票人承担连带责任。此外，为了确保票据流转的效力，票据行为还成为民法中为数不多的毫无争议的无因法律行为，适用抗辩的切断，后手取得票据权利并不当然承受对前手的抗辩，这也与民法债权转让抗辩随之转让的规则有明显区别。而股票、期货在流通方式上配合证券登记结算制度过户，无纸化、电子化的交易更富有效率。

3. 权利证券化有助于提高商事交易的信用

商业社会需要高度的商业信用，而证券化的权利则推动了商业信用的发展。商业信用与有价证券的流通性呈现良性互动的局面。一方面，有价证券的流通需要有商业信用的支持，如果没有商业信用，人们可能就不会相信和使用有价证券。这种信任并非针对哪一个特定的义务人，在商事交易复杂化的背景下，信任应当是针对整个商人共同体的信任。另一方面，有价证券也促进了商业信用的发展。权利证券化意味着可以将债权较为固定地通过有价证券来表彰和实现，既便于大规模地、公开地向公众发行，也可以得到持久而稳定的信用。[1] 有价证券与货币的信用不同，后者依赖的是政治国家强制性的信用保障，而有价证券则只能依赖私人信用。这就使得有价证券对法律的需求格外迫切，因而促进了绝对商行为的立法，通过立法确立起有价证券的发行、转让制度，再经由法律来推进商业信用的发展和成熟。商事实践

---

〔1〕 谢怀栻：《票据法概论》，中国社会科学出版社 2007 年版，第 7 页。

中广泛应用的不动产金融（REITS）等均是以此为机理。

就以上证券化权利的现状而言，证券化权利并不能直接适用《民法典》，证券化权利不是传统民事权利的类型，只能适用单行商事立法。当然，我们也不得不承认，证券化权利事实上已经不再是哪一个特定主体的权利保护，或者立法不再具体保护某个特定主体本身所追求的营利性动机，而是维护整个商业流通、商业信用的存续，从这个需求来看，以特定主体的权利保护为目的的《民法典》其实也无从适用，其不得不借助于商事特别法来加以调整和保护。

三、商事特别法对《民法典》的“另有规定”

（一）商事特别法具体化的法律适用

不适用于《民法典》的商事关系，其实在法律适用上相对简单，那就是仅适用于特定的商事特别法。而商事特别法所规制的绝对商行为的类型是相对固定的，一般不作扩大解释，也不允许其他商行为参照适用。这类商行为也是商法中最早完成成文立法的商行为。在成文法的框架下，如果当事人从事这类行为，就必须按照法律规定的模式去从事，而不能改变或自行创造行为的规则。这类商行为游离于《民法典》之外，最能典型地体现商行为的特有规则。目前对于绝对商行为并不存在所谓商化不足或过度商化的问题，而是绝对商行为自身制度构建的完善。商化的不足或过度，仅是指相对商行为，尤其是《民法典》中规定的相对商行为。

绝对商行为是整个商法中最有代表性的商行为类型，但绝对商行为的具体类型则呈现多样性、具体性，本身不适合进行抽象涵摄研究，也很难提炼出统一的规则，只适合具体化、个体性的研究。绝对商行为类型之所以被固定，是因为对于绝对商行为基本都已经完成了成文立法。在成文法的框架下，如果当事人从事这类行为，就必须按照法律规定的模式去从事，而不能改变或自行创造行为的规则，并且绝对商行为在法律适用方面具有绝对性和排他性，即只适用商法而不适用民法。因此，绝对商行为其实游离于民法的调整之外，能典型地体现商行为的特有规则。目前对于绝对商行为并不存在所谓商化不足或过度商化的问题，而是绝对商行为自身制度构建的完善。绝对商行为与相对商行为有所区别，其也是商行为中较有代表性的子类型，但绝对商行为的具体类型呈现多样性、具体性，一般也不允许扩大解释或类推适用，因而抽象涵摄的研究方法仍不能应对绝对商行为的复杂性。

（二）商事特别法对《民法典》规则的变通适用

1. 民事法律行为效力规则的简化

《民法典》对民事法律行为的效力状态进行了非常详细的规定，但是在商事特别法中，基于交易的效率和安全以及商人作为经商营利者应当具备较高的注意力的前提假设，有不少规则是尽力简化民事法律行为的效力规则。

例如，票据法上广义的票据行为相当于民法上作为法律事实的行为。狭义的票据行为则仅指票据法律行为，即包含票据权利义务之意思表示要件的票据行为。狭义票据行为只有四种：出票、背书、承兑和保证。我们在言及票据行为与法律行为的区别时，更多使用狭义票据行为。这四种票据行为的效力状态较民法中的法律行为得到了简化。民法法律行为的效力状态有三种：有效、绝对无效以及相对无效。其中的相对无效也称可撤销、可变更的法律行为。然而，就票据而言，为了票据流通的便捷和安全，无法容忍票据行为的可撤销或可变更，因此票据行为的效力状态只有两种，即有效和无效，不存在可撤销、可变更的情形。基于同样的原因，票据行为能力也只有两种，即有票据行为能力和无票据行为能力，民法中的限制行为能力人在票据法中直接归为无票据行为能力。

然而，票据行为的效力状态还不是商法中最简洁的，比票据行为法定的效力状态更为简洁的是证券交易行为，它以有效为唯一的效力状态。证券交易在本质上是一种买卖，但因证券交易发生在证券交易所内，证券交易的模式已经由证券交易规则确定。而证券交易的连续性、反复性以及证券交易本身集中交易、自动撮合的特有模式，既不可能再适用法律行为的效力待定规则，也不可能适用无效制度，因此证券交易的效力状态呈现唯一化的特性——有效。虽然在本质上证券交易是一种买卖，但证券交易行为也不存在普通买卖的解除、变更、转让等一系列制度，因此证券交易行为效力状态稳定为有效。对此，我国《证券法》第117条仅规定有证券交易行为的有效状态，没有无效或可撤销的情形。作为绝对商行为的证券交易效力状态极度单纯，当它成为商行为并作为法律行为时，是因自身特性而对法律行为效力状态予以修正的典型例证。

2. 民事法律行为形式要求的灵活性

当代民法的法律行为由于遵循意思自治原则，在形式方面以不要式为原则，但与这一趋势形成悖论的现象是：对于绝对商行为，大多在要式性方面有所要求，甚至要求甚高。

票据行为的要式性是较为严格的，无论是票据的格式还是记载事项，都有明确的法律规定；并且票据行为的类型是法定的，当事人在法定类型之外所为的行为不能发生票据法上的效果。物权类型的法定尚可能认定非典型担保之类物权但票据法定类型之外不可能产生票据，如果当事人违反了票据的要式性要求，则导致票据无效。应当说，票据行为的要式性体现了商行为类型化的要求，也服务于票据的流通和安全需要。这种要式性，至少有以下两点意义：一是当事人在授受票据时无须再对票据记载哪些事项进行个别协商，而只需要按固定的格式将具体内容填入即可，因此能提高商事流转的效率；二是票据只要符合了要式性要求，善意持票人就可以认定该票据合法有效，从而无义务再去寻找其他证据证明该票据的效力，并且善意持票人的这种信赖也受到票据法的保护。

在我国，证券法调整的证券也具有要式性的特点。证券的类型在我国是法定的，目前我国《证券法》及其相关立法规定的证券种类主要包括股票、债券、证券投资基金、证券衍生品种四大类。股票、公司债券和国务院依法认定的其他证券的发行和交易，适用《证券法》；政府债券、证券投资基金份额的上市交易也适用《证券法》；但证券投资基金的发行不适用《证券法》而适用《证券投资基金法》；证券衍生品种的发行、交易不适用《证券法》而由国务院依照《证券法》的原则另行规定。

3. 对民事法律行为的解释无争议地运用商事外观主义

《民法典》基于对民事主体真实意思的尊重，更多的时候要询问民事主体的内心真意，也就是在对民事法律行为进行解释时，更多关心民事主体内在的、真实的意思。但商事特别法所规定的某些商行为，由于交易的迅捷性和连续性，根本无法关注行为主体的内心真意，而只能运用商事外观主义来推断意思表示。

通说认为，对于那些成为绝对商行为的法律行为，在进行意思表示解释时，已经实现了意思表示的客观化，即以外在的表示作为意思表示的确定依据，而不考虑当事人内在的真意。无论是票据、证券、海商，还是仓储、融资租赁，都已经形成了按外在所记载的表示进行意思表示解释的法律规则和交易习惯。票据行为是典型的采商事外观主义的绝对商行为。票据行为具有的特征之一就是票据的文义性。票据书面的记载事项是用于表彰票据权利义务的唯一依据，不允许当事人通过票据记载以外的事项来变更票据记载。我国《票据法》第4条所强调的也是票据所记载的事项，即票据行为的内容取决于票据的记载。票据的记载事项必须符合《票据法》的规定，票据更改受到法律的严格限制。票据金额、日期、收款人名称不得更改，更改后的票据无效。对票据上的其他记载事项，原记载人可以更改，更改时应当由原记载人签章证明。这些规则的设计都是为了避免票据行为在解释上的含混，力求发挥票据行为对商事流通的促进作用，确保票据的流通性与安全性。由于票据具有文义性，当票据的受让人占有该票据时，他仅凭票据的票面记载就能够全面确定有关的票据权利义务以及在自己得到票据之前该票据的流通情况；即使票据所记载的事项与实际不符，受让人只要不知情，就既无须费时费力地去调查票据权利的实质原因，也无须调查票据在前手之间流通的实际状况，可以直接合法并安全地受让该票据并将其继续出让。

四、商事关系与民事关系在实务中法律适用的交叉并用

对绝对商行为仅适用商事特别法的情形在理论上的解释难度并不大。在实务案例中，更多时候对这类案例的法律适用展现了《民法典》与商事特别法的共同适用状态。也就是说，如果商事特别法对某法律关系进行了规定，那么对该法律关系就应适用商事特别法的规定；但是对该商事特别法没有规定的民事法律关系，仍应适用《民法典》的规则，这就形成了一种非常复杂的法律适用的“并立”状态，也是商事关系法律适用的难点呈现。而在绝对商行为之外，很难再找到商事关系与民事关系的交叉并用的情形。以下对几

个较为典型的问题予以讨论。

（一）票据清单交易、封包交易中《票据法》与《民法典》的交叉适用

票据的清单交易、封包交易典型地体现了民商各自发挥价值适用情形。

案例5－2 D银行（甲方，买入返售方）与W银行（乙方，卖出回购方）签订了回购合同，约定甲方同意对乙方提供的各合同所附商业汇票回购清单（以下简称回购清单）所列银行承兑汇票办理回购。同日W银行向D银行出具了各回购合同所涉及票据复印件的代保管函。此后W银行与C银行签订了转贴现合同。最终由于D银行未向W银行支付票据转贴现款项，W银行亦未向D银行支付回购款项而引发纠纷。庭审中，W银行以案涉票据并未实际交付、约定的资金来源及支付顺序与实际的资金来源和支付顺序相反，双方的收益模式存在差异为由进行抗辩。法院最终认为在整个交易过程中W银行既不需要持有或交付票据，也不需要占用自有资金回购票据，亦非资金融入方，且双方均明知W银行划转资金的目的是资金通道而非票据回购，故认定D银行与W银行之间的合同名为银行承兑汇票回购合同实为资金通道合同。〔1〕

票据的清单交易、封包交易是一种习语，实质仍是相关主体之间的融资行为。正常的转贴现需要真实交付票据，还要查证票据真伪。为了避免交付票据的麻烦，实践中发明了封包交易，即把票据转入一个专门的包装袋封好、贴明细、在封口处签名，并把这个封包寄给买方（封包相当于物权法上的质押，买方即出资银行，买入票据出让款项）；卖方到期领回票据时封包完好也无须再拆包验票（领回即还款和取回作为质物的票据）。后来又发明了更为简洁的清单交易，即卖出银行只要告知买入银行自己手头上有清单所列票据就可以向买方融资，双方约定票据在卖出银行处或者由第三方代管，这样票据不需要来回交付和验票。在这种交易模式之下，参与交易的各个商业银行不进行连续的背书也没有真实的票据交付，在逆交易顺序进行倒打款等情形下，持有票据者究竟有无票据权利需要进一步明确。按照《票据法》对票据行为、票据责任的规定，买方并无票据权利。而被告可能提出的抗辩

〔1〕 参见最高人民法院（2018）最高法民申3163号民事判决书。

理由解释以及出资银行没有真实的转贴现意思表示的证据包括：票据交易存在诸如不符合正常转贴现交易顺序的倒打款、未进行背书转让、票据未实际交付等。

这个问题的答案显然不能从《票据法》中得出。在上述票据的清单交易、封包交易中，《票据法》仅解决了出票这个特定的票据行为，虽涉及贴现，但不涉及背书、保证和付款。或者说，在这类交易中，票据仅仅是被借了一个名字。因此这类案例的法律适用就较为复杂。

一则，封包交易和清单交易各方虽然可能也签有转贴现协议，但各方对票据缺乏真实的基础关系或者贸易背景均知晓，因此符合《民法典》第146条虚假意思表示与隐藏意思表示的规定，这类交易属于通谋虚伪的意思表示，外在的票据行为无效。因此《九民纪要》不认可出资银行可以行使票据法中的追偿权（或票据权利）。封包交易和清单交易被视为银行的同业拆借行为。这就需要实务中注意票据权利与合同权利的区别，这是出资银行必须要考虑到的风险。

二则，封包交易和清单交易往往有很长的交易链条，村镇银行和农信社往往是"直贴行"（就是给持票人直接办理贴现业务的银行，但可能因资金不足而需要同业拆借），城商行、农商行作为"过桥行"收取"过桥费"或"通道费"，国有银行或股份制银行往往是最终的出资方。这个拆借资金的链条可能引发较大的风险，一旦用资方无法还款就可能波及整个金融体系。中国人民银行、证监会等下发了一系列监管文件，要求各商业银行加强对票据承兑和贴现的授信管理、票据转贴现和买入返售业务交易对手管理、同业结算账户管理等重要环节的风险控制，并要求各银行业金融机构将商业汇票业务尽快接入人民银行电子商业汇票系统和上海票据交易所中国票据交易系统，通过逐步消除纸质票据转贴现、买入返售业务和提供电子票据再转贴现、买入返售业务的方法，对清单交易和封包交易予以规范化。

三则，实践中也可能存在另一种情形，即封包交易、清单交易一般都不对票据进行背书和交付，但在发生纠纷后，不排除当事银行拆包验票、补办背书、签章等。针对这一情形，仍应坚持贴现为真实贴现意思表示的规则。尽管票据形式上有连续背书，但若审查资金流向，在封包交易和清单交易中的资金流向与正常的转贴现是相反的（在正常票据贴现中，票据流转按背书方向与资金流转方向一致；在封包交易和清单交易中，资金流向和转贴现交易的顺序相反）。因此，即使出资银行持有票据（有背书），但按票据权利的三个要件（票据形式合法、对价合理、主观善意）来判断，仍不符合善意要件，不能改变作为通谋虚伪意思表示的认定。

四则，为了一体解决这类纠纷，可以通过追加被告等方式将所有票据当事人均纳入一个诉讼来解决。这种做法的原理其实是运用民法的不真正连带责任原理，使出资银行（原告）所起诉的诸多被告形成不真正连带之债。出资银行与实际用资人（如汇票的出票人，也有可能是背书人或者被背书人，或者是未在票据上签章但实际控制票据的人，实践情况较为复杂）之间的法律关系，依据《民法典》第146条虚假意思表示之规定应当按隐藏行为认定为借款关系，而外在的复杂交易链条，包括票据行为是虚伪无效的行为。所以，借款关系中的实际用资人是合同关系中的被告；而其他的金融机构之所以可以被作为被告，是因为虚假意思表示无效而使其作为缔约过失责任人。当然，票据清单交易、封包交易的最终责任人是实际用资人，如果出资银行（原告）不起诉实际用资人或不按法院释明追加实际用资人，则法院将驳回原告的诉讼请求；如果出资银行不起诉其他的金融机构/交易参与人，则法院在判决时会预留出该金融机构的责任份额，之后再在应诉的被告中分配责任。在确定参与交易的其他金融机构的过错责任范围时，通常可以参照各个金融机构的收益（即“通道费”“过桥费”）比例确定相应的责任比例，这既是利益与责任一致的体现，也是实际用资人之间的按份责任。

（二）空白背书票据的民事授权

案例5-3 2018年上半年，S公司将C公司在T公司的40%的股权予以收购，除支付正常的股权转让款外，S公司答应C公司在2019年再行采购250万元的软件作为补偿，并将4张持有人为H公司的共计250万元的承兑汇票给了C公司。后S公司发现T公司财务数据造假，故不想履行给予C公司250万元补偿的承诺。随后，H公司在2018年8月30日向W法院启动公示催告程序，宣布4张承兑汇票丢失，在公示催告期间，C公司向W法院申报了票据权利，法院依法裁定终结公示催告程序。随后H公司向W法院提起诉讼请求返还票据。据查，这4张承兑汇票中，H公司均为收款人，但均为空白背书票据。请问 H 公司可否主张返还票据？[1]

在该案中，法院最后没有支持 H 公司的诉讼请求，但并不影响我们对这个案例中的民事授权行为进行讨论。对于空白背书汇票，虽然《票据法》并没有规定，但是《最高人民法院关于审理票据纠纷案件若干问题的规定》第 49 条对此进行了明确规定，空白背书票据本身是可以通过交付来流转并由持票人行使补记权。而授予补记权则是一种典型的民事法律行为，应作为单方法律行为受《民法典》的调整。因而该案可能的解释是：一则，S 公司、H 公司均没有将票据交付给被告 C 公司且由 C 公司享有票据权利的意思表示；二则，S 公司和 H 公司也没有授权任何人补记第一次背书时被背书人的意思表示。如果这样解释，那么案涉票据实际上将永远处于空白背书状态，任何人持案涉票据都无法行使票据权利，任何人补记第一次背书的被背书人均是非法的，因此 H 公司要求返还票据的权利是存在的。

（三）商法与《民法典》的并立适用

实务中商法与《民法典》并立适用的情形相当丰富，对民事关系适用民法、对商事关系适用商法，能够相互配合发挥出各自的调整作用。

案例 5－4　2013 年 11 月 1 日，Y 公司与 M 公司签订机电产业基地项目合作合同，双方约定建设期间工程建安费由 M 公司筹措，回购期间由 Y 公司按合同约定的方式向 M 公司支付项目建设费。2016 年 12 月 5 日，M 公司与 H 公司（资产管理公司）签订债务重组协议，H 公司受让 T 公司对 M 公司拥有的本金为 1.4 亿元的债权。2016 年 12 月 13 日，M 公司、Y 公司、H 公司三方签订协议书，协议书约定了回购款金额的确认、回购款的支付时间、回购款的支付方式、甲方与乙方的陈述和保证、违约责任、生效补充和终止等内容，并载明 2016 年 9 月 30 日时 M 公司已向 Y 公司提交了书面的项目竣工验收申请报告，根据项目合作合同约定，M 公司享有对 Y 公司的工程回购款债权。因 H 公司对 M 公司享有本金 1.4 亿元的债权，M 公司对 Y 公司享有上述债权，故三方约定 Y 公司向 H 公司支付回购款视为 Y 公司向 M 公司支付回购款、M 公司向 H 公司履行还款义务。同日，Y 公司与 H

---

[1] 参见陕西省西安市中级人民法院（2021）陕 01 民终 940 号民事判决书（调研案例）。

公司签订保证协议，Y 公司为 M 公司的重组债务承担连带责任保证。H 公司就该 Y 公司的保证责任曾通过执行拍卖其名下财产来实现债权但拍卖未成功。2022 年 6 月，M 公司的预重整申请被法院受理，2023 年 1 月法院受理其重整申请。

本案争议的问题之一是 Y 公司对 M 公司的将来求偿权可否与其向 M 公司的支付义务相抵销。理论和实务中，担保人的将来求偿权与其向债务人的支付义务能否抵销存有争议，但有人认为其实并无特别障碍。《企业破产法》第 40 条规定了三种禁止抵销的情形。根据第 40 条的规定，只要具备所列情形之一的，破产债权人就不得主张抵销。《企业破产法》中规定禁止抵销情形的立法目的是防止债务人的债务人在债务人破产申请受理后，恶意通过取得他人对债务人的债权，谋取不正当利益，侵害其他债权人的合法权益。因此，只要不存在上述禁止抵销的情形，即使是保证人（或抵押人）的将来求偿权也可向债务人主张抵销，对此实务中有支持的案例。例如宁夏回族自治区银川市中级人民法院（2020）宁 01 民终 2102 号民事判决书认为，《企业破产法》第 40 条第 1 项要求破产申请受理后取得他人对债务人的债权，而本案债权人于 2018 年 3 月 29 日签订抵押合同时，就因提交 15 套房产抵押而成为债务人的或有债权人，并非债权人从他人处取得的债权，不属于通过无偿转让、非正常交易或者偏袒性清偿等方法损害全体或者多数债权人利益，属于附条件债权，该抵押权实现不取决于债权人，而取决于本案案涉银行的起诉、申请执行等，因此该破产抵销权成立。从该判决书足以见得，既有的债权或者将来求偿权并不是能否构成抵销的关键因素，立法关注的能否构成抵销的关键因素是该“抵销”是否违反《企业破产法》第 40 条，特别是取得他人对债务人的债权的时间。

在案例 5－4 中，从 Y 公司对 M 公司或有债权的成立时间来看，并没有违反《企业破产法》第 40 条的规定，因此，如果单纯判断 Y 公司对 M 公司的将来求偿权可否与其向 M 公司的支付义务相抵销，答案是肯定的，对此应无疑义。但该案与宁夏回族自治区银川市中级人民法院（2020）宁 01 民终 2102 号民事判决书中所示案情的不同之处在于，后者债权人是因提交 15 套房产为债务人的债务提供抵押而成为债务人的或有债权人；前者虽然也因债务重组协议、保证协议而使 Y 公司成为 M 公司的或有债权人，但还存在由 Y 公司、M 公司和 H 公司所签署的、三方结算协议性质的协议书，且该案结论的判断必须面对协议书合法有效这一法律事实。

因此，对案涉债务重组协议、协议书、保证协议综合分析即可发现：Y 公司通过保证协议所担保的主债务，即债务重组协议、协议书中约定的 M 公司向 H 公司的债务，而若 Y 公司依据协议书履行向 H 公司的支付义务，则 M 公司也就不需要履行向 H 公司的债务，也就不可能引发保证协议中 Y 公司的保证责任。如前所述，协议书并没有约定 M 公司将其对 Y 公司的债权转让给 H 公司，因此不能看作债权转让协议，更没有明确约定 Y 公司可以进行抵销。反而在协议书第 4 条“甲方（M 公司）、乙方（Y 公司）的陈述和保证”中约定：“第 4. 1 条 甲方是‘回购款债权’的唯一合法权利人且有权对‘回购款债权’进行处分，其对乙方享有的‘回购款债权’不附带任何债务负担，不存在任何第三方的权利、权益或有效的主张。第 4. 2 条 乙方不会以任何理由提出以下主张：(1) 否认‘回购款债权’的真实性或准确性；(2) 提出对清偿‘回购款债权’设定前提条件等主张；(3) 对清偿‘回购款债权’的请求提出抗辩权或抵销权主张。第 4. 3 条 本协议第 4. 2 条中的‘任何理由’包括但不限于：(1)《项目合作合同》的全部或部分出现不存在、不成立、无效、解除或可变更、可撤销等情形的；(2) 存在其他违反《项目合作合同》或其与甲方的其他任何协议、合同等法律文件情形的；(3) 乙方履约能力出现重大不利变化的；(4) 基于《项目合作合同》或者其他合同或法律文件而主张对其在本确认书项下的债务进行抵销的；(5) 其他理由。”

也就是说，协议书明确约定的是 M 公司对 Y 公司的“回购款债权”不允许由 M 公司、Y 公司以任何理由提出抵销权的抗辩。抵销作为债权终止方式之一，如果当事人明确约定排除那就应当尊重当事人的约定，《民法典》第 568 条对此有明确规定。而 Y 公司在承诺不对该债权主张抵销后又以当日签署的保证书的“或有债权”在破产程序中主张抵销，显然也因有违诚信而不应予以支持。

本案 H 公司并没有依据协议书获得 Y 公司的全部清偿（尚欠 9000 余万元未付）。Y 公司本应履行协议书约定的向 H 公司支付款项的义务，但同时其又因 M 公司在债务重组协议中的义务而向 H 公司承担保证责任，因保证协议的存在而对 M 公司享有将来求偿权。从结果意义上看，在各方当事人形成的这一债务重组协议、协议书、保证协议交易架构之下，若允许 Y 公司将此“将来求偿权”与其向 M 公司的支付义务抵销，也是为 Y 公司不履行协议书中向 H 公司支付义务的违约行为提供了变相支持，其抵销主张实难服众。

当然，依据《企业破产法》第 51 条第 2 款的规定，H 公司若依据债务重组协议在 M 公司的重整程序中申报债权，那么连带保证人 Y 公司就不能申报其将来求偿权；H 公司还可以继续向 Y 公司主张权利。管理人也可以继续要求 Y 公司向 M 公司支付回购款。

然而，对该案的上述分析结论面临很大的风险，债权人必然要质疑上述“抵销”是否构成了个别清偿。这类现象其实是商事实践中常见的商事单行法与《民法典》的并立状态，即商事结算协议与民事关系并存。但商事结算协议是典型的绝对商行为，这类结算协议在民事关系中根本不可能存在。上述案情的焦点问题是 Y 公司因其承担对 M 公司的债务保证责任而享有的“或有债权”（即保证人对债务人的将来求偿权）能否与 Y 公司对 M 公司的债务相抵销。上述案情中所提及的债务重组协议、协议书、保证协议不存在违反法律、法规的强制性规定的情形，均应合法有效，故本案当事人在债务重组协议、协议书、保证协议所表达的真实意思，是目前确定当事人权利义务的依据。债务重组协议、协议书、保证协议的性质应具体分析。其中债务重组协议与保证协议是作为主合同的债务重组合同（非典型合同）与从合同的关系，Y 公司依据保证协议向 H 公司承担 M 公司在债务重组协议中的付款义务。协议书中所涉及的 M 公司对 H 公司的债务来源于债务重组协议，协议书中另一笔债务即是由 Y 公司承担的、向 M 公司支付回购款的义务。协议书中，三方约定 Y 公司将回购款（含工程款、利息、违约金等）支付给 H 公司，该支付视为其向 M 公司支付的回购款，因此，协议书的性质应当是三方结算协议。对于三方或多方结算协议，通说认为应尊重当事人的真实意思。协议书签署后，Y 公司依据协议书仅向 H 公司支付了部分款项。依据协议书第 6 条，在 Y 公司、M 公司支付完款项前该协议书不能终止。但因 M 公司被法院受理重整，协议书以及债务重组协议书中有关 M 公司的义务，即使不能依据《企业破产法》第 18 条解除（不满足该条规定的解除条件），也已陷于事实上履行不能的境地，故应依据《民法典》第 580 条终止。但协议书中有关 Y 公司的义务以及 H 公司的权利依然存在和有效。

可以预见的是，由于民法典时代交易结构和商事关系的复杂化，上述商事关系与《民法典》交叉适用的情形将成为商事关系法律适用的常态。我们似乎很难从抽象层面表述这种“交叉适用”的具体规则，这种状态似乎更适宜适用具体化的分析方法，尤其是在具体的案例中进行研究。

五、本章小结

本章是民法典时代商事关系法律适用的第二种典型情形，即属于商事关系且完全不适用《民法典》。这种情形从商行为看，主要是指绝对商行为的情形。绝对商行为是指那些行为性质原本就属于无可争议的商事行为且根本不可能适用《民法典》的行为类型，一般是由商事特别法专门予以规定，不需要归入《民法典》成为其组成部分，否则就会使《民法典》的容量过于冗杂，并且破坏其体系性和逻辑性。此外，还有不少商事特别法对民事法律行为制度的规则予以了修正，如将民事法律行为的效力状态修订得更为简洁以提高商事交易的效率。实务中，这种民商“各自为政”的情形，其实也就是《民法典》与商事特别法的并存适用，即民事关系适用民法，但对其中的商事关系则应适用商事特别法，因而形成一种民商关系各自分别和交叉适用《民法典》、商事特别法的情形，但仅以绝对商行为为限，一般不能扩张或类推适用。这类情形的法律适用在实务中往往难度较大，是较为典型的商事关系的法律适用情形。

第六章　民法典在商事关系中的引致适用

抽象法律制度在实践中往往有灵活多变的适用。抽象法律制度与实务需求之间的差异，在立法层面上也为立法者所知悉，因此《民法典》就出现了一种较为特殊的法律适用——引致法律适用。引致法律适用既不是类推，也不是类型化的比较，而是法律情形的“等置”法律适用，即被引致适用的法律所针对的情形与需要引致的情形是一样的，即法律事实与规范需求的同一性。《民法典》中涉及商事规则的引致适用有三种情形：第一种引致适用的情形是民事关系引致适用商事规则；第二种情形是商事关系引致适用民事规则；第三种情形是一种商事关系引致适用另一种商事规则。这些引致的法律适用的情形，均是《民法典》体系内部的相互“参照”适用，从立法视角看，引致适用是节约立法成本的需要；从法律适用的视角看，第一种和第二种情形是民商关系相互融合、等置的典型体现，第三种情形则是商事关系本身性质的趋同。

一、《民法典》引致适用的一般原理

（一）引致适用的含义

引致适用，是指立法规定对某种法律事实，适用另一处的法律规定。引致适用是贯通事实与法律的一种特殊情形，即将甲法律事实的法律适用，引致为乙法律事实对应法律规定，引致适用的原理即甲法律事实与乙法律事实虽然是不同的事实，但是在法律评价方面，立法者认为二者应等置，因此对甲法律事实适用乙法律事实已有的法律规定。《民法典》中的法律规范有很多种类型划分，其中一种就是“完全法条”和“不完全法条”，这是按照法律规范是否要素齐备进行的划分。前者是指行为模式和法律后果均齐备的法条，后者是指仅有行为模式而缺乏法律后果的法条。在引致这种法律适用的情形中，被引致适用的法律规范一定是完全法条，而引致适用其他法律规范者则属于典型的“不完全法条”。当然，也极有可能引致适用《民法典》之外的法律、法规或司法解释。

（二）引致适用与类推适用的区别

“引致”原本是国际私法的术语，其含义并无太多争议，即针对某一法律事实应适用哪个国家的法律。但是，近年来，在国内法的研究中，不少学者经常将“引致”和“类推”混用，导致这两个法律适用方法被混淆。笔者认为，法律适用中的引致适用与类推适用完全不一样，更不能将《民法典》中的“参照适用”简单归结为都是引致或都是类推，而应具体分析。立法中的“参照适用”既可能是引致，也可能是类推。例如，《民法典》第467条中“参照适用……最相类似合同的规定”就是一个类推适用。而《民法典》第71条规定的“法人的清算程序和清算组职权，依照有关法律的规定；没有规定的，参照适用公司法律的有关规定”以及第108条非法人组织参照适用法人有关规定，均是典型的引致适用而非类推适用。当然，《民法典》中的引致适用，也不全都是使用“参照适用”，例如《民法典》第467条前半句“本法或者其他法律没有明文规定的合同，适用本编通则的规定……”。为避免混淆，笔者不采用“参照适用”这个容易混淆的术语，而使用“引致适用”和“类推适用”这组术语。

引致适用与类推适用在法律适用中是并存的情形，二者都存在“最相类似”的判断，所以在立法条文的表述中才可能均使用“参照适用”这个术语。但是，在引致适用中，可被适用的法律规定是明确的，且甲法律事实与乙法律事实原本不是一样的法律事实，是经立法评价后认为两个不同的法律事实应适用相同的法律规定。因此，引致适用虽然是法律适用的情形之一，但是否能够引致适用，是立法范畴所要解决的法律适用，具体至《民法典》，则是《民法典》之内的法律规定事宜，是由立法者已经预设了甲、乙两种法律事实的“最相类似”；在某种意义上可以说，引致适用应该理解为法律明确规定的类推适用，而类推适用则是判例学说所创设之准用。立法者通过“参照适用”已经有意识地填补了法律漏洞，就此而言，对于“参照适用”规则中所规定的事项已经不再存有法律漏洞。[1] 相比而言，类推适用则不是立法范畴需要解决的法律适用，而是按照类型化思维所进行的“最相类似”司法判断，因此类推适用不是立法问题，而是《民法典》这个立法范畴之外的法律适用问题。引致适用已经由立法预设了“最相类似”的判断，不需要在司法中再进行“最相类似”的论证，所以引致适用仍贯彻传统的法律事实判断，只要符合“甲法律事实”，按照既有引致规则，就可以直接适用乙法律事实对应的法律规则。相比之下，类推中的“最相类似”判断则是由司法来加以判断的，是法律诠释学中需要解决的问题。

（三）引致适用的功能

在厘清了“引致”一词的含义后，其所蕴含的功能也是清晰的，具体如下。

1. 由立法认定甲法律事实与乙法律事实存在同一性、最相似性或等置性

这是一种典型的立法判断。例如保理合同本身是典型的商事合同，在《民法典》合同编第十六章“保理合同”中有 9 个条文，分别规定了保理合同的概念、内容、形式、有追索权和无追索权保理合同等，由此建构起了《民法典》中最闪耀的商事合同规则，这也常常被作为民商合一的成功范例。《民法典》第 769 条终结了《民法典》出台之前有关保理合同性质的诸多争论，包括将保理业务定性为委托代理关系的“委托代理说”，认为其就本质而言是一种质权关系的“债权质押说”等。立法明确认为“债权转让说”最为接近保理的法律性质，因为保理业务的各项功能如应收账款管理、账款催收、坏账担保都以应收账款转让为基础；也只有债权转让理论能够将保理

---

〔1〕 黄茂荣：《法学方法与现代民法》（第五版），法律出版社 2007 年版，第 246 页。

的各个功能有机统一起来。保理合同的核心条款是应收账款的转让条款，应收账款对应的是一种债权，保理商以支付融资款作为对价，从供应商处受让应收账款债权，成为新的债权人，这种做法完全符合无追索权型保理的特征，对此并无疑义。而在有追索权型的保理中，保理商即受让人不承担应收账款债务人的信用风险，发生信用风险时，保理商能够向债权人即转让方追索，按照一般债权转让的规则，让与人因债权转让给受让人而不再是债权所有人，原则上无须再对债务人的清偿承担任何担保责任；但是，可以将有追索权保理业务的操作模式解释为当事人对债权转让合同履行的特别约定。若当事人对此作了特别约定，那么法律应尊重当事人的意思自治。因此，立法作出的这种判断，本质上就是发现了事实与规范意义的同一性。[1] 这种由立法作出的等置判断，是《民法典》中较为特殊的法律适用方法。

2. 在《民法典》内部，引致适用发挥着节约立法成本的功能

我国《民法典》共计 1260 个条文，有十余万字。引致适用的存在，可以避免文字重复，节约立法成本，提高法律条文表述的精确性，促成《民法典》的体系优化。例如，《民法典》第 174 条规定了被代理人死亡后，委托代理人实施的代理行为依然有效的情形；如果是作为被代理人的法人、非法人组织终止的，也将参照适用该规定。可见，是立法预设了被代理人是自然人的死亡情形与法人、非法人组织终止的情形一致。这样就可以大篇幅避免文字的重复。而在《民法典》外部，引致适用则呈现甲法律事实与乙法律事实的等置，展现了立法对于两类法律事实的同一价值评判，这更有利于《民法典》的价值统一和法律适用简洁。甚至可以说，引致适用的存在是民法学知识谱系的昭彰。

又如，委托合同是商事实践中常见的事务处理类合同。《民法典》第 960 条规定，对于行纪合同在该章没有规定的，适用委托合同的规则；第 966 条规定，中介合同在没有特别规定时也要适用委托合同的规则。尽管委托合同、行纪合同和中介合同存在个性差异，例如中介合同存在双边道德风险——只有中介成功，受托人方才可能拿到报酬，而委托人也有可能跳过受托人与第三方签署合同从而省去中介费。委托合同有偿、无偿及报酬支付纯

---

〔1〕 郑永流：《法律判断形成的模式》，载《法学研究》2004 年第 1 期。

属自治，即使委托事项未完成，也可能需要支付约定的报酬。但是，毕竟委托合同、行纪合同和中介合同在性质上同属事务处理类合同，除去那些行纪合同和中介合同的特殊规则，委托合同的规则对于这两类合同均可以适用，例如《民法典》第 932 条的规定。实务之中，由两个以上的受托人作为中介人、行纪人的情形屡见不鲜，除受托人需要明确约定各自的职责以及利益的分配外，对委托人承担连带责任并无异议。

再如，《民法典》第 930 条规定受托人损害赔偿请求权也可以适用于行纪合同和中介合同。而这种引致适用的明显优势是避免法律规则的文字重复，也显现了《民法典》自如的学术优势，使《民法典》的体系更为浓缩和精练。

3. 《民法典》的引致适用是抽象法律规则的扩容适用

在更多情形下，《民法典》中的引致适用发挥着抽象法律规则扩容适用的功能。扩容，是引致适用在统一民商事法律体系方面发挥出的特有的优势。因为将甲法律事实适用于乙法律事实对应的法律规范，相当于将乙法律事实对应的法律规范一体适用于甲、乙两类不同的法律事实，这就扩容了乙法律规范对应的法律事实，无形中也对统一民商事法律体系起到了很好的协调作用。

仍以《民法典》第 174 条为例，该条规定的是被代理人死亡后，委托代理人实施代理行为依然有效的情形，而“被代理人死亡”这个法律事实仅适用于自然人。在民事主体三大类型中，法人、非法人的终止情形与被代理人死亡虽然不是同一法律事实，但在上述规制委托代理人实施代理行为的后果方面等置和同一。因此可以说，引致适用显然是一种节约立法成本的科学做法，也对《民法典》乃至于整个私法体系都有明显的优化作用。

又如《民法典》第 646 条规定的有偿合同可以参照适用买卖合同的有关规定以及第 960 条、第 966 条分别对行纪合同、中介合同引致适用委托合同的有关规定。在《民法典》合同编的分则中，买卖合同是最典型的、具有交换性质的有偿合同。绝大多数商事关系都是有偿合同，因而可以在没有特别规定时适用买卖合同的相关规定。实务中常见的各类有偿合同，均可以参照适用买卖合同的相关规定。如在 M 公司与被告甲、第三人乙的租赁合同纠纷中，M 公司是出租方，以向工地出租钢管、扣件等方式营利。在与乙签订租赁合同并正常提供租赁物的情况下，乙又要与甲合作。甲、乙二人均是该工地工程的实际施工人。但 M 公司与甲并未签署书面租赁合同，但有租赁物的出库单、返库单。M 公司与甲、乙均有对账单，但甲并未到期结清租金，双方因而成讼。在本案中，法院最终认定出库单、返库单是合同履行的证据。从《最高人民法院关于审理买卖合同纠纷案件适用法律问题的解释》第 1 条第 1 款的规定来看，该案确实具备引致适用的“等置性”，即使当事人之间没有书面的买卖合同，也可以用送货单、收货单、结算单、发票等主张存在买卖合同关系，因此可以认定原被告双方虽未签订书面租赁合同，但原告履行了出租钢管等物资的主要义务，被告接收了租赁物资并对所有的出库单、返库单一联留底，双方已形成了事实租赁关系，出库单、返库单均可作为相关证据证明租赁行为的存在，并且对账单具有确认合同关系成立且需结算的作用。根据《最高人民法院关于审理买卖合同纠纷案件适用法律问题的解释》第 1 条第 2 款的规定，可知租赁关系中，原告举证对账单主张合同成立并确认对账时未付债务数额是应有之义，除非有相反证据能够推翻该对账单，否则人民法院应当支持对账单确认的债权债务关系。由此可见，买卖合同的规则于有偿合同而言具有相当厚重的可适用性。

（四）《民法典》规定民事关系对商事规则的引致适用

民商关系的公理性认知是民法属于普通法、商法属于特别法，因而商法是对民法的补充或变更。但是《民法典》中也有例外，即将民事关系引致适用商法规则，这种情况虽然不多见，但是在《民法典》中的意义也颇为显著，例如《民法典》第 71 条规定的法人的清算程序和清算组的职权可以参照适用公司法律的有关规定。相较而言，目前也仅有《公司法》对有关清算程序和清算组的职权有详细的规定，在《民法典》以及其他商事主体法中，对于清算程序和清算组的职权都规定得甚少。因此，在论及各大类型的法人，包括公司之外的营利法人（如全民所有制企业、集体所有制企业等）、非营利法人以及特别法人的清算程序和清算组的职权方面，《民法典》毫不迟疑地直接规定：在没有相关规定时，参照适用公司法律的有关规定。而其中的“公司法律”，显然应作扩张解释，不仅包括《公司法》，而且包括相关的司法解释，尤其是《公司法司法解释二》。该解释对于清算程序和清算组的职权有相当详细的规定，更是成为立法认可的、可引致适用的规则。因此，《民法典》的该条规定，是通过引致适用来协调民商关系，也是商事规则向《民法典》渗透的典型例证。从实务看，这种民事关系对商事规则的引致适用，由于商事规则较为完善和全面，民事关系可以完全采用“拿来主义”，且一般不会存在适用方面的问题。

二、《民法典》的引致适用及抵牾

引致适用虽然常见，但具体引致未必如抽象引致那般顺畅无阻。在民商合一的立法体例之下，很多商事关系其实都被引致适用民事规则。例如《民法典》第918条规定，对于仓储合同没有规定的，可以适用保管合同的规定。之所以将仓储合同和保管合同进行立法的区分，是因为立法需要对仓储合同的商事特性进行规定，例如仓储合同的诺成性，入库仓储物的验收尤其是仓储合同中独有的仓单（《民法典》第909条），这也是仓储合同作为绝对商行为的典型特点。仓单不仅是物权凭证，而且是商事流转中极具代表性的商品有价证券，可以通过背书方式方便地进行流转，这种所有权的流转也是《民法典》中的拟制交付，是商事交易高效、安全的典型制度代表。所以，这些特性需要由立法专门规定。而之所以又存在引致适用，是因为立法所预设的是仓储合同与保管合同在性质上的等置和同一。因此除了这些特殊的商事规则，仍应适用民事规则。

但是，这种商事关系引致适用民事规则的情形容易产生民商抵牾的后果，看似完美的立法预设，能否真正实现法律对社会关系进行调整的效果，其实颇有堪忧之处。主要有以下三个方面的问题。

（一）引致适用时，商事法律事实是否需要加入其他的判断要素

传统民商分立国家的商法中，“商主体”“商行为”往往发挥着重要的联结作用，在法律适用中，需要先判断是否属于商主体或商行为，进而才能判断是否适用商事规则。即使一些民商合一国家的民法典，如《俄罗斯联邦

民法典》也有意识地规定“经营行为”。[1] 但在我国《民法典》中，并不存在“商主体”“商行为”这样由立法所认可的“联结点”，无论是商主体还是商行为，甚至于商事关系，在我国仅能以理念方式存在。而《民法典》按民商合一的要求，对民商关系统一适用相同的规则，而引致适用显然发挥着强大的“链接”功能，将商事关系直接链接至民事规则。

这种缺乏“联结点”的引致适用，是由立法所预设的法律事实的“最相类似”。但是，司法实务中可能创设出商事法律事实的新的判断要素。

仍以善意取得为例。《民法典》第311条在规定善意取得的构成要件时，是以最典型的物权——所有权作为模版，规定了善意取得所有权应符合的三大构成要件，还规定了如果当事人善意取得其他物权，也可以参照适用不动产、动产所有权的善意取得。这种引致适用就表明，无论是善意取得所有权，还是善意取得其他物权，立法认为均应符合善意取得的三大要件，即受让人受让该不动产或者动产时是善意的；以合理的价格转让以及转让的不动产或者动产依照法律规定应当登记的已经登记、不需要登记的已经交付给受让人。受让人若符合善意取得的构成要件，则原所有权人有权向无处分权人请求损害赔偿。这样无论对于何种物权，均适用统一的善意取得规则。

在他物权人是商事主体或者银行等金融机构时，如何认定“善意”存在两种不同的做法。一种是无视商主体的特性，如有的法院认为，基于目前诚信社会的缺失，对银行等金融机构苛以较高的审查义务既不利于经济发展也不利于保护金融机构的利益。有判决指出，由于目前我国不动产登记制度尚不完善以及社会诚信体系建设缺失，房屋登记名义人为追求个人利益，不惜损害包括配偶在内的共有人权益，将房屋抵押给银行等金融机构获取资金的情况相当普遍，由此引发的民事纠纷亦层出不穷。银行等金融机构对申请人或抵押人提交的资料予以实质审查当然能够最大限度地防止抵押和贷款出错。然而，要求金融机构承担该项义务显然过于严苛。如金融机构在办理贷款中已尽到合理书面审查的义务，以有轻微瑕疵为由就否定银行等金融机构构成善意取得也有违善意取得制度的立法初衷，如果要求银行等金融机构对

---

〔1〕 参见余能斌、程淑娟:《我国“民商合一”立法借鉴的新选择——由〈俄罗斯联邦民法典〉引出的思考》，载《当代法学》2006年第1期。

当事人提交的所有材料皆进行实质审核，则既降低了金融机构的工作效率，也增加了社会成本，还会使得金融机构不敢甚至不愿对申请人发放贷款，这对那些真正需要资金周转的当事人来说显然不利，最终也会阻碍社会经济的健康发展。[1]

但另一种较多的做法则是认可商主体的特色。例如在一起金融借款合同纠纷案中[2]，法院认为，案涉房产在设定抵押时系刘某平和齐某臣的夫妻共同财产，招商银行未提交证据证明该房屋设定抵押经过齐某臣的同意，据此刘某平将案涉房产进行抵押担保的行为构成无权处分，其处分行为不发生物权效力。招商银行主张，刘某平向招商银行申请授信以及进行抵押担保提供的资料显示刘某平系离异状态，且房屋所有权证上登记的所有权人仅为刘某平一人，招商银行尽到了审查义务，依照善意取得制度享有抵押权。招商银行系专业从事贷款业务的金融机构，授信申请人的婚姻状况、抵押房屋的权属情况直接影响其债权实现，其应当对前述事项负有审慎审查义务。现实生活中，授信或者贷款文件中填写的婚姻状况与实际情况并非完全符合，尤其是案涉抵押房屋是本案债权的关键性担保物，根据刘某平的陈述，其配偶齐某臣一直在此居住，审查刘某平以及抵押房屋的权属情况，招商银行仅需实地查勘即可得知该房屋具有共同居住人的情形，进而招商银行可进一步审查房屋权属以及刘某平的婚姻状况，该审查难度并不高。但是招商银行仅依赖于书面审查，对于影响贷款风险的重大事项并未进一步核实书面资料所反映的信息，因此认定招商银行并未尽到审慎审查义务，并非善意。由此可知，金融机构在审查抵押房屋情况时，仅通过书面审查并未尽到审慎审查义务，不会被认定为善意，金融机构这类特殊的商主体应承担比民事主体更高的注意义务，例如还应现场勘查并核实是否有人居住或使用；如有人居住或者使用待抵押房屋，应核实相关人员的身份、与房屋所有权人的关系等情况，避免抵押无效。类似的案例还很多，如北京宝瑞通典当行有限责任公司建国门分公司与马某元等确认合同无效纠纷二审案[3]、中国建设银行股份

[1] 参见辽宁省高级人民法院（2021）辽01民终7328号民事判决书。

[2] 参见北京市高级人民法院（2019）京0102民初24359号民事判决书。

[3] 参见北京市高级人民法院（2022）京03民终3650号民事判决书。

有限公司北京朝阳支行与康某蕙等金融借款合同纠纷等[1]。

应当说，《民法典》的体系性是《民法典》称为“法典”的原因之一。民事合一立法体例主要功效在于为民商关系构建一体适用的法律规则，这种立法的初衷是值得嘉许的。但是，商事关系法律适用的特殊性在实务中也不容忽视。正如在上述善意取得的构成要件判断中，符合商法理念的做法应当是对金融机构这类特殊的商人附加更高的注意义务，仅仅是形式审查不可能就证明金融机构是“善意”的。毕竟商事主体本身的存在是营利，而营利本身就是一种风险性的活动，商事主体的善意标准理应高于民事主体。

（二）商事关系引致适用民事规则所需要厘清的具体范畴

抽象规则的优势在于通过“归纳”形成明显的体系化优势，但抽象规则的劣势则在于“具体化”不足进而引发法律适用的困惑。引致适用的初衷是等置和同一的法律适用，但在商事关系引致适用民事关系时，对于法律规则如何细化其实还有相当大的空间。

《民法典》第 108 条是一个非常典型的引致适用条款，这类条款在《民法典》中并不少见。例如《民法典》第 310 条规定两个以上组织、个人共有用益物权、担保物权的，参照适用该章（共有）的有关规定。又如《民法典》第 343 条、第 371 条的规定。但是，这种泛指类的引致，可能在实际适用时面临较多的法律适用困惑。

《民法典》总则编第三章第一节是关于法人的一般规定，规定的内容包括法人的概念、成立及条件、法人的权利能力和行为能力、法人责任、法定代表人、住所地、变更登记、对外公示、合并、终止解散清算、破产、分支机构和法人设立人的责任等，而《民法典》第四章非法人组织规定了非法人组织的概念、登记、责任、非法人组织的代表、解散和清算，那么到底非法人组织可以参照适用的是哪些条文？非法人组织是否具备权利能力和行为能力？非法人组织的登记事项是否如法人那般可以有对外的公信效力？可否适用相关清算规则？非法人组织可否设立分支机构？再者，《民法典》规定的

---

[1] 参见北京市高级人民法院（2021）京 0105 民初 9799 号民事判决书。

非法人组织，包括个人独资企业和合伙企业，目前均是有商事单行法作为支撑，如果我们从法律适用的精准化考量，非法人组织可否适用《民法典》关于营利法人的某些规定？非法人组织可否适用有关营利法人的商事单行法比如《公司法》的相关规定？例如，合伙人主张对合伙企业的知情权时，是否也需要像股东那样先行向合伙企业提出申请？合伙企业可否在某些情况下拒绝该知情权的行使？

案例 6－1 王某是 S 有限合伙企业的有限合伙人之一，出资 800 万元。F 公司是 S 有限合伙企业的执行事务合伙人。S 有限合伙企业投资了一个新能源项目，但迟迟未见收益，于是王某要求查阅 S 有限合伙企业的财务会计账簿，在查账后又举报 S 有限合伙企业有税收违法行为、F 公司法定代表人作为执行事务合伙人的代表存在侵占等，但均未被证实。于是，王某便以 S 有限合伙企业、F 公司作为共同被告提起诉讼，要求被告让其查阅会计账簿。[1]

我国《合伙企业法》第 28 条对合伙人的知情权规定得较为模糊，因此这个案例就涉及非法人组织（有限合伙企业）的合伙人如何参照适用《公司法》的股东知情权问题。《公司法司法解释四》对于如何实现股东知情权有非常详细的规则，但是对于有限合伙人能否参照适用这些规则存有争议。首先，《合伙企业法》第 28 条规定的执行事务合伙人应当定期向其他合伙人报告事务执行情况以及合伙企业的经营和财务状况能否扩张解释为有限合伙人享有与公司股东一样的知情权？此处的定期报告是否有被解释为仅规定了执行事务合伙人的报告义务的可能？不过参照《公司法》对于股东知情权的规定，因为有限合伙企业中有限合伙人与有限公司股东一样，仅承担有限责任，且一般需要行使知情权的股东都是不能掌握公司控制权的股东，所以认定有限合伙人享有知情权应无异议。其次，《合伙企业法》第 28 条之所以不从有限合伙人的权利角度规定其知情权，而是规定执行事务合伙人具有“报告……经营和财务状况”的义务，是因为合伙企业和有限公司毕竟存在差别，并且与有限公司相比，合伙企业应该具备更为密切的股东或合伙人的人合性或相互之间的信任，法律更应尊重其内部自治对有限合伙人权利的规

〔1〕 广东省深圳市前海区人民法院（2023）粤 0391 民初 7643 民事判决书（调研案例）。

定；并且在合伙企业中，执行事务合伙人是合伙企业的代表，其基于其他合伙人对其的信任开展业务，法律规定其具有“报告……经营和财务状况”的义务更具有可行性。最后，从合伙企业的内部治理看，因合伙企业采取单层税制，即由合伙人缴纳所得税，合伙企业本身并不是纳税主体，因此就合伙企业而言，不一定存在规范的财务会计账簿，包括总账、明细账、日记账和其他辅助性账簿。

经由实务的考察可知，《民法典》立法中所构想的对商事关系引致适用民事规则，还存在较为明显的范畴模糊问题。因为《民法典》的引致适用，预设了要为民商事关系构建统一的适用规则，因而在立法时不得不将商事关系的特殊性“过滤掉”，如上述案例所展示的《合伙企业法》为顾及合伙企业的人合性和自治性而只能规范执行事务合伙人的义务而非有限合伙人的权利以及合伙企业内部治理的特殊性。因此，在现实的商事关系对民事关系的引致适用中，就不得不再重拾这些商事关系的特殊性。

（三）商事关系引致适用民事规则所需要的法律解释

立法预设的“引致”前提必然是经过多方法学原理和逻辑考验并证实是正确的，立法所判断和定论的“最相类似”也是多方法律价值的权衡和确定。但是，当商事关系引致适用民事规则时，或许还存在对民事规则的扩张解释需求；如果不作出扩张解释，就很可能引发法律适用的困难，因而引致适用带来的法律解释就成为商事关系引致适用民事规则不得不面对的一个难题。

例如，《民法典》第 769 条规定，在保理合同一章中未规定的事项，应适用债权转让的有关规定。但是《民法典》中的债权转让规则，却未必能够贴切地适用于保理合同中应收账款的转让。一般而言，保理合同中应收账款的债权转让通知是为了让债务人得知债权转让的事实，债务人一旦收到债权转让的通知，即受债权转让效力的约束并应及时向保理商履行义务。《民法典》第 546 条规定债权人转让债权，未通知债务人的，该转让对债务人不发生效力；可见通知义务的主体应是债权人。但是，《民法典》第 764 条规定了保理人向应收账款债务人发出应收账款转让通知的，应当表明保理人身份并附有必要凭证，该规定已经将《民法典》第 546 条的通知义务主体变更为保理人。保理业务操作实践中，出于交易效率和风险把控，兼顾债务人和应收账款受让人即保理商的合法权益，实现应收账款转让通知使债务人向新的债权人即保理商为给付的目的，确实需要将保理人作为通知义务的主体。但是，我们固然可以将第764条的规定作为保理合同中的特殊规则，但债权人是否还有义务按照第564条的规定承担债权转让通知义务呢？假设一种极端的情况是，债务人未接到债权人的债权转让通知而仅接到了保理商的通知，那债务人可否以第564条进行抗辩？尤其是在实务操作中，原债权人很可能已经获得了保理商的融资款，利益得以实现后没有太大的动力去通知债务人。应该说，在应收账款债权转让生效后，保理商将成为该应收账款的债权人并与该债权的顺利实现具有最密切的利益。此时，应允许保理商为实现自身利益而主动通知应收账款债务人，但也不能排斥原债权人的通知义务。如果第564条规定的债权人的通知义务是为了保护债务人的利益，那么保理合同中保理商的通知义务则是为了防止债务人再向债权人履行从而使保理商的合法权益受损。[1] 因为根据“表见让与”理论，假设保理商通过伪造债权凭证构成权利外观，善意不知情的债务人基于对其“权利外观”的信赖向保理商清偿债务的，该清偿行为有效。真正的债权人仅可以向保理商行使不当得利返还请求权，不得要求债务人重复履行。

又如，《民法典》第796条规定，建设工程的监理合同应依照委托合同以及其他相关法律、行政法规的规定来确定。

案例6-2 C公司与H公司签订了一份建设工程监理合同，约定了报酬和监理期限等事项。还约定，正常工作酬金是指监理人完成正常工作，委托人应给付监理人在协议书中载明的签约酬金额；基于非监理人原因导致监理人履行合同期限延长、内容增加的，监理人应当将此情况与可能产生的影响及时通知委托人。增加的监理工作时间、工作内容应视为附加工作。附加工作酬金的确定方法在专用条款中约定。因项目延期严重，H公司主张C公司应向其支付正常工作酬金增加额和延期监理费以及利息等。[2] 法院认为，因项目依法属于必须招标的合同，而H公司作为监理方，属于“先定后

---

〔1〕 崔聪聪：《债权让与融资的法律障碍及其克服》，载《政法论坛》2011年第1期。

〔2〕 参见陕西省西安市中级人民法院（2017）陕01民初1007号民事判决书、陕西省高级人民法院（2019）陕民终666号民事判决书。

招”，故监理合同无效，但是应参照2004年《最高人民法院关于审理建设工程施工合同纠纷案件适用法律问题的解释》第2条“建设工程施工合同无效，但建设工程经竣工验收合格，承包人请求参照合同约定支付工程价款的，应予支持”的规定。

也就是说，本案生效判决将监理合同类推适用建设工程施工合同是一个明显的法律适用错误。

《合同法》第276条及《民法典》第796条均明确将监理合同的性质规定为委托合同，立法没有将监理合同的性质类推为建设工程施工合同的空间，更无理由类推适用2004年《最高人民法院关于审理建设工程施工合同纠纷案件适用法律问题的解释》第2条。而之所以会造成这种法律适用的错误，是因为对监理合同引致适用时发生了“等置性”“同一性”的偏差。一则，监理合同的性质是监理人受委托提供监理服务，与建设工程施工合同劳务和建材相结合的承揽合同性质截然不同。根据住房和城乡建设部、原国家工商行政管理总局《建设工程监理合同》（示范文本）第二部分第1.1.5条和第1.1.6条的内容，“监理”是指监理人受委托人的委托，依照法律法规、工程建设标准、勘察设计文件及合同，在施工阶段对建设工程质量、进度、造价进行控制，对合同、信息进行管理，对工程建设相关方的关系进行协调，并履行建设工程安全生产管理法定职责的服务活动；“相关服务”是指监理人受委托人的委托，按照合同约定，在勘察、设计、保修等阶段提供的服务活动。所以，监理合同的内容就是监理人接受委托人委托提供的所需服务，其性质是非常典型的委托合同；而这与建设工程施工合同以劳务和建材相结合的承揽合同性质存在显著区别。二则，建设工程施工合同无效的后果与监理合同无效的后果不同。鉴于建设工程施工合同的特殊性，虽然合同无效，但因施工人的劳动和建筑材料已经物化在建筑工程中，故2004年《最高人民法院关于审理建设工程施工合同纠纷案件适用法律问题的解释》第2条规定建设工程合同无效，但建设工程经竣工验收合格，承包人请求参照有效合同处理的，应当参照合同约定来计算案涉工程价款，承包人不应获得比合同有效时更多的利益。就建设工程施工合同而言，合同无效但建设工程合格，参照合同约定支付工程款，有利于维护施工方特别是劳务提供方的合法权益，平衡建设工程施工合同双方当事人之间的利益关系。但这种较为特殊的“无效合同按有效对待”的根本原因是建设工程施工人劳动与建筑材料结合后的不可逆性。劳动与建筑材料的结合形成了建筑物，客观上无法返还(原物)，也不可能折价补偿。然而，委托合同则不存在建设工程施工合同这样劳务与建材结合的不可逆性。委托合同是单纯提供服务的合同，其无效的后果应适用一般合同无效的后果，即当事人的意思表示没有约束力，无效的后果依法处理。委托合同中受托人的服务行为虽然无法返还，但是无效的委托合同还存在折价补偿或赔偿损失的现实可行性。案涉监理合同无效，应按委托合同无效的一般后果，即按 H 公司实际提供的监理服务折价补偿或赔偿损失；这一处理后果与一般无效合同的处理后果完全一样。三则，无效合同的后果分配应当体现过错原则，否则在结果上不公平。无效合同所涉损害赔偿规则也是按过错分担损失，力求实现当事人之间的利益平衡，强调避免双重获利或者双重受损。而若对 H 公司适用“无效合同按有效对待”的规则，就会产生无论合同是有效还是无效 H 公司的利益均丝毫不受影响的后果，那么判决中的“共同过错”的认定根本没有可适用性。

在商事关系引致适用民事规则时，很可能因商事关系的复杂性不得不对民事规则作出各种解释。甚至在解释的过程中，我们会面临若干法律价值的冲突，需要在具体的法律适用中继续厘清和予以判断。

三、本章小结

民法典时代商事关系法律适用的第三种情形是引致适用。引致适用不能与类推适用混淆。引致适用是《民法典》在立法上规定的适用情形，也是实务中较为模糊的法律适用情形。偶然会有民事关系引致适用商事关系的情形，商事关系引致适用商事关系的情形也不少见，但更多的是对商事关系引致适用民事关系。由此，待探讨的问题包括如果《民法典》规定对商事关系引致适用民事规则，那么是否应在适用民事规则时加入对商事要素包括主体商人性、方式营业性和动机营利性的判断。而商事关系引致适用民事规则时还有若干具体范畴需要厘清，那些被《民法典》抽象涵摄立法时过滤掉的很多因素，在商事关系的法律适用中还有被重新考虑的必要。此外，由于引致适用是立法所确定的法律适用，在商事关系引致适用民事规范时，也需要按照法律价值分析的指引，在具体的法律适用中，对民事法律规范进行合理的解释。引致适用给民法典时代商事关系的法律适用带来了具体化的重任，在具体的个案中应关注上述引致适用中的问题。

第七章 《民法典》在商事关系中的类推适用

按照一般观念，“商法无规定即适用民法”。但是，这个传统观念并不精确。事实上，成文法的抽象性和规则有限性使法无明文规定时，在法律适用中寻求“最相类似”并适用类推成为必要。类推适用的根源是立法资源的有限性所形成的事实与法律之间的断裂。对商事关系适用类推的情形有很多。由于商事实践的丰富多变，当事人很可能采用并无法律明确规定的交易模型，例如混合类型合同或无名合同。实践中公司法人格否认的情形远多于《民法典》第83条第2款所规定的情形，在这些情形下均需要适用类推。民法典时代，为确保法律适用的公平正义，类推适用应按规范化的要求选择“最相类似”的民法制度加以适用。

一、类推适用及在商事关系中的应用必要

（一）类推适用的含义和过程

所谓类推适用，就是在法律没有明确规定时，将某类法律事实推定为有明确法律规定的、最相类似法律事实，进而适用相应法律规定。类推的法学方法论

基础是类型化思维。在类型化思维看来，无论是法律事实还是法律规范，都是“归类”式的思维；相对于抽象概念的稳定性和确定性，类型化思维是要寻找“最相类似”的判断，即寻找“事物的本质”，从而能够沟通事实与法律之间的罅隙。大陆法系的立法传统是成文立法，然而成文法总是落后于现实。立法所描绘的行为模式，必然与现实存在差异。类推适用便是用来解决法律的稳定性、概括性与现实社会多变性、具体性之间的矛盾，进行法律漏洞填补的司法原则。

在案件的处理中，抽象涵摄的方法是按照逻辑推理（演绎、归纳等）进行的，即从大小前提推出结论：大前提是法律规定、小前提是本案事实，由此对本案事实应用法律规定进行处理即是结论，这就是三段论式推理。一个著名的三段论例子是：所有人都属于灵长类；苏格拉底是人；所以苏格拉底属于灵长类。我们从来不否认三段论式推理的功能，原因如下。

第一，它使法律适用符合理性。三段论的推理符合逻辑思维，结论按系列前提和逻辑联系被推出，容易使人相信其是无可辩驳的、富有理性的结论。多数法律问题也确实可以通过三段论式来解决。第二，实现法律适用的确定性功能。三段论的推理非此即彼，保障法律推理中同样的法律事实受到相同的处理，有助于建立一种逻辑一致的命题体系，提高法律适用的一致性、可预测性，并且会使整个法律体系具有更大的确定性。第三，实现法律适用的客观性功能。三段论式推理可以说明法律的适用是按逻辑来推导的过程而非法官运用自身的思维方式、观点进行判断。这样就忽略了法官的个人因素和主观性，使法律的适用过程成为一个客观的过程。三段论式推理相当有说服力，至今仍是广为采用的法律适用方法。

但是，抽象涵摄所使用的三段论式推理，需要大小前提均具备，无论是待判断的案件事实还是法律的规定，全部要素都应当出现。或者说，当概念的全部要素在特定客体上全部出现时，客体方能被涵摄于概念之下。在有些情况下，完全具备可能做不到，这就影响了逻辑推理的可信性。法律适用并不是单纯地涵摄……唯一可以仅用涵摄即可完成的，只有法律使用清楚概念的情形。而真正清楚的、不需要解释也根本不能解释的只有数字概念。所有其他的概念都有可能扩张，而且常常需要解释。[1] 因此，抽象涵摄方法中对于法律适用所应用的三段论式推理，并非唯一的法律适用方法。在这种方法之外，我们有必要去寻找其他的法律适用方法。

类推适用作为与抽象涵摄并列的法律适用的方法之一，是一个动态的法律适用过程，这与前文的直接适用和引致适用存在较大区别。类推适用至少包含三个层次的、动态的法律适用。一是在对法律事实作出认定后，发现成文法对该事实没有规定，也就是发现在法律事实方面存在法律漏洞；而前文的直接适用则是将法律规范直接适用于法律事实，不存在法律漏洞。二是寻找“最相类似”的法律事实，也就是法律事实的类型化归类，这个层次需要“最相类似”的判断。三是适用成文法中针对该事实的法律规定，即完成类推适用。认定为类型不同的法律事实，则意味着法律适用的不同。在第二阶段完成“最相类似”判断的基础上，第三阶段的法律适用并无特色，在此无须赘言。类推也是一种推论，但它不是逻辑上的推论，而是一种带有复杂结构的比较。类推介于同一和差异之间，与逻辑推理的严密相比，它具有一定的模糊性。例如，火星因具有作为行星的特点，受到太阳照射而暖和，有四季、白昼和空气……与地球一致，在合乎自然法则这个比较点上，被推论出：火星和地球一样，有生命存在。当然，这个结论也可能被推翻。[2] 我们对于事物的认识方法是多元的，有时候可以在认识事物时，将其与另一个比它更为人所知的事物相比较。比如我们不清楚上帝是什么，但可以想象人与上帝类似，因为为人所周知的是人。类推应用非常广，在现实中，完全相同或完全不同的事物是不存在的，因为世上的所有事物，至少在“它存在”这点上是相同的；而且至少是在“它存在于空间中另一个位置”这点上是不同的。[3] 因而在类推看来，事物不存在相同或不同的问题，只有类似与不类似的问题。比如法人可以被类推为自然人，也具有行为能力甚至名誉权。

作为法律适用方法的类推也是一种比较。与逻辑推理相比，运用类推时

〔1〕［德］阿图尔·考夫曼：《法律哲学》（第二版），刘幸义等译，法律出版社 2011 年版，第 77 页。

〔2〕［德］阿图尔·考夫曼：《法律哲学》（第二版），刘幸义等译，法律出版社 2011 年版，第 93 页。

〔3〕［德］阿图尔·考夫曼：《法律哲学》（第二版），刘幸义等译，法律出版社 2011 年版，第 95 页。

不需要全部事实和法律要素齐备，这比单纯地进行逻辑推理更贴近法律规定和案件事实。但同时，法律适用中的类推，是在尽力寻找与法律规定的“最相类似”。而之所以可以将一种情形类推为另一种情形，是因为它们在整体形象上具有“最相类似”。

类推适用是一个有内在的程序要求的法律适用方法，其中对于“最相类似”的判断，在客观上带有一定的模糊性。类型化的思考不能将法律事实与制度事实进行清晰地划分，更多的时候，法官对于法律的适用，是其在秉持公平正义的法律价值之下，眼光在事实与法律之间“来回穿梭”，以寻求最为恰当的事实认定和法律适用。而前文的引致适用，是立法预设了引致与被引致法律事实的“最相类似”，不需要再从司法实践中去判断甲法律事实与乙法律事实是否存在“最相类似”，因此可以在甲法律事实出现时，直接适用乙法律事实对应的法律规范。可以说，类推适用的最大难点就在于何为“最相类似”。“类推，正是作为常被讨论实然通往应然间的桥梁，而在理论上尚未确定、尚有疑问的，但却在法律生活中常常被实际运用。有疑问的是，由于类推既非演绎也非归纳，而是如亚里士多德所知者，是介于两者间的联系，该桥梁因非立于确定的柱石之上而系弹性地连接于二个桥塔之间，被方法二元论学者视为过分摇摆不定。即便我们因此头昏脑涨，仍须在桥上。”类推绝不会导出一个确定的、无疑的判断，而是常常有疑难的判断。[1] 当然，在立法视角，这种“最相类似”的判断离不开法律的价值判断。法的基本任务是要引致对问题的合乎正义的解决，因而无论是事实判断还是法律判断，都离不开诠释——运用法律价值、甄选解释方法、补充法律漏洞。如果自然科学的认识主体是采取接受的态度，其主观因素并不进入认识过程，那么在包括法学在内的社会科学中，认识主体在认识客体时不可避免地会掺杂主体自己的主观因素，这就可能产生一种“法律发现者的恣意”。[2] 为了避免这种主观因素影响我们对事物本质认识的客观性和科学性，法律的适用包括类推适用，都需要科学的方法，唯有如此才能完成合理

〔1〕［德］阿图尔·考夫曼：《法律哲学》（第二版），刘幸义等译，法律出版社 2011 年版，第 26 页。

〔2〕［德］阿图尔·考夫曼：《类推与“事物本质”——兼论类型理论》，吴从周译，学林文化事业有限公司 1999 年版，第 3 页。

的“法的续造”工作。正是类推适用的这一程序要求，在最大程度上避免了类推的滥用，因而类推适用成为一种相对而言较为高端和复杂的法律适用方法。

（二）类推适用在商事关系法律适用中的意义

类推适用在民法典时代将发挥更大的作用。类推是一种司法实践常用的法律漏洞的填补方法，若有规范且适用的类推方法，就可以实现在规范供给不足时方便法律适用。王泽鉴先生指出，评判法律的健全与进步，可以将类推适用作为测试的指标，因为只有成熟的类推适用才意味着法律的成熟。[1] 类推适用本身是一种类似性判断，检验着法官对于制度事实、法律事实的综合应用能力。因而对类似性判定的操作方法应当尽量客观化，从而为法官提供可供实操的司法方法，确保类推适用的精确、妥当。[2] 这就使得在商事关系的法律适用中，类推适用成为一种特别常用和典型的法律适用方法。

当然，类推适用在商事关系中的运用本身并不是法理学上的新课题，更多的是在商事实践中遇到的、直接的法律适用问题，以下列举三个案例。

案例 7 –1　20 世纪 90 年代，C 公司在发起设立 Q 公司时，因缺一名法人股东，故向 X（某事业单位）提出请求其入股。X 称无资金。C 公司于是与 X 签订了一份借款合同，约定“C 公司无息借给 X 入股 Q 公司股本金 30 万元，此资金借期为 2 年，2 年后双方再协商是否续借。在借款期内 X 不得转让该股权给其他股东，并且如在 2 年后转让股权，只能转让给 C 公司”。合同还约定由 C 公司承担 Q 公司的发起风险及未来经营的风险。X 被公司章程、工商登记为发起人股东之一。后 Q 公司成功上市，市值剧增。该协议届期满 2 年后双方并未商议归还款项之事。若干年后双方发生争议，X 认为该协议是无息借款，自己愿意归还借款 30 万元；而 C 公司则主张 X 仅是委托投资关系，自己才是真正的股东。X 认为在双方签订的借款协议中所约定的其不承担借款所产生的风险责任属于免责条款，这种约定未改变借款关系的性质，X 将所借来的款投资 Q 公司后，其即是 Q 公司的投资股东，这些

---

〔1〕 王泽鉴：《民法学说与判例研究》（第八册），北京大学出版社 2009 年版，第51 页。

〔2〕 张弓长：《民事司法中类推适用之类似性判断》，载《中国政法大学学报》2021 年第 3 期。

事实有Q公司形成的一系列文件和章程可以证明，所以该案借款关系成立，X对Q公司入股、是Q公司的实名股东，该案不存在委托投资关系。C公司则认为该案的法律关系是委托投资关系，其给X的无息借款实际上是虚设的借款关系，从协议的履行及内容可以完全确定在双方之间没有形成借款关系，协议内容不符合借款关系的构成要件，双方属于委托投资关系，因为协议中有关借款风险和投资风险由C公司全部承担的内容完全符合“谁投资，谁承担风险”“谁投资，谁受益”的原则。[1]

对此争议，法院认为，双方当事人签订的协议是在平等自愿的基础上设立的，没有违反法律的强制性规定，应为有效合同。但该案当事人所签订的协议究竟是属于借款合同还是属于委托合同是当事人的争议焦点，而这一合同类型归属直接决定C公司和X之间的法律关系。从当事人的协议内容看，既有借款的意思表示，也有委托投资的意思表示。

案例7-2 L公司作为生产商与销售商T公司签订了一份经销协议书，约定L公司授权T公司为某地区的特约经销商之一，经销L公司的产品。双方对产品的价格、运费、销售网络、业绩、产品质量、对账、货款结算、支付方式、奖励政策、验收方式均作了约定。双方在履行中因货款问题发生纠纷，L公司诉至法院，称被告T公司拖欠货款72万元，严重损害了原告的利益；因原告资金运转困难，请求先行支付其中的28万元货款及利益。T公司辩称，原、被告之间的买卖须以书面的订单为依据，被告实际购进原告的商品是659280元，已付货款612531元，扣除原告从被告处拉走的货物6582.60元，现只欠原告40166.40元。原告主张的28万元是代存货，而不是原告的代销货。[2]

该案同样既像买卖又像代理。如果L公司与T公司是买卖关系，则应当支持L公司的请求；但如果是代理关系，则被告的理由成立。

案例7-3 H公司委托Z公司作为其开发的某楼盘的销售总代理，双方签订了销售代理协议。该协议第1条“合作方式和范围”中明确了销售商品房的具体内容，即由Z公司代为销售项目的4、5、6号楼，销售面积约3.85

---

〔1〕 参见青海省高级人民法院（2008）青民二终字第45号民事判决书。

〔2〕 未涉诉，调研案例。

万平方米。H公司按销售价格打九五折后，再按成交价的5%支付给Z公司佣金。该销售代理协议第5条第2项约定佣金的给付方式为：Z公司在客户签订商品房买卖合同且一次性支付完全部房款后，H公司向Z公司支付全部应结佣金；按揭付款的客户按实际到账金额向Z公司支付佣金。后H公司向Z公司发出解除合同的通知，Z公司提出抗辩。当事人现争议焦点为案涉销售代理协议究竟是属于委托合同还是属于委托代理销售合同。[1]

上述案例给我们提出的问题是：在商事实践中，既然《民法典》赋予了当事人自由，那么商主体在利益的驱动下，往往是根据自己的利益需求订立合同，而不是僵化地将《民法典》的条文生搬硬造进自己的合同。尽管《民法典》为当事人规定了18种“典型合同”，但是当事人有时可以在这些典型合同中选择自己需要的合同类型，有时则不可以。这在商事实践中商主体追求自己利益的最大化背景下，显然比单纯的民事关系更有需求。《民法典》一方面历经艰辛将各种交易模式归纳为某种典型合同，另一方面不得不承担丰富、复杂且不断发展变化的商事实践在不断融合和拓展新的商事交易模式。正如上面这三个案例，其实均存在合同类型归属的类推需要。因此，我们认可类推适用对于民商事立法漏洞的补充作用，但也不得不承认民商事立法的这种“漏洞”将永远存在，因为立法永远不可能对当事人的具体民商事关系作出没有任何遗漏的、先验且准确的预见。因此，民法典时代更需要关注和讨论商事关系中类推适用方法的正当性和适用性。

二、商事关系类推适用的“最相类似”判断

（一）学术界对于类推适用“最相类似”的观点

类推适用最重要的是寻找“最相类似”。类似性的判断既是重要的理论焦点和难题，也是制约法官在司法实践中进行法律续造的关键所在。对于如何确定类似性，亚里士多德的回答是抽象出它们的共同特征并进行类型化。在类型化的思维之下，大致包括“分类”和“归类”两种情形。分类，是

[1] 最高人民法院（2013）民申字第1609号民事裁定书。

指根据事物的性质或某些特征把种类事物划分为包含几个属类事物，多用于立法活动。例如，我国《公司法》第 2 条、《合伙企业法》第 2 条均是按类型化的思维分别规定了公司和合伙企业的两大类型。又如，《民法典》中规定的民事主体包括自然人、法人和非法人组织；而法人又包括营利法人、非营利法人和特别法人三类。再如，《民法典》第 134 条规定的民事法律行为按照意思表示的形成机制分为意思表示一致的合同、单方意思表示行为以及决议三大类。立法中，分类这种类型化方法的应用非常普遍。而归类则是与分类相反的过程，是指把某一属类事物归入种类事物，归类往往是一种演绎式思维，是我们常用的法律适用方法。但无论是分类还是归类，类型化的思考本身都是一种相似性的判断，而不是同一性的判断。

近现代以来，对于如何抽取出“最相类似”有不少观点，以下简要列举几种。第一种是为多数学者所主张的构成要件类似说，也就是根据构成要件判断是否具有类似性的基础。倘若构成要件具有相似性，就可以认定它们具有类似性。第二种是实质或意旨相似说，也就是本质或内涵相似，要视系争法律规定之案件类型与待决案件事实间是否具有实质上的类似而定，将与法定案件内涵特征相类似的系争案件归入到该法定案件的法律规范框架之内〔1〕。第三种是利益一致说，即若系争案件事实与法定案件事实之间具有“同一利益状态”，则可以认定二者具有“最相类似”。

学术界的每一种观点应该说都具有可取性和说服力，但也均有在实务中难以被完全应用的窘境。而之所以出现理论与实务的脱节，是因为“最相类似”的判断本质上是类型化思维在法律适用中的应用，原本就不适于提炼出亘古不变的抽象规则，而更适合具体化的研究。用具体化的研究结论来检验可否实现在司法实践中“最相类似”的自如判断。

(二)“最相类似”的判断因素——以最高人民法院指导案例 15 号为例

在最高人民法院颁布的诸多指导案例中，最高人民法院指导案例 15 号是一个非常成功的指导案例，以不争的法律适用方法展现了类推适用中“最相类似”的判断要素。该案的结论是三家关联公司应对其中一家公司的债务

〔1〕 王利明：《法学方法论》，中国人民大学出版社 2011 年版，第 497 页。

承担连带清偿责任。公司法人格独立是其作为法人独立承担责任的前提。2023年《公司法》第3条第1款规定表明公司财产的独立是公司独立承担责任的物质保证，公司人格的独立也突出地表现在财产的独立上。当关联公司的财产无法区分、丧失独立人格时，就丧失了独立承担责任的基础。2018年《公司法》第20条第3款规定，如果股东恶意逃避债务，严重损害公司债权人利益，就属于滥用公司独立地位和股东有限责任，因此应当对公司债务承担连带责任。该案中，三家公司虽在工商登记部门登记为形式上彼此独立的三个企业法人，但实际上财产、业务和人员存在混同，尤其是存在财产混同，其中一家公司承担所有关联公司的债务却无力清偿，这又使其他关联公司逃避了巨额债务，严重损害了债权人的利益。上述行为违背了法人制度设立的宗旨，违背了诚信原则，其行为本质和危害结果与2018年《公司法》第20条第3款规定的情形相当，故参照2018年《公司法》第20条第3款的规定，三家公司应当对债务承担连带清偿责任。

上述指导案例很清晰地给出了类推适用“最相类似”的四个判断要素：该法律事实与某法律制度的根本目的的契合性，即法律制度规制某类事实根本目的的契合性；法律原则或法律价值判断的同一性；行为性质的相当性；行为后果的相当性。只有经由这四个方面的判断，才能得出“最相类似”的判断结果。以下对这四个要素分别述之。

首先，需要判断该特定法律事实是否与某法律制度的根本目的相契合。每一项法律制度都有自己的特定目的或者宗旨。例如最高人民法院指导案例15号所述的事实是关联公司法人格混同，而我国《公司法》规定仅在股东与公司法人格混同情形下可以适用公司法人格否认制度。囿于公司法立法经验的不足以及实践中恶意利用公司法人格逃债情形的复杂性，《公司法》仅规定了上述股东对债权人承担连带责任的情形，并没有规定关联公司在违反公司法人格独立的情形下，能否适用公司法人格否认制度，这就形成了一个明显的法律漏洞。但关联公司法人格混同这个事实与公司法人格否认制度的根本目的是一致的。公司的一系列基本制度，包括公司法人格独立性，均是为了满足公司作为责任主体的独立性，特别是公司资产的独立性，因为公司资产是用于向债权人偿还债务的责任财产。如果股东与公司的财产界限不清，则意味着公司财产独立性的丧失；如果关联公司之间的财产界限不清，则同样意味着公司财产独立性的丧失和公司财产对债权人担保作用的丧失。为此，《公司法》所规定的，股东如果滥用股东资格、恶意逃债，那么应就债务与公司承担连带责任与该案关联公司法人格否认的情形是完全契合的。

其次，需要判断的是法律原则或法律价值是否具备同一性。价值判断是最基本的公平正义的判断，对于民商法法律事实的法律适用，必须遵循《民法典》的一系列基本原则，包括平等、自愿、诚信等。类推就是要在法律包含漏洞的前提下，将具有类似价值的法律规范运用到法律尚未直接调整的领域。如果需要适用类推，就需要法律价值的同一，也就是被类推适用的法律事实与得以类推适用的法律制度在所追求的价值上应是一致的。特别是《民法典》在商事关系中竭力所倡导的诚信原则，更是在类推适用中得到经常性的适用。上述最高人民法院指导案例 15 号中也指出了“违背诚信原则”这个价值判断。

再次，需要判断行为性质的相当性。在汉语中，“性质”是指事物的根本属性，但显然一千个人眼中就有一千个哈姆雷特，对于同一事物性质的理解存在巨大差异是正常的。在法学术语中，“性质”的内涵则相对确定，但大多可以和“类型”相置换，正如《民法典》第466 条、第509 条所规定的合同性质中“性质”就是指合同的类型。所以，所谓行为性质的相当性，其实就是一种类型化的比较。由此可见，最高人民法院指导案例 15 号所指的行为性质，是一种非常典型的类型思维；在法理学中，事物的本质就是指依据各种精妙类型化方法推出的事物的类型。因此，在因归类需要而判断相似性时，就需要进行相似性的考量。对此，我们发现可能很难避开“循环论证”，但这也是类型化方法无须克服的逻辑障碍，因为类型化的比较，本身就是在法律与事实之间“来回穿梭”。笔者认为，对行为性质的判断，只有严格遵照立法本意，按照类型化的比较，包括经济目的、利益分配和风险承担三个方面，才能进行合理的判断。对此将在下文混合类型合同的性质判断中予以详细展开。

最后，对行为后果相当性的判断。行为后果是行为本身造成的权益损害，而得以类推适用的原因之一是需要类推适用的法律事实，在后果方面与被适用的法律事实相当。在最高人民法院指导案例 15 号的案件情形中，从法律后果看，与 2018 年《公司法》第 20 条的规定确实非常相似，那就是当事人均是利用公司法人的“形式”独立性，通过财产的混同，实现了恶意逃债的后果，损害了债权人的合法利益；而僵化地坚守合同的相对性对行为后果的评价，本应是一种法律评价。在类推适用的程序中，行为后果的评价起着相当重要的作用。当然，行为后果的“相当性”评价，仍然是一个带有主观性的评价。不过这种评价，更多时候是利益的衡量，也并无太多的障碍和难度。

综合上述四个方面，类推适用及“最相类似”的判断呈现一个立体式的结构，也是民法典时代商事关系中最为复杂的一种法律适用方法。类推适用不仅为我们展现了一种法律适用方法，而且是以司法的规范性保护商主体的合法意愿和利益的实现，杜绝在“最相类似”方面判断的司法擅断，最终实现法律适用的公平。结构如图 2 所示。

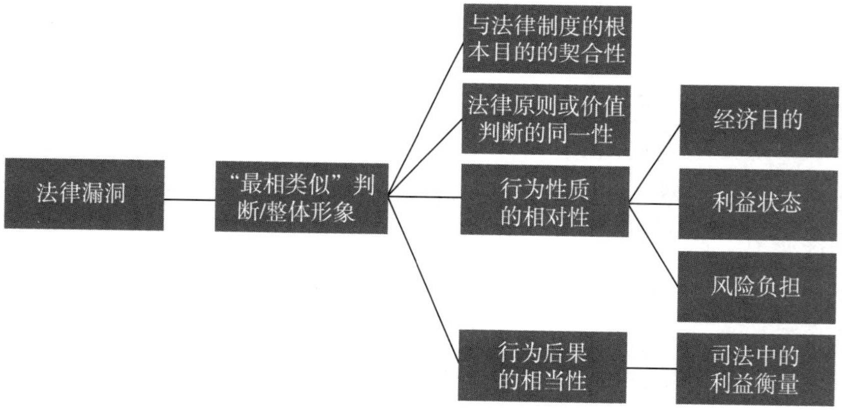

图 2　类推适用及“最相类似”的立体性结构

三、商事关系类推适用的“最相类似”判断——以混合类型合同为例

（一）混合类型合同的实践应用

1. 物权类法律事实基本不能适用类推

一般情形下，物权法定主义会使物权问题很难类推适用。例如，物权的类型基本不存在被类推的可能，仅有一个例外就是商事领域的不动产的商事

租赁权。很多人认为不动产的商事租赁权应当被作为物权类型，因为不动产的商事租赁权应受到商事营业维持原则的保护，并且这种租赁权的行使体现为对租赁物的占有、使用和收益，因此各国民法往往运用物权法中的占有制度对租赁权加以保护，在租赁物被他人不法侵害时，赋予承租人占有保护请求权。对此，很多国家都有相关规定，如《德国民法典》第 861 条规定了占有人的恢复占有请求权，第 862 条规定了妨害排除请求权；《法国民法典》第 1725 条规定："第三人以粗暴行为给承租人占有、使用租赁物带来妨害的，承租人应以自己的名义对第三人提出排除妨害之诉。"我国《民法典》第 720 条对承租人在租赁期限获得收益的权益通过占有制度加以保护，这在客观上强化了租赁权法律保护的效果，也使租赁权的法律保护与对其他合同债权的保护在方法上存在较大差别。但是事与愿违，商事租赁权即便需要特殊的商法保护，其目前在中国立法中仍仅仅是一项债权，物权法定主义决定了物权类型难以类推，即使商事租赁权客观上需要一些物权的保护效力，但司法实践不可能对此进行突破。

2. 混合类型合同是类推适用的典型代表

然而，不容否认的是，债权类的法律事实因与债相关的法律规则遵循自愿原则，很可能出现大量的"法无明文规定"的情形。诚如前述，商主体缔结各类合同，是按照自己的需求缔结。大多数情形下，合同的性质是清晰的，直接适用相关的典型合同的法律规定即可，但有些情形下，当事人所签订的合同可能融合了几种典型合同，这就需要进行类推适用，寻找"最相类似"。而商事行为的"混合类型"合同，鲜明地体现了商事关系类推适用的要义。本章前述三个案例，其实均属于混合类型合同。

在学理上，混合类型合同是融合了几个典型合同要素的合同，这几个典型合同的要素相互之间有关联，但混合类型合同的给付是单一的。混合类型合同同样是类型化方法的产物。混合类型合同的认定需要以下几个前提，一是在法律规范层面已经实现了典型合同的类型化。类型化作为填补抽象涵摄方法不足时常用的法学方法，其抽象程度高于法律事实但低于法律事实，是中等程度的"抽象"。典型合同本身就是类型化的产物，是人类在漫长的商品经济活动中，在认识上对交易类型的认知和分类。类推适用中的"最相类似"显然也具有较强的主观因素，确定何为"最相类似"需要规范的方法。

二是按抽象涵摄方法无法归类，即涵摄的失败。[1] 也就是说，如果可以通过合同解释将当事人之间的合同归入某典型合同或纯粹的无名合同，则无须类推适用；对混合合同应用类推仅在无法通过解释方法将其归入有名合同或纯粹无名合同时方才适用。《民法典》中的类推，相较于之前的各部门法，最明显的变化是“适用”以及“参照适用”性规范在数量上的增加。其部分考量固然是为了规范体系的简洁，避免就同一事项重复规定。“盖性质相类似之事项，为避免重复繁杂之规定，一般而言，法规仅就其中某一主要事项予以规定，而将此规定再适用或准用于其他事项”，但更重要的是立法者意欲通过“参照适用”实现特定功能：增强《民法典》的体系性表达，回应经济社会变迁，维持司法裁判中法律适用的安定。这些价值功能对于引导裁判者正确“参照适用”具有重要意义。[2]

3. 混合类型合同的基本内涵

在我国《民法典》的编纂过程中，《民法典》分则各编所面临的一个重大现实问题就是确立典型合同的具体类型。为此，学者们也都提出了自己的建议，笔者深表赞同。典型合同意味着合同类型的成熟、固定，[3] 典型合同中的必备条款也为当事人之间的交易提供了基本的模式。只有对典型合同的诸多规定进行完善，才能让实践中的需要对合同类型实现归属时做到确定化。但是如果可以将它们归入某一类型的典型合同，那么这种情形就是混合类型合同的类推适用。在古罗马优士丁尼的《法学阶梯》中有这样一段描述，人们认为在买卖和租赁之间有某些非常密切的关系，甚至在某些情况下人们通常就是缔结了买卖还是缔结了租赁产生疑问。例如，交付给某人永久使用的土地。换言之，只要他付给了所有人租金或收益，就不许从承租人本人或其继承人以及从承租人或其继承人对之出卖、赠与、以嫁资名义给予或以任何其他方式转让这块土地的人处剥夺。但对这样的契约，古人中有疑问，有些人认为是出租，有些人认为是出售。芝诺发布了一个法律，规定了永佃契约的特殊性，既不倾向于出租，也不倾向于出售的性质，而取决于其调控。因此，如果确实就某些事项达成了协议，它们应作为契约的自然要素

---

〔1〕 钱炜江：《论民事司法中的类推适用》，载《法制与社会发展》2016 年第 5 期。
〔2〕 史尚宽：《债法总论》，中国政法大学出版社 2000 年版，第 11 页。
〔3〕 宁红丽：《论合同类型的认定》，载《法商研究》2011 年第 6 期。

生效。然而，如果未就物的风险作出任何约定，那么当物全部灭失的，对此的风险就应由所有人承担。如果物部分灭失，那么这样的损失由佃户承担。[1] 可见，某一个合同既像甲典型合同又像乙典型合同的情形并非新事物，类型的混合现象大约在确定典型合同时即已经产生。在典型合同之外，史尚宽先生将无名合同分为以下三种：一是纯粹的无名契约，即以不属于任何有名契约之事项为内容的契约；二是准混合契约，即以一个有名契约之事项与其他新事项为内容的契约；三是混合契约，即以一个有名契约的事项与其他有名契约的事项为内容的契约。[2] 梅迪库斯教授则将混合合同分为类型联合合同、类型融合合同和对待给付为其他类型的合同。[3] 因此，混合类型合同是当事人之间的单一给付关系融合有两个或两个以上有名合同类型特征的合同，即仅指史尚宽先生所指的混合契约、梅迪库斯教授所指的类型融合合同。如果我们将典型合同作为《民法典》合同编适用交易习惯的模块，那么混合合同就是这些模块之间的交叉与融合。相较于立法对典型合同类型有限性的规定，混合类型合同基于私法自治可以无限化，其积极意义是更为根本地贯彻了私法的意思自治原则。

混合类型合同与合同联立不同，后者是多个法律关系或给付关系的并存，在法律适用方面适用各自的规定。混合类型合同是当事人之间是不可分割的、单一的法律关系，给付也是单一的。但混合类型合同集合了不同典型合同的要素，那么在法律适用方面究竟应当适用何种“典型合同”之规定就是这类合同特有的法律适用问题。

（二）混合类型合同的类推适用

从混合类型合同在合同类型的归属方面看，混合类型合同无法直接作为某典型合同，但可以自成类型。从当前最高人民法院“民事案由”的规定来看，并没有将“混合类型合同”作为合同类型之一，因此若认可混合类型合

〔1〕［古罗马］优士丁尼：《法学阶梯》（第二版），徐国栋译，中国政法大学出版社2005年版，第389页。

〔2〕史尚宽：《债法总论》，中国政法大学出版社2000年版，第11页。

〔3〕［德］迪特尔·梅迪库斯：《德国债法分论》，杜景林、卢谌译，法律出版社2007年版，第470—476页。

同自成类型，也只能把混合类型合同作为与典型合同相对应的“非典型合同”来对待。[1] 学理上，对于混合类型合同的法律适用有三种不同的学说。一是吸收说，主张将混合类型合同构成部分分为主要部分和非主要部分，非主要部分被主要部分吸收。[2] 这种观点对于混合类型合同也可以运用。不过何谓主要部分、何谓非主要部分可能是法律适用的焦点问题。二是结合说，主张应当分解混合类型合同的构成部分，分别适用各部分典型合同的规定，并依当事人可推知的意思调和歧义，统一适用。[3] 这种观点也有一定的说服力，其本意仍是主张探究当事人之真意。这固然可以通过运用合同解释的方法实现，但有可能当事人的真意即为“混合”，因而无法绕过法律适用时的类型归属问题。并且混合类型合同中当事人的给付关系是单一的，无法分割，倘若能分割就不需要先前的混合，“混合”之原因必然是要满足当事人特殊的动机需求，若司法实践中再将混合类型合同予以解构或重构，就可能会干预当事人的合同自由。三是类推适用说，即按照最相类似的、规范典型合同的法律法规或立法意图、立法目的来对案件加以裁判。当然这个意义上的类推，已经超越了传统法学将类推限于案例的比较——同案同判的做法。比较这三种学说，类推适用说显然较为合理。

我国《民法典》第467条是一个典型的类推适用条款。其中适用合同编通则的规定是引致，而该条规定，《民法典》或者其他法律没有明文规定的合同，适用合同编通则的规定，并可以参照适用合同编或者其他法律“最相类似”合同的规定。可以参照合同编或者其他法律“最相类似”合同的规定则是类推适用。但是，在具体的法律适用中究竟如何确定“最相类似”仍须深入研究。在当下我国《民法典》合同编中，我们应当如何处理好对无名合同之混合类型合同的法律规范仍值得研究。因此，从类推适用的法理及司法实践的案例出发，还需要探讨“最相类似”之确立方法。

---

〔1〕 曹晟旻：《论司法实践中类推适用的相似性判断标准》，载《贵州警官职业学院学报》2012年第2期。

〔2〕 韩世远：《合同法总论》（第二版），法律出版社2008年版，第39页。

〔3〕 韩世远：《合同法总论》（第二版），法律出版社2008年版，第42页。

（三）混合类型合同类推适用的“最相类似”判断

对于类推适用方法中如何才能作出“最相类似”的判断，学界有不同的看法。[1] 第一种观点是目的论，主张发现法律规范的目的、道理和精神，案件事实如若符合这些目的，便构成“最相类似”。这种方法本质上就是一种目的解释，虽然强调了当事人之间意思自治与法律规范精神的一致性，但是对于何谓法律规范的“目的”、何谓当事人的目的，实际上存在颇多争议。但是如果能将这种“目的”限缩，这种观点的可行性即可增强。第二种观点是实质一致说，认为所谓“最相类似”是指准用的法律规范与待决案件的事实中存在实质性的一致。这种观点的可操作性往往不大，因为什么才是实质性的一致往往无法判断；若真能如此作出实质一致的判断，也就不需要什么类推适用了。第三种观点是同一思想基础说。若法律规范与当事人之间的关系存在同一思想基础，即构成“最相类似”。此说与目的论相似，也存在何谓“同一思想基础”的再解释问题。第四种观点是构成要件类似说，该说通过比较构成要件的相似性发现“最相类似”。例如，如果法定案件类型甲具有 A1、A2、A3、A4、A5 五个内涵特征，而待决案件事实乙中具有 A2、A3、A4、A5、A6、A7 六个内涵特征，二者共同的是 A2、A3、A4、A5 这四个内涵特征；如果这四个恰是对甲和乙具有决定意义的内涵特征，则乙与甲便是“最相类似”。这种方法已经有商法学者加以运用。[2] 但是，如何才能发现法定案件事实和待决案件事实中的内涵特征以及析出具有决定意义的内涵特征，本身就有很大的争议和不确定性。所以这种方法的可适用性值得赞同，但也应当对如何寻觅“具有决定意义之内涵特征”再进行深化。

笔者认为，以上学说的积极意义应当汲取。类推适用中的最相似性判断应当是一个多层次的、需要考虑多个因素的综合过程。在类推适用的过程中，“类型”是一个重要的法学方法。因而混合类型合同的类推，恰恰应当应用“类型”这个法学方法。如有学者指出，法官的法律适用其实是指从法

---

〔1〕 参见曹晟旻：《论司法实践中类推适用的相似性判断标准》，载《贵州警官职业学院学报》2012 年第 2 期。

〔2〕 郭富青：《论商法类推适用的依据、范围和正当性》，载《甘肃政法学院学报》2012 年第 5 期。

律秩序和案件事实中探寻适用规范和与之相应的要件事实的试错过程；法官的法律适用过程近似于一种认知上的类型探索过程。[1] 类型化的方法通过寻找、区分事件或活动在一个关系模型中的地位来对它们进行解释。该关系模型是对所有事件或活动之特征的整体性描述。因此，类型化的方法即为对事物或活动按照其根本特征、整体特征所进行的一种“归类”。法官适用法律的过程绝非可以如概念法学派那样简化成三段论，法律规定与案件事实不可能自动结合，这需要法官的主动性和能动性。应用类型化的方法就是一种将事实与规范相结合的裁判思维。[2] 掌握了类型思维，就可以更好地帮助法官进行法律适用。

从认知心理学角度看，某案件事实是否属于某类型，并非取决于其是否包含该类型通常之全部因素；而是取决于这些典型的因素在数量及强度上的结合程度，是否足以使该案件事实“整体看来”符合类型的形象表现。[3] 法官的评价不可能简单地以他的法律感觉或先入为主的观点作为根据，而必须尽量以可资核实的准则为评价标准。也就是说，法官应当参考与本案相类似的先例、借鉴那些法律科学认为对判断本案有重要意义的指导性观点。以此才能逐步将这些不确定的概念逐渐具体化。这就是类型的认知、类型的搜索。这不仅需要法官熟悉立法中已有的类型，而且需要法官对案件中法律事实的正确认知。由于实际案例千变万化，成文法提供的成熟的抽象概念总是有限的，大多数情形下，我们不能指望有一个抽象的、可反复适用的、可直接适用于案件事实的规则（如果真的可以提取抽象概念则不再属于类型研讨的范围）。法官只有通过类推、类比，才能完成法律适用。下文的分析将表明，类型原本就是一种很灵活的认知，类型中的构成要素并非必不可少，这些要素本身也不是不可或缺，而是有时强、有时弱。实际上，类型逐渐成形之际，也就是将某个具体事物归属于该类型的过程，这个过程就是类型的具体化。在类型的具体化过程中，需要运用一些方法对一些准则的内容进行填

---

〔1〕 顾祝轩：《合同本体解释论：认识科学视野下的私法类型思维》，法律出版社 2008 年版，第 225—226 页。

〔2〕 据学者研究，关于司法裁判中法律事实与法律规范关系的认识，可以概括为以下四种：推论关系、归类与涵摄关系、等置关系、评价关系。参见杨建军：《司法裁判中法律事实与法律规范的关系》，载《法制与社会发展》2007 年第 2 期。

〔3〕 ［德］卡尔·拉伦茨：《法学方法论》，陈爱娥译，商务印书馆 2003 年版，第100 页。

补，在这个运用方法填补的过程中，就会应用公平正义的法律价值。因而类型化思维本身就是引导法律适用者对案件作出客观和公正的评价。

所以，简单地讲，混合类型合同究竟应当类推适用哪一类典型合同，就要看该合同的整体形象。对类型整体性的判断，也印证了一个法律诠释学的循环：类型本身得之于——有意义之相互结合的——个别规定，而类型又能帮助更适切地理解这些规定，其适用范围即对类型归属的意义。法学应用类型化方法其实是一种“评价法学”的思想。为完成这种评价，法律思维必然是一种价值导向型的思维，而不能是抽象涵摄方法中价值中立的、按构成要件一一对号入座式的僵化思维。在整体性的类型中，哪些是重要因素、哪些可以忽略、哪些必须考量、这些构成要素如何排序等，所有这些“评价”其实都对法官公正的价值判断有高度的依赖性。依此思路，便能吸收前述类推适用中“目的说”的优点并弥补前述“构成要件说”的不足。

（四）《民法典》对商事关系类推适用方法之实践检验

卡尔·拉伦茨教授指出，针对当事人之间的交易关系，在按“整体形象”判断类型归属时，有三个要求：一是当事人所追求的经济目的；二是当事人典型的利益状态；三是当事人基于此所考量的风险负担。[1] 当然，这三个分析工具有时可以清晰地加以区分，但有时也需要将它们协作使用才能进行适切的“整体形象”之考量。

在案例 7－1 中，当事人争议的焦点是双方当事人签订的协议在双方之间产生了何种法律关系。当事人的约定更倾向于“委托投资关系”之整体形象。从当事人的经济目的分析，双方当事人在签订合同时，我国社会主义市场经济处于起步的雏形阶段，合同法律制度相对滞后，受当时环境因素的影响，双方所签合同没有冠名，对产生的法律关系也没有表述，双方当事人在诉讼中对合同条款的实质内容产生歧义，各自按照自己的诉讼观点任意对合同条款的文义进行解释，未按合同内容正确地表述合同签订时双方所追求的经济目的。但从协议签订的背景看，该协议在签订时就比较客观、诚实地表达了双方当事人所表示的真实意思，其协议的目的是明确的，即 C 公司等发

---

〔1〕［德］卡尔·拉伦茨：《法学方法论》，陈爱娥译，商务印书馆 2003 年版，第344 页。

起人要设立上市股份公司，需要7家以上的法人实体入股，所选定的X即符合从事科研活动单位的要求，但X客观上没有资金可以入股，其也不愿意承担因发起设立公司而承担的发起风险责任及未来公司经营期间的风险责任。在这种情况下，为了有效解决以X名义入股Q公司这个问题，能够顺利实现Q公司的发起设立并上市，C公司与X通过协商后以合同的形式就X进入Q公司成为名义股东的问题达成协议，约定由C公司承担Q公司的发起风险及未来经营的风险，这些条款构成了合同的核心内容，即X只在Q公司的发起设立期间显名而不出资，也不承担任何风险责任；C公司承担了发起风险并履行了出资义务，C公司是Q公司的实际股东。从当事人的利益分配看，不符合借款而符合委托投资。协议约定的"C公司无息借给X入股Q公司股本金30万元，此资金借期2年，2年后双方再协商是否续借。在借款期内X不得转让该股权给其他股东，并且如在两年后转让股权，只能转让给C公司"。可见"无息借款"的用语只是对双方往来款项所表述的词句，其实质性含义是模糊的。本案当事人并没有在2年到期后协商如何续借如何偿还，并且在诉讼前的十多年间，C公司不主张债权，X也不主动按借款关系偿还，形成了只借不还的事实状态，这种状况不符合借款关系的交易习惯，反映了双方从来没有对该款项承认具有真正意义的借款关系。借款无论是有偿还是无偿，有借有还都是其基本的核心内容，所以本案的合同不属于借款合同，而是委托投资合同。从当事人的风险分配看，C公司让渡资金，其风险是可能不能收回投资，但X并无投资风险，其风险仍由C公司承担，并且协议中严格限定了X的股东权，将所持有的股权的处分权确定由C公司享有，因而X只能是名义股东而非真实股东。

案例7-2同样可从"整体形象"确定类型之归属。我国《民法典》对代理的规定是一种直接代理，与商事实践脱节很大，也不能用该规定来否认实践中大量存在的商事代理。《民法典》对商事代理虽有规定但也未有根本的改观。依据我国《民法典》第595条对买卖合同的相关规定，买卖合同关系的整体形象包括支付价金、移转所有权和风险等。这些要素在本案L公司与T公司之间的关系中，虽然有所涉及（产品价格、运费、支付方式、验收等），但并不明显。相反，本案更多符合商事代理的"整体形象"。商事代理的典型是由代理商作为生产商延伸的手脚，替后者销售产品。商事代理不要求代理人必须以本人的名义，但代理的后果一定是归属于本人而不能由代理人承担。理由之一是，L 公司与 T 公司订立该经销协议书的目的是授权 T 公司作为某地区的特约经销商，这也说明 T 公司仅负责某地区的经销；如果是买卖，货物所有权转移给 T 公司后就没有理由限制 T 公司的处分权。理由之二是，这份经销协议书中约定了销售网络、业绩和奖励政策，这就表明当事人之间利益关系的联动性。在产品价格已经被 L 公司约定的前提下，T 公司不一定能通过转卖获得价差收益，它的收益更多取决于业绩和奖励。这与买卖合同中当事人利益的对应性显然有别。理由之三是，在买卖合同中，通过交付不仅移转标的物的所有权，还移转风险。但是本案中，无论是所有权还是风险，皆不是通过 L 公司向 T 公司的交付而移转；L 公司货款所有权的实现，需要通过 T 公司完成转卖才能实现。可见，T 公司并未承受 L 公司移转的所有权与风险，而只是代售。以上判断也符合商事惯例与实践。此外还要注意的是，实践中也有销售代理商的包销，如果 T 公司果真属于“包销”，就可以从其与 L 公司所约定的业绩、奖励政策判断，“包销”的商业风险远远大于“代销”，因此 L 公司付出的费用应当较高。

案例 7-3 中最高人民法院的裁定书清晰地展现了对于混合类型合同的认定方法的运用。首先，双方当事人均具有签订商品房委托代理销售合同的主体资格。其次，案涉销售代理协议开头部分就明确表明签订该协议的目的就是 H 公司委托 Z 公司作为其开发的某楼盘的销售总代理，并在第 1 条“合作方式和范围”中明确了销售商品房的具体内容，即由 Z 公司代为销售项目的 4、5、6 号楼，销售面积约 3.85 万平方米。H 公司按销售价格表打九五折后，再按成交价的 5% 支付给 Z 公司佣金。可见，H 公司委托 Z 公司的事务内容为销售房屋。最后，根据案涉销售代理协议第 5 条第 2 项可知，佣金的给付方式为：Z 公司在客户签订商品房买卖合同且一次性付款的客户支付完全部房款后，H 公司向 Z 公司支付全部应结佣金；按揭付款的客户按实际到账金额向 Z 公司支付佣金。Z 公司得到对价的方式更符合商品房委托代理销售合同的特征。该案的特别之处在于对当事人争议的合同性质最终定性为“委托代理销售合同”，虽然该“委托代理销售合同”仍然是一种无名合同，但在最高人民法院的《民事案件案由规定》中“委托代理销售合同”是一种独立的案由。该裁定中还特别说明了销售代理协议与委托合同的关系：虽然“委托代理销售合同”中有“委托”二字，但其与《民法典》第919条规定的委托合同仍有不同。首先，委托合同与委托代理销售合同是两个并列的民事案由，二者不存在包含与被包含的关系。其次，案涉销售代理协议约定的费用承担者和《民法典》第919条规定的委托合同委托费用承担者不同。根据《民法典》第921条的规定，委托合同中，委托事务费用均由委托人承担，而根据案涉销售代理协议第4条第2项、第5项的约定可知，Z公司在代售商品房中产生的办公费、营销费、客户购房的差旅费往返路费接待费等均由Z公司自行承担。随后，该裁定书中还详细阐述了对销售代理协议作为无名合同的法律适用问题：因H单方面通知Z公司解除案涉销售代理协议，对此解除合同的形成权，由于《合同法》没有对委托代理销售商品房合同作出明确规定，根据《民法典》第467条的规定，对其应当适用《民法典》合同编通则的规定，并可以参照《民法典》合同编或者其他法律最相类似的规定。从《民法典》合同编分则规定的典型合同类型来看，委托代理销售商品房可以参照适用《民法典》合同编分则规定的委托合同。结合本案案情以及《合同法》第410条委托人或者受托人可以随时解除委托合同之规定可知：一是H公司的解除通知到达Z公司，合同即依法解除，Z公司不得对此提出抗辩并主张继续履行该协议；二是H公司对因解除合同而给Z公司造成的损失应当承担赔偿责任。

司法实践遇到大量混合类型合同，类推适用的“最相类似”判断是一个较为复杂和灵活的问题。因此，《民法典》第467条所确立的类推适用“最相类似”之规则，实际很难通过成文立法具体化。抽象概念的对比是“同一性”，某事物具备该抽象概念的本质规定性即可归属于该抽象概念；类型却很难做到这种“同一性”，整体性的比较往往只能做到类型与客观事物之间的相似性，也恰恰是因为类型的这种包容性使其更容易适应复杂商业实践的需求。类型或许不像抽象概念那样关心“本质规定性”的普适性，而更关心“整体性”的价值判断应当如何实现，唯有在价值判断层面的一致，才能最大限度地实现法院在类型搜寻中搜寻结果的最大相似性。整体性的类型中，哪些是重要因素、哪些可以忽略、哪些必须考量、这些构成要素如何排序等，所有这些“评价”其实都对法官正确的价值判断有高度的依赖性。因而法官所秉承的公平、正义等基本的法律价值在混合类型合同的法律适用中并不是空中楼阁，而是贯穿类型搜索、类型认知和整个法律适用的根基。这再次说明成文立法的局限性是客观存在的，也是无法通过立法弥补的。因而应用各种法学方法，包括类型化的方法，在司法实践中具有重要的应用价值。

我国《民法典》适应社会主义市场经济的发展需求，在合同编中增加了四种新类型的典型合同：物业服务合同、保理合同、合伙合同和保证合同。同时保留了《合同法》第 124 条关于类推的规定，为商事实践中大量无名合同包括混合类型合同的法律适用留有余地。但是，《民法典》第 467 条中的“并可以参照适用本编或者其他法律最相类似合同的规定”似乎应将“其他法律最相类似合同的规定”修改为“其他法律对相关合同最相类似的规定”。再者，由于类推适用应对的是涵摄失败，为尊重当事人意思表示，首先仍应遵从合同的解释规则，故在体系方面，《民法典》第 467 条的解释规则应当置于类推适用之前。此外，尽管本书亦按惯例将混合合同作为无名合同，但确切来说，混合合同与纯粹的无名合同并不相同，混合合同本不属于“本法或者其他法律没有明文规定的合同”，因而是否有必要在立法时区分混合合同之类推与纯粹无名合同仍需探索。

四、商事关系类推适用的扩张化展望

类推在法律适用中的优势很特别。这种法律适用方法虽然对于成文法的依赖性很低，但在很大程度上扩张了法律的适用。林林总总的商事实践，其实还蕴藏着很多类推适用的情形，其中有一种就是双层法律类推，也就是一个案件中至少需要两个或两个以上需要类推的情形。

（一）行政协议中民事因素可以类推适用《民法典》合同编

依据 2019 年《最高人民法院关于审理行政协议案件若干问题的规定》的规定，行政协议在没有特别行政规定时，是可以适用民法的。

案例 7－4 某城中村改造项目，因原投资主体资金链断裂，2015 年 11 月，X 区政府成立遗留问题处置工作领导小组对该项目进行清算并组织招商。2016 年 9 月，X 区政府与 Z 公司签订一份用地协议，约定由 Z 公司作为新投资主体重新启动该项目，因原项目所涉A地块经测算无法实现Z公司的盈利目的，X区政府在协议中承诺将B地块办妥手续后，同意就A地块与B地块同时招标。Z公司于是向X区政府支付了10亿元。但B地块因故未能完成征收，Z公司认为仅开发A地块无经济效益，于是向X区政府发函要求解除合同并退还10亿元。

在中国，政府承担的职责非常多，政府以各种方式或形式与民事主体签署合同的情况非常常见，在这类合同中，政府是以签署民事合同的形式行使职权。这类协议被称为行政协议。如果对行政协议可以适用类推，那么上述案例其实存在两个类推：一是对行政协议类推适用民法；二是将用地协议类推为民事委托合同，这样作为委托人的X区政府就享有对用地协议的任意解除权。从用地协议的内容看，这份合同的内容其实相当简洁，就是由X区政府受各方所托去协调将B地块纳入A地块，进而实现“平衡用地”，各方主体均可在“平衡用地”实现后的房地产开发中实现各自的利益诉求，依据《民法典》第467条合同性质的类推规则，用地协议显然是一个典型的事务处理类合同——委托合同。而委托合同依据《民法典》第933条“委托人或者受托人可以随时解除委托合同”之规定，委托人和受托人享有任意解除权。当然，这个思考并不是要否定案涉用地协议作为行政协议的性质以及本案作为行政案件被审理的应然性，仅是提示若要解除案涉用地协议也可以在传统的根本违约、预期违约之外另行寻找可以适用的法律依据。

笔者无意在本书中讨论行政协议中的行政因素，仅讨论其中的民事因素。对行政协议的法律适用，之前学界还有不少争执，但近年来观点基本统一。例如，在一起最高人民法院终审的案例中，针对政府是否应当履行对经营方支付相关费用的请求权，法院予以了支持：按照H公司所签的特许经营协议第1.1条关于“项目公司按本协议约定收取污水处理服务费作为投资收益”的约定，H公司在投资、建设、运营污水处理项目期间有权依约收取污水处理费。[1] 又如，在合同的履行方面，特许经营合同也被看作普通的民事合同。该案双方当事人的争议焦点是C公司自行收取配套费应否在补偿费中扣除。S住建局与C公司签订的特许经营合同以及移交合同，系双方的真

---

〔1〕 参见最高人民法院（2014）民二终字第18号民事判决书。

实意思表示，且不违反法律、行政法规的强制性规定，应认定合法有效。合同对资产移交和补偿均有明确约定，双方理应严格按合同的相关约定履行各自的权利和义务。本案C公司依约将有关资产移交S住建局，并就移交资产共同委托中介机构进行了评估，S政府、S住建局也认可资产评估报告，双方终止合同后，C公司有权依约向S政府、S住建局主张返还补偿款。[1] 这些实例均体现了司法对行政协议中民事要素适用民法的倾向性。

从商行为的类型看，由于政府一方不具有商主体的身份，也不以签署这类合同为常业，因此，这类行为根本不能被作为商行为——这就是这类行政协议目前仅由行政庭审理的原因所在。但是，无论行政协议是行政行为还是民事行为，其所含有的民事因素都不能被忽视，这也必须让我们面对其间的法律适用。从宏观上看将行政协议类推适用民事合同不可能是全部类推，只能是就行政协议中的民事因素讨论类推适用；行政协议中的行政因素不在本书的讨论范围内。而行政协议中的民事因素可以被类推适用《民法典》，主要有以下几个方面原因。

1. 行政协议与合同一样是双方当事人的合意

在行政协议中，政府一方可能在意思表示方面居于主导地位，但行政相对人与政府签署的行政协议，也是基于其自身真实的意思表示。与普通的民事主体一样，他们既有缔约与否的选择权，也有具体合同内容表意的自由，并且由于大多数行政协议涉及相当多的技术和财务指标，这就弱化了任何一方在意思表示方面的主观性和任意性，从而与当前大部分商事合同在意思表示方面并没有实质性区别，更与体现政府单方意思的普通行政行为形成显著区别。

2. 行政协议的合同目的具有合法性

实践中，政府之所以以签署行政协议的方式实现行政目的，是因为政府需要采用合同这种合法的方式，包括以对价方式展开。例如政府出让特许经营权，以获取经营方对某些大型项目的投资和建设。但这些大型项目往往是按公益目的需要建设，因为投资大、周期长、政府的财政资金又相当有限，所以出让一定期间的特许经营权，如高速公路收费权，以获得经营方的合

---

〔1〕 参见山东省高级人民法院（2015）鲁商终字第438号民事判决书。

作。无论在具体的行政协议中如何表述行政协议的合同目的，政府都不是私法上的主体，政府在行政协议中的合同目的在本质上只能是公共利益。如果把民事权利之享有作为自己的最终目的或借自身这个天然的、权力的优势平台满足自身或某些政府成员的私益，则必然是违法的寻租行为。唯有法治才能确保政府行为的合法性。政府在行使民事权利方面不能再依托其行政权力，而是应当依据相关民商事法律，这样才可以防止政府的特权对相关当事人利益的损害。而民商法本身也具备极大的包容性和扩张性，只要没有违反强制性的法律法规，就完全可以容纳政府以民事手段来实现公共利益的目的。其实，行政协议的签署从表层看确实是行政法学界所称的“私法遁入公法”，即公法在若干方面对私法的原则、制度均可以借鉴和利用；但从深层次看，行政协议其实是政府及公共利益实现方式的多元化和整个社会的法治化。

3. 行政协议中当事人之间成立对价关系

大部分行政协议是政府出让某些公共权力，如高速公路收费权，以换取经营方对某些大型公共设施工程的投资和建设，这一模式固然与普通民事合同中的“等价有偿”的商品交换关系有区别，但是依然符合交易关系应当具有对价的基本要求。例如，耗资巨大的公共设施建设，政府以一己财政之力难以负担，其以出让对公共设施的特许经营权换取非政府方的投资和建设，在风险和利益分配方面，双方也是各得其所、利益均衡。因而在法律的适用方面，对行政协议中的民事因素适用《民法典》合同编显然更为适宜，行政协议的具体条款设计均可以遵从合同编的对价原则。

4. 将行政协议中的民事因素类推《民法典》合同编具有适宜性

行政协议因涉及公共利益，往往合同体系庞大，项目操作技术要求非常高，风险易传导和放大，具有连锁违约、连锁反应的突出特点；并且不少行政协议还往往具有长期性，对于各方的诚信要求均较高。行政协议的履行也远比一般民商事合同严格，不仅涉及协议主体各方的经济利益，而且可能涉及社会公众利益。如果将行政协议简化为仅按照行政法来运作，显然在法律资源的供给方面极为欠缺。而《民法典》合同编则能给予特定当事人之间法律关系的最佳规制，其所遵循的公平、诚信等原则不仅是商事合同的基本原则，而且在规范政府行为方面发挥着基本原则的作用。因而在当前的法治环境下，将行政协议同样适用《民法典》合同编显然是最为适宜的。

（二）新型商事关系被类推适用既有商法制度

本书在第二章已经述及，虽然《民法典》对商事主体有一些规定，但仍是将商事主体，典型如公司，作为单个的主体看待。而在商事实践中，大部分公司不是单个的公司，往往存在大量的母子公司、兄弟姐妹公司等关联公司，在关联公司内部形成了复杂的控制与被控制，乃至于利益的转移关系。常见的情形是，在企业发展过程中，母公司董监高通过控制子公司董监高以关联交易形式损害母公司少数股东利益，上市公司通过赠与、高买低卖、自我交易等方式向其母公司输送巨额利益，子公司缺乏来自母公司的有效监管、公司间交叉持股损害股东利益等。这几种情况下，均对母公司中小股东的间接利益进行了损害，却不完全符合《公司法》规定的股东代表诉讼，因为想要代表公司起诉的并不是子公司的股东，而是母公司的股东。

上述情形下适用双重股东代表诉讼制度已经得到了2023年《公司法》的认可。这意味着《公司法》规定的股东代表诉讼制度在上述情形下的类推适用。而类推适用的依据目前除了《民法典》第467条，再无其他成文法依据。如果能够适用类推，则意味着《民法典》的类推适用在商事关系中得到了扩张。当然，也必然存在对于上述情形反对类推适用的观点。反对类推适用者，大多是坚守法律形式理性，认为此种情形下，依据《公司法》规定的股东代表诉讼，母公司股东仅能就母公司利益的受损提起诉讼，而不能就子公司的利益受损提起股东代表诉讼。股东代表诉讼原告必须是错误行为发生时的公司股东，并且在错误行为发生之时起直至诉讼终结期间，原告股东一直在公司持有股份。[1] 而股东双重代表诉讼的情形不符合该要求，要求股东持股的主要目的在于防止恶意购买诉讼，强调股东与公司之间的关联性，是对股东权利进行限制的规则。但是，这种观点依然是偏形式理性的，因为在商业实践中，作为不法行为人的董监高完全可以依据“事先策划”股份转

---

〔1〕 司晓森、董伟杰：《论股东代表诉讼》，载《河南省政法管理干部学院学报》2007年第2期。

移、股份交换的情况避开该要求，股东可能在根本不知情的情况下就同意进行公司合并、股份交换；在同意该决策后，便不再是子公司的股东，失去了诉权。这个规则属于容易被规避掉的要素。母公司股东无论是从一开始就不是子公司股东还是因为股份交换、公司合并的原因不再是子公司股东而变成母公司股东，都一直基于母子公司之间的控制关系而对子公司存在间接投资利益。这与通过购买受损害子公司的股份而成为代表诉讼的第三方是不一样的。此外，如果没有股东双重代表诉讼的制约，原公司可以通过反向设立母公司的行为，将自己变成子公司，从而逃避责任。

笔者认为，民法典时代不妨以更为开放的态势对待类推，类推本身就是扩张法律适用的一种法学方法。当然，在类推中，关键是把握类推适用中最重要的“最相类似”。

从制度目的看，上述情形的后果与公司法股东代表诉讼的制度目的是一致的。利用母子关联关系作为屏障牟取私利损害子公司利益已经成为一种惯用手法；而我国原本就缺乏关联公司中母公司中小股东权益救济的有效措施。股东代表诉讼原本就是在公司法涉及的母公司、子公司、高管、股东、债权人、侵权人等多数利益主体中，寻求突破公司法人格的屏障，通过保护公司的利益进而保护股东的利益，以维护应有的公司独立人格，维护市场的经济秩序。而股东双重代表诉讼的设立宗旨正是保护中小股东的利益，使公司免受不法行为人的损害。母公司股东提起股东双重代表诉讼的目的在于保护子公司利益，同时保护自己的间接利益。关联公司中，层层持股的公司架构给当前公司法带来挑战，而股东双重代表诉讼正是迎接此挑战，弥补当前《公司法》的盲点，更好地维护公司、股东利益；股东双重代表诉讼的引入可以有效地丰富中小股东的诉权，更好地保护中小股东的利益，能够有效激发公司活力，让更多人愿意投资公司，从而刺激市场经济。目前《公司法》对股东代表诉讼的规定存在不完善的地方，相关司法解释也不够周延，而股东双重代表诉讼制度具有其特有的制度优势，其具有补偿和震慑功能，丰富了中小股东的诉权，适应了公司法的价值需要。对于保护母公司中小股东利益、震慑不法行为人具有其不可替代的作用。因此股东双重代表诉讼在我国的确立构建具有其必要性。

从损害后果看，首先，在不法行为人利用公司法人格作为屏障侵害子公司利益、间接损害母公司利益的特定情形下，母公司所受到的损害属于间接损害，甚至有时候子公司损失的是商业机会，所以对于母公司的损失很难计算。这种情形与公司法股东代表诉讼公司利益受损的情形相似。其次，这种情形与公司法股东代表诉讼一样，也会对子公司债权人保护不周。公司利益并不能与股东利益等同，公司利益还包含债权人利益。如果由母公司提起诉讼，则会由母公司取得赔偿，母公司会事实上在债权人前面获得赔偿，这对子公司债权人和其他股东不公平，也有违破产法的深石原则。再次，在这种情况下，子公司并没有丧失诉权，会引发对不法行为人双重追诉的风险。最后，并不能实现维护子公司利益的目的。当母公司怠于起诉的时候，母公司股东针对母公司提起诉讼，诉讼救济的对象也是母公司的利益，承担诉讼结果的也是母公司的董事、监事和高管，并没有对子公司的不法行为人进行惩罚。从以上分析可以看出，由母公司股东针对母公司提起的股东代表诉讼不仅不能替代股东双重代表诉讼的地位，而且成为确立股东双重代表诉讼的有力佐证。

因此，在上述情形下，用整体形象的“最相类似”来分析，确实可以适用类推。在其他民商法均无类推规定情形下，《民法典》仅在合同编规定的类推制度也可以适用于商事关系中需要类推的情形。

（三）商事物权的可类推性探索

物权本应遵循物权法定原则，一般情况下也不可能对物权进行“类推”，《民法典》物权编所规定的“物”均是以典型民事关系为原型；但是，在复杂又多变的商事实践中，商事物权也可能存在某种类推适用的可能性。

1. 民商法不同视野中的“物”

法国商法学者指出，乍一看来，商法在财产方面的特殊性表现得并不很突出。商法仍然将财产区分为有形财产和无形权利、动产和不动产。但是，这些财产与权利所具有的意义大小与民法并不相同[1]。这是因为民法关注的是生活需要，所以民法中的物，更多的是存在意义；而商法要满足商主体

---

〔1〕［法］伊夫·居荣：《法国商法》（第1卷），罗结珍、赵海峰译，法律出版社2004年版，第701页。

的营利和营业需要，更侧重关注怎样让客体或标的物满足经商营业的需求，因此商法中的物，更多的是功能的意义。如果类比民法主体、客体的两大类型的规范群，那么民法之“物”的典型体现是物，而商法之物即是营业资产。

从比较法来看，不动产由于其稳定性以及流通的严格程序性，并不十分适合成为商法的主要客体或标的物。不少国家的商法就明确将不动产排除在商法领域之外，如德国商法认为不动产的居间不属于商事居间，我国商事居间的相当一部分却是不动产的居间。[1] 笔者认为，我国由于多年来实质商法的传统，加之民法对于客体制度以及物权制度的建构，包括动产与不动产的划分标准均不到位，[2] 因此还不能简单地将不动产排除在商法客体或标的物制度之外。区分民法与商法的“物”不宜用物的性质而只能凭借“物”之功能。民法之“物”与商法之“物”的功能存在较大差别。换句话说，当一个“物”按商法之营利动机来发挥其作用时，法律应当对这种特定的需求予以回应。这一类“物”就与民法将满足生活需求的物作为客体或标的物形成较为鲜明的差别。

商主体与营业资产也可以形成这种对应；营业资产在商法中的地位类似于民法中的“财产”或“物”，这就是一种将民法关于“物”的规定类推于商法营业资产的思维，也是本书所研讨的商事物权的可类推性。

营业资产的主要功能是用于经营获利，在这个意义上称其为“资本”最为贴切，因为资本是能够获得剩余价值的资产，近代工业化和资本主义的发展皆是资本及相关制度得以发展的后果。“正如高山顶上的湖泊所含有的势能可以被确认，然后被转化成动能一样，一幢房屋的潜在价值也能够被释放出来转换成活跃的资本。”资本是一个宏大的话题，资本通过书面表述而产生；这些书面表述包括所有权凭证、证券、合同及其他类似记录。它们所表述的是这幢房屋在经济和社会角度有价值的品质，而不是该房屋在外观上更

---

〔1〕 参见《德国商法典》第93条规定，对于所称交易以外的其他交易的媒介，特别是对于关于不动产的交易的媒介，即使由商事居间人进行媒介，仍不适用本章的规定。

〔2〕 我国比较习惯从物理形态上划分动产和不动产，但法国对动产和不动产的划分是从法律的适用角度，除物理形态的划分外，不动产的使用收益权、地役权或土地使用权等为不动产，债权及商业公司和工业公司的股权等为动产。

引人注目的物理特性……当你关注房屋的产权而不是关注房屋本身时，你已经自动地从物质世界踏进了资本主义所生存的概念性空间〔1〕。资本的含义可以有千万种解释，但在商法中，营业资产的本质即为用于营利的资本；与资本一样，营业资产不仅有构成元素的多元化，而且看重这些元素的组合。营业资产是商主体从事经营活动、开展各类商行为的物质支撑，因而它的内涵与客体意义的营业和企业是一致的，均可以全部或部分转让、出租、设定抵押等。它们的区分是不明显的，笔者也认为遵循现有的术语使用习惯即可，不需要机械地进行概念的区分。

2. 营业资产在构成上的包容性和多元性，可以归类为民法上的集合物

民法上的物多为单一物。但商法中的物在构成上则呈现多元性。营业资产是商主体用于经营的全部资产，它们可以通过商事账簿加以确定，可以用货币形式体现，并与商主体的其他财产，包括商主体的设立人的个人财产加以区分。营业资产在构成上具有极大的包容性，所有可以用于产生价值的因素均可以作为营业资产，它是一种典型的目的财产，即为经营和获取利润的财产。例如法国商法学者指出，商事营业资产这个概念的作用主要是保持和发展商主体的“顾客群体”；商事营业资产主要包括租约权、商号招牌、商业字号、物资与商品。商事营业资产也可以作为一种实物出资的形式。〔2〕营业资产在构成上非常丰富，除了可以包括民法惯常的动产和不动产、有形物和无形物，还有很多在民法看来难以成为客体或标的物，如顾客群体或顾客名单。营业资产既包含积极意义的各种财产、权利，也可能包含负债，甚至还可以包含人的知识、经验、能力。从这种构成的多元性看，营业资产也可以称为“资产”，因为资产在本质上是指具有经济意义的财产，只要具有经济价值即可作为资产，并不受民法“动产与不动产”“物与权利”这样固定类型的束缚。因而在我国使用“资产”这个术语，可能更为强调资产在构成上的多元性；而“营业资产”则更突出资产的功能性。又如《企业破产法》第2条规定的“资产不足以清偿全部债务”，其中“资产”就是指营业

〔1〕［秘鲁］赫尔南多·德·索托：《资本的秘密》，王晓冬译，江苏人民出版社2001年版，第41页。

〔2〕［法］伊夫·居荣：《法国商法》（第1卷），罗结珍、赵海峰译，法律出版社2004年版，第101页。

资产。“资产”这个术语本身就包含广泛的子类型，如按所有制区分就有“国有资产”“集体资产”，此外还有民商法规定的企业资产以及行政法规定的行政事业单位资产；按资产形态区分为“有形资产”和“无形资产”；按资产的构成区分为“总资产”“净资产”“负资产”（负债）；按资产的运作方式区分为资产重组、资产转让、资产剥离；按资产与投资人的关系区分为投资人出资的资产和商主体经营积累的资产；按资产的变动原因区分为营业中的正常变动，商主体合并分立导致的资产合并、分立以及商主体人格消灭导致的资产变动等。我国的商事账簿制度中的资产负债表基本都是按照资产的类型予以明细核算，包括固定资产、流动资产、无形资产和其他长期资产等。“资产”有如此多的子类型，一方面说明了资产运用的广泛性，另一方面说明了资产内涵的包容性；而“营业资产”与“资产”的区别并不明显。如果我们将“营业资产”按民法中的“物”来对待，则其与民法上集合物的概念非常相近。

营业资产，其构成既包括积极意义的财产（如各种不动产和动产），也包括消极意义的财产（如债务）；既包括有形财产，也包括无形财产（如各类债权、工业产权以及人力资源等）。营业资产不仅强调其构成的多元性和包容性，还如同结构主义理论所强调的“整体性”那样，组成整体的每个部分都处于一个关系网络中，在此网络中，各要素呈差序格局，即具有内部的差异性，每个要素的意义只有依赖其与其他要素的关系才能解读。在任何情境里、一种因素的本质就其本身而言是没有意义的，它的意义事实上由它和既定情境中的其他因素之间的关系所决定。[1] 因此，组成营业资产的各个要素如果简单地堆积在一起，并不能产生盈利的效果，或者同样的物质要素也不一定产生同样的盈利效果，各个营业资产的“集合”，包括有形物与有形物之集合、有形物与无形物之集合、无形物与无形物之集合等，因这种“集合”本身又迸发出新的、产生更多盈利的新能量。这或许就是营业资产能够产生民法财产制度所不具备的剩余价值或盈利的根本原因所在，具体如下。

第一，营业资产符合集合物的构成要素。所谓集合物，是多数物的集

〔1〕 朱国华：《继承与断裂：布迪厄的哲学思想渊源》，载《现代哲学》2003 年第4 期。

合，但各物仍旧保持其独立的存在。集合物与单一物形成一组相并列的物的分类，还有不少学者习惯将单一物、结合物和集合物三者放在一组，不过严格来说，其实结合物也属于单一物。物权的客体原则上必须是独立之物。在现代各国的立法中，因为不动产和动产在权利的取得方式、转让的形式要件、公示的方法等方面存在很多差别，所以才对物的这种分类格外关注。然而“物”这个概念，自起源时就是一个具有多维性含义的术语。对物的类型化研究相当重要。学者指出，罗马法中有三种物的分类标准：一是按物的性质，将物分为有体物和无体物、动产和不动产、消费物和不消费物、可分物和不可分物以及替代物和不可替代物；二是按物之用途，将物分为融通物和不融通物、特定物和不特定物、单一物和集合物以及主物和从物；三是按物之移转方式，将物分为要式移转物和略式移转物。〔1〕 罗马法关于对物所作的种种分类对后世影响深远，具有稳定性和权威性。现代民法虽然删繁就简，灵活适应了发展变化的经济条件而推出新的物的分类，但关于物的分类种种无不与罗马物权法立法观念一脉相承。〔2〕 作为主体对立面的物的丰富性和复杂性，要求立法承认物的分类的多样性。例如，在特别注重动产和不动产区分的《德国民法典》中，即使不动产和动产是最重要的物的类别，也存在动物、代替物、消费物、从物、孳息等法定概念。因此，不动产和动产这种分类虽然重要，但不能作为唯一的立法分类，物的其他分类也因各有意义而应当得到立法的认可。准确地说，物可以包括“不动产和动产”；但物绝对不能以“不动产和动产”为限。这一点或许在应对简单商品交易的民法中并不重要，但在应对复杂市场交易的民法中相当重要。如果我们说民法中的物以单一物为原型或典型，相关物权的规则基本建立在单一物上，那么商法则将集合物作为对单一物的补充并形成自己的规则。

第二，营业资产具备集合物应有的独立性和特定性。集合物虽然是多数物的集合，但集合物本身是独立的物。所谓独立，也就是指物应当有个体的性格，这种个体的性格，并非靠人们对物性质的认识，而是应当由交易观念及当事人意思决定。〔3〕 史尚宽先生还以“物的结合”来介绍集合物：如同

---

〔1〕 陈朝璧：《罗马法原理》，法律出版社 2006 年版，第 74—85 页。
〔2〕 谢邦宇主编：《罗马法》，北京大学出版社 1990 年版，第 165—171 页。
〔3〕 史尚宽：《物权法论》，中国政法大学出版社 2000 年版，第 9 页。

个人相结合组织各种团体，而物亦互相结合，构成客体的组织。从而法律就主体把握个人之团体组织，予以适当法律规定（例如法人），同样就客体之物，为把握其结合体，以之为一体而为规定……原来物之本质，为有法律的排他的支配可能性之生活资料，在今日经济上为一体之集合物，法律上认之为一体，正适合于目的，而非物权法之公示原则。[1] 可见，集合物作为民法中“物”的一种，也具备物所要求的、与其他物相区分的独立性和特定性，依此独立性和特定性，既能够与其他物相区分，也能够使集合物成为物权的客体或者标的物。营业资产符合集合物应有的独立性和特定性。独立、特定的营业资产是商主体独立商事人格的支撑。营业资产由投资人的出资和经营积累构成。在出资这个环节上，任何一类商事主体的设立都需要由投资人履行其出资义务。例如，我国《公司法》规定了股东出资义务的履行对象是公司，如果股东出资违约，不仅其他股东可以追究其违约责任，而且公司有权要求该股东继续履行。又如，《合伙企业法》第 16 条和第 17 条规定了普通合伙人对合伙企业的出资义务；第 20 条特别规定，合伙人的出资、以合伙企业名义取得的收益和依法取得的其他财产，均为合伙企业的财产。再如，《个人独资企业法》第 8 条也规定有投资人申报的出资是个人独资企业设立的条件。通过商事登记和商事账簿，这些出资以及经营积累就具有了独立性和特定性，能够与投资人的其他财产以及商主体中商业使用人的个人财产相区别。

第三，营业资产也符合集合物具体构成要素的包容性。集合物可以分为事实上的集合物和法律上的集合物。事实上的集合物，是指由多数有体物组成的集合物，如图书馆；法律上的集合物，则是由有体物和无体物组成，各物虽不一定实际结合为一体，但在法律上被视为一体，典型的如遗产、嫁妆和家属等的特有财产。法律上的集合物还可以包含债务。例如罗马法中的继承是概括继承，继承人不仅取得财产，而且应当对死者的债务负责，即使这些债务超过了遗产的盈额；甚至于遗产可以只表现为债务，这在当时被法学家称为“损益遗产”。[2] 但遗产的具体构成均不影响遗产作为财产和集合物

---

〔1〕 史尚宽：《民法总论》，中国政法大学出版社 2000 年版，第 269—271 页。

〔2〕［意］彼德罗·彭梵得：《罗马法教科书》，黄风译，中国政法大学出版社 1992 年版，第 142 页。

的性质。此外，集合物组成部分的变化也不影响集合物在法律上的稳定性。罗马人认为，正如更换一艘船上的木板不会改变这艘船在法律上的地位，或者把某个兵团的士兵全部换掉但这个兵团依然存在；就集合物而言，即使物的组成部分被更换了，但所组成的集合物本身作为独立物依旧保持不变。[1]而营业资产在构成上高度符合法律上的集合物特征。从营业资产的构成看，它由各种用于经营的物和权利组成，包括土地、建筑物、构筑物、器材、原材料、产品、请求权、债务以及表明企业独有特征的权利、产品、工作和服务的权利（商品、名称、商标、服务商标）和其他专有权利。这些资产构成要素所具有的特点使营业资产与罗马法中的“法律上的聚合物”或“集合物”相似。英美商法学者指出，经营资产可以通过多种形式存在，包括有形资产和无形资产，其对于保障企业经营活动的进行和增加企业贷款能力具有十分重要的作用。有形（或有体）财产包括土地和能够从物质上进行占有的货物，则其可以以实际转让的形式获得；而无形（或非物质的）财产权则是通过对所有人的权利进行执行而实现的。无形财产可以进行转让和流通……经营资产还包括保险单、债权以及所有种类的知识产权。[2]

第四，营业资产在适用法律关系时的“总分结合”。营业资产既可以在整体上适用同一法律关系，其构成要素则也可以各个适用相应的法律关系，这就是一种“总分结合”的状态。从立法层面看，目前有些国家的民法典对集合物有比较清楚的规定，如《葡萄牙民法典》第206条规定：“属同一人及只有单一用途，且实际上为独立之多个动产，视为合成物或事实之集合。自称集合物之单独物，得各自成为法律关系之标的。”集合物具有的整体性为其适用同一法律关系提供了前提。罗马法学家曾指出，集合物是为了适应因受同一法律关系之支配，而视为一物之单位也[3]。也就是说，对集合物存在一体成为某一类法律关系客体的立法需要。传统民法中的所有权客体虽只能是单一物或合成物，但集合物具备不论具体构成的特定性和独立性，这

---

〔1〕 Geoffrey Samuel, *Are Property Rights So Simple In Europe?*, in Paul Jackson, David C Wilde eds., Property Law: Current Issues and Debates, London: Ashgate Dartmouth, 2000, p. 175.

〔2〕［美］斯蒂芬·加奇：《商法》，屈广清、陈小云译，中国政法大学出版社2004年版，第315—316页。

〔3〕 陈朝璧：《罗马法原理》，法律出版社2006年版，第74页。

就使集合物本身作为独立物成为物权，包括所有权的客体以及其他债权性法律关系的标的物都具备了可行性。但同时，集合物的各个构成元素也可以各自适用自己的法律关系。应当说，集合物上整体成立的法律关系与作为其构成元素的有体物或特定物上的法律关系并行不悖，即使是集合物上成立的所有权与其构成元素中有体物或特定物上的所有权，也没有违反“一物一权”原则，因为这两种所有权针对的是不同的客体：前者为集合物，后者为具体的有体物或特定物。此时构成集合物之个个之物，一面为独立之物，他面为全体之构成。〔1〕集合物与其组成元素的这种关系深刻体现了作为哲学范畴的整体与部分之间的辩证关系。因此，在说明集合物整体意义的归属时，集合物本身既可以成为物权的客体，成立所有权以及其他物权的客体，也当然可以成立债权性法律关系的标的物。而营业资产作为集合物显然既能在整体上适用某些法律关系，也可以就其各个具体构成要素成立自己的法律关系。

3. 营业资产可以类推适用《民法典》物权编关于物之归属的相关规则

营业资产具有集合物的鲜明的功能性即营业与盈利。前已述及，单一物、合成物和集合物得以区分的标准并不是物的性质，也不是表面看来的“物的组成”，而是物的用途或功能。具备独立性和整体性的集合物，正是由于要发挥某种功能，才需要适用“同一法律关系”；如果没有这种功能发挥的必要性，我们就无须使用集合物这个概念。因此，集合物的用途或功能本身，就是其独立和最重要的法律价值所在。物作为客体为人所用，本身是物的基本属性。随着资源的紧缺和人类经济、社会生活的复杂化，物的用途或功能正被人类日益开发。单一物、合成物的特定功能自不待言，而多元化要素构成的集合物的整体性功能也被人类逐渐认可。作为集合物的营业资产，之所以能够成为物权的客体和标的物，就是因为它所具有的“营业”这个特定的功能；也恰是因为集合物本身所包含的各个构成要素之组合，会远远大于各个要素价值的简单相加，即“整体作战”优于“散兵游勇”，〔2〕营业资产单个构成要素有各自的价值，各个构成要素的组合则会发挥独有的功能

〔1〕 史尚宽：《物权法论》，中国政法大学出版社 2000 年版，第 9 页。

〔2〕 常鹏翱：《物权法的展开与反思》，法律出版社 2007 年版，第 61 页。

性。例如，积极意义的各类财产，如动产、不动产、工业产权、债权等，作为营业资产的组成部分并无疑义，在集合物构成包容性的前提下，债务这类消极意义的财产也可以成为营业资产的构成要素。就民事主体而言，负担债务意味着要承担履行的义务，很可能要用自己的全部财产来承担清偿责任；但就商事主体而言，负担债务虽然也须履行，但负债就商主体而言并非全部是不利益。相反，如果营业资产中有着合理的负债比例，恰恰说明该商主体具有一定的融资能力、信用能力，并且意味着它有更多的商业机会和交易伙伴，因而负债作为营业资产的构成要素从营业资产的功能性角度看恰恰是商法中“物”的特色所在。

所以，集合物的意义非常重要，它至少提示我们在看待我们熟悉的诸如“物”这类概念时，多元化的角度远比单一的角度更为客观。值得注意的是，单一物、合成物和集合物的划分其实与物的其他分类一样，都有自己特定的意义。只是由于大陆法系长期以来的抽象涵摄思维对主体把握客体时意思能力的推崇，像“有体物”这样颇有抽象韵味、突出支配意义的概念才得到相当重视；其他物的分类虽然在立法上也有所体现，却没有得到应有的重视。

“营业”这个术语在商法中的使用颇多。从当前我国的商法研究现状来看，不少学者在对“营业”的研究方面颇有建树。如有学者指出，在财产法的发展沿革中，有一个基本的脉络往往不为人们所重视，即凡是具有商业利用价值的事物，都有可能成为交易的客体。据此，作为客体的客观营业，其内在的本质属性并非财产或财产的集合，而是各种营业要素的集合所蕴含的营利能力。〔1〕界定法律上“商”之内涵即为“营利能力的构建和营利能力的利用的完整过程”，营业关系所具有的包容性将使得现代商法形成内在逻辑严密的理论体系和法律体系，而在营业的基础上也可以形成现代商法应有的原则，包括营业自由、营业效率和营业安全。〔2〕商法需要多元化的研究视角，“营业”不仅是本书所研讨的商行为的构成要素，而且是商法最基本的术语之一。学者主张以“营业”为核心来构建商法体系与主张以“物”

〔1〕柯昌辉：《罗马法的历史局限与新世纪中国商法典编纂的新思路》，载王保树主编：《中国商法年刊》（2015 年），法律出版社 2015 年版，第 248 页。

〔2〕柯昌辉：《罗马法的历史局限与新世纪中国商法典编纂的新思路》，载王保树主编：《中国商法年刊》（2015 年），法律出版社 2015 年版，第 248—249 页。

来构建民法体系有相似之处，均是立足客体视角把握相关法律关系。同理，若主张以“商人”“企业主”“经营者”为视角把握相关商事法律关系，则是以商主体为视角。我国的立法中已经使用“营业转让”这一术语，例如我国《企业破产法》第69条规定，如果管理人转让全部库存或者营业的转让，应报告债权人委员会。该条文虽然没有解释何谓“营业的转让”，但“营业的转让”显然属于“规范的事实类型”，即使没有立法解释，实践中也不会有什么问题。

用于经营的资产与个人资产进行的“分割”，使营业资产产生了民法上的归属问题。对于营业资产的所有权归属，还应当说明以下几点。

第一，营业资产属于投资人所有。投资人投资设立商主体，其财产只是因所负担的营业功能转换为营业资产。如果投资设立的是商个人，商个人拥有的营业资产当然属于投资人个人所有。如果投资设立的是合伙企业，按照合伙制的要求，各个合伙人按照合伙协议或出资份额享有对合伙企业的控制权，合伙企业的营业资产属于各个合伙人共有。而在投资设立公司时，学界曾有不少关于营业资产究竟是属于公司所有还是属于投资人所有的争论。如今看来，这种争论并无太大的价值。即使公司作为独立法人，要管领全部的公司资产，这种归属也并非最终归属意义上的所有权，而是具有过渡性、中介性的所有权。因此，论及营业资产的所有权归属，其实向我们展示了一个立体的所有权结构：在第一层面，公司拥有营业资产的所有权，并按公司的意思支配这些营业资产；在第二层面，投资人拥有营业资产的所有权，但不能支配，投资就意味着以丧失对营业资产的控制获取营业资产的增值收益——这就是营业资产的功能所在。这种立体的所有权结构就商法而言并非另类，在委托经营、信托等多种资产经营管理模式中都非常常见。

第二，营业资产由多个出资者出资设立，归全体出资者按份共有。民法上的按份共有是指数人按照事先确定的份额对同一物享有所有权的共有形式，也称分别共有。从原理上讲，按份共有是各共有人各享有一定份额的所有权，是就其应有部分享有所有权。按份共有中各共有人的应有份额，是指权利的应有部分，即将所有权的全部内容进行量的分割后，由各共有人享有的部分，而不是指共有物的某一部分。每个共有人享有的应有部分是抽象的，而不是具体的，它不是共有物在量上的分割；应有部分抽象地存在于共有物的全部，而不是局限于共有物的特定部分。[1] 因此，投资人应有份额应依出资份额确定。鉴于营业资产的功能在于经营牟利，并形成对债权人的一般担保，因此投资人完成出资后应维护营业资产的功能性，故不得抽回出资，更不能损害营业资产。只有在公司经营活动终止时，各股东才享有剩余财产取回权；在公司经营期间，股东对于共有物——企业并不享有“随时请求分割”共有物的权利。同时，投资人虽然不能享有随时请求分割营业资产的权利，但对于自己的所有权份额有权进行转让或处分，从而能实现自己“应有部分”的利益。按照按份共有的一般原理，某一共有人出售其份额时，其他共有人在同等条件下有优先购买权。这在合伙企业和有限责任公司中已经成为惯例；而在股份公司中，尤其是上市公司中则开辟了一块股份自由交易的新领域，但这只是商法对民法按份共有份额出让规则的修正，并不能否定股东按份共有公司财产。

第三，投资人对营业资产享有的所有权有赖于所有权的抽象化。所有权从来不具有唯一的表现形式。马克思早已指出，在每个历史时代所有权以不同的方式、在完全不同的社会关系下面发展着。因此，给资产阶级的所有权下定义不外乎是把资产阶级生产的全部生产关系描述一番。要想把所有权作为一种独立的关系、一种特殊的范畴、一种抽象的和永恒的观念来下定义，这只能是形而上学或法学的幻想。[2] 传统罗马法的个人所有权需要对有体物进行直接和排他性的支配，因此还是一项具体的所有权。但是所有权在西方一直有着相当重要的作用，其发展也是灵活多变并能不断适应新的时代要求。由于资产阶级革命的胜利，对个人主义的所有权民法保护非常突出，所有权成为一种法律所认可和保护的“权利”；所有权也不再需要对物的实际支配来证明和确保。作为法律上权利的所有权，也就意味着它可以脱离对客体物的支配而存在。这就使所有权具有了独立化、纯粹化、抽象化的特点。换言之，实际对物占有者未必有所有权，而离开了实际直接占有的所有权同样可以成立。抽象化的所有权同样会得到立法的承认和保护。当广泛和正规的所有权制度成为西方法律制度中的固定组成部分之后，大多数西方人就掌

---

〔1〕 余能斌主编：《民法学》，中国人民公安大学出版社、人民法院出版社 2003 年版，第 338—339 页。

〔2〕《马克思恩格斯选集》（第一卷），人民出版社 1972 年版，第 144 页。

握了攀上概念性空间的阶梯，能够从中发现资产的经济含义并创造出资本。[1] 由于法律的保护，所有权人便可以放心地将自己的所有物投资于商事经营。这对于完成营业资产之功能，发挥所有权法律制度的潜能产生了巨大的推进作用。

因此，笔者认为，商法中营业资产作为所有权之客体，使得现代财产权利制度变得更为丰富。企业是有收益的，而且企业的目的也在于取得收益……法律关于物的孳息的规定可以比照适用于一个企业的收益。这里可以把一个企业和一块农业用地进行比较。如果企业的收益是由企业主自己得到，那么企业的收益是企业的直接的孳息；如果企业主把企业租了出去，那么企业的租金就属于企业的非直接的孳息。从承租人处所得到的收益属于源于租赁权的孳息。[2] 可见，民法视角下，客体意义上的企业或营业资产是完全可以等同于民法的特定物的。而商法视角下，这一“物”之观念也极为必要。所有权本身是抽象化的权利，商法中的所有权更不需要像民法那样凭借占有来宣示，在现实世界中即使是不可分割的整体的资产，在概念化的空间里，也能够被分成任意数量的部分，所以归股东所有的营业资产，就能够方便地被分为若干股份，由不同股东按份所有。即使有部分股东放弃了自己的所有权，这种放弃实际上也仅是将自己的股份转让给新的股东，并不影响营业资产的独立和稳定，也不影响股东作为整体对营业资产的所有权。而股份作为资产的代表，还可以实现证券化，更提升了权利本身的抽象化和法律保障的必要性。

4. 营业资产可以类推适用《民法典》的责任财产制度

民事责任本身是对民事行为予以规制的事后措施。从民事责任角度看，商主体以营业资产来承担商行为的民事责任，商主体的具体类型无论是商法人、商合伙还是商个人，在需要以营业资产承担商行为的民事责任方面都并无不同，只是商主体的具体类型不同，出资人的责任不同，从这个意义上看，营业资产其实就是民法中的“责任财产”。在破产的情形下，因营业能力丧失，资产不得再用于营业，责任财产的意义可能转换为债务人财产、破

---

〔1〕［秘鲁］赫尔南多·德·索托：《资本的秘密》，王晓冬译，江苏人民出版社 2001 年版，第 37 页。

〔2〕［德］卡尔·拉伦茨：《德国民法通论》，谢怀栻等译，法律出版社 2003 年版，第 407 页。

产财产。但在正常的经营中，营业资产就是责任财产。这两个术语均是从功能角度介绍的，但营业资产强调营业之功能，责任财产强调民事责任的一般担保之目的，二者在不同场合有不同的应用。并且我国的相关民商事立法，均较为强调商主体营业资产用作债权的一般担保的功能。营业资产出资使营业资产成为商事主体人格的载体，也就是“责任财产”。

在传统民法看来，所有权的客体是特定物。确权是流转的前提和归宿。笔者认为，确立营业资产，最直接的意义在于从商法上得以确证营业资产属于投资人所有，是投资人所有权的客体。不同商事主体的组织形式——独资、合伙和公司，其区别在于出资者对于商事主体的控制方式不同，也使得不同的组织形式是否享有法人资格和出资者的责任有所不同，但在投资人拥有营业资产所有权方面并无差别。此处以公司为例探讨营业资产作为公司股东所有权客体的可行性。

营业资产作为投资人所有权的客体，完全是一个历史演进的结果。在这个历史过程中，投资人自身的人格与营业资产的分离起了决定性的作用。换个角度看，这个过程也就是商主体人格与营业资产渐次分离的结果。这种分离，从主体角度看，是逐步确立起了商主体的独立、抽象的人格，进而得与民事主体、商事主体的投资人相区分；从客体角度看，则是营业资产成为法律上独立物的过程。营业资产作为所有权的客体所面临的问题，远比房屋、汽车、书籍这些民法上传统“物”的归属要复杂得多。但是，商主体的独立人格来源于其营业资产的独立性。例如，作为典型商主体的公司作为一种团体人格，其人格的存在需要一定的事实基础，即存在人和财产的集合：人的集合形成人之集合体即社团；财产之集合形成营业资产，其中以财产的集合最具社会生活实践意义。〔1〕 用于经营和牟利的财产在历史早期与经营者个人的财产不加区分，后来随着经营形式的变化，才使供经营需要的企业有了自身的独立性。

最早从事经营活动的单位，无论在东方还是西方，都是家族。商人子弟先是可靠的伙计，其后则成为其父亲的合伙人。因此，商业实践早期的“家

〔1〕 丁亮华：《公司法律地位研究》，载梁慧星主编：《民商法论丛》（第29卷），法律出版社2004年版，第145页。

什”，与营业资产是不分的。后来，一方面由于家族以外其他人的加入，另一方面由于货币计算单位的确定化与便捷化，营业资产作为经营性财产与“家什”的区分成为必要和可能。〔1〕例如中世纪欧洲，为了逃避教会禁止放债生利，即产生了一种合伙制（又叫合资制）。这样的一个团体没有什么需要服从上帝的“灵魂”，因此，一个人怯于教会惩罚而不敢做的许多事，合伙却可以公然行之。这种通常以“委托”形式出现的合伙制，除了能逃避高利贷的禁令，还为商业冒险开创了另一块用武之地；它把那些囊中充盈，然而对商业事务几乎一窍不通或极不热衷的人都聚拢到一起。〔2〕早期合伙的家族封闭性因此便被打破了。最初这种组织是暂时的，即我们熟悉的“康孟达”（commenda）。而持续进行某种业务则逐渐导向一种常设的经营组织。非家族成员加入经营使家族内部的财产划分无法避免，尤其当某家族较多地运用外人的资本进行经营时，精确的计算更是非常必要。当一定额度的资金划拨作为营业资产，以确定的货币计算反映在商业账簿上时，营业收支就必须与家庭收支及私人收支划分开来。〔3〕因此“家什”与营业资产逐渐分离即实现了所谓的“资产分割”。在欧洲历史上，将组织成员的私有财产与商业组织的特别财产划分开，最初可见于14世纪初的佛罗伦萨；一个世纪后欧洲北部也非常流行这种财产的划分。〔4〕韦伯对此总结道：在所有这些情况下，典型可见的是，兄弟关系为商业关系所驱逐，身份契约为目的契约所取代，不过，在法律技术上以合于目的的做法，维持全体为一个清楚分隔开来的权利主体，并且使共同拥有的财产（与成员的财产）分离出来。〔5〕独立财产制度一旦与社团法人制度相结合，就迸发出了无限的商业创造力。因为社团法人是把许多人的组合看作一个单个的“人”，像学校、市镇等都在

〔1〕［德］马克斯·韦伯：《经济与历史；支配的类型》，康乐等译，广西师范大学出版社2004年版，第130—132页。

〔2〕［美］詹姆斯·W. 汤普逊：《中世纪晚期欧洲经济社会史》，徐家玲译，商务印书馆1992年版，第599页。

〔3〕［德］马克斯·韦伯：《经济与历史；支配的类型》，康乐等译，广西师范大学出版社2004年版，第133页。

〔4〕［德］马克斯·韦伯：《经济与历史；支配的类型》，康乐等译，广西师范大学出版社2004年版，第133页。

〔5〕［德］马克斯·韦伯：《法律社会学》，康乐等译，广西师范大学出版社2005年版，第106页。

法律上被看作一个独立的“人”，能够作为一个实体独立地起诉和应诉。

在商法上，经由“资产分割”形成的营业资产，有以下三点意义。

第一，营业资产是商事主体人格的事实构成要素。商事人格是一种经济上的特殊待遇，并不能普及适用于所有的人，商主体人格的获取主要基于设立人投资设立营业资产。民事主体与商事主体的显著区别就在于后者拥有可供营利和营业的资产。在这个意义上，“无财产即无商事人格”绝对是正确的。

第二，商主体的营业资产具有“资产分割”的效能。“资产分割”，即将商主体投资人以及商业使用人的个人财产与商主体的财产进行法律上和事实上的区分。因此，典型商主体，如有限责任公司和股份有限公司，其所拥有的营业资产也是其责任财产；公司设立人的个人债务，不能用营业资产来承担；公司设立人除负有依约出资从而成就公司最初的营业资产外，对公司不再承担任何积极的作为义务，包括不对公司的债务承担清偿责任。公司法上的“有限责任”其实就是资产分割概念的转换。[1]

第三，营业资产是商主体资信的判断依据。对债权人和社会公众来说，商主体的营业资产是其资信程度的判断依据。传统商法中的公司有资合公司和人合公司之分，资合公司以公司所拥有的营业资产作为信用标志；人合公司同样以人对于营业资产的运用能力作为判断标准。营业资产越大，资信程度越高。例如，在资产分割完成以前，为了提供给债权人信赖，主要采用维持大家族共同体和家族成员或投资人承担连带责任的方式；但资产分割使营业资产成为商人信用的可靠判断依据，营业资产的独立化则使公司的资产成为有效建立信用、且比任何其他方式更持久的方式[2]。若抽丝剥茧，脱取公司法之包装，即会发现资产分割是商业组织的核心法则，更是公司法制的核心法则。但资产分割不论程度如何，皆必须通过法律强制性贯彻，因为其既是一个制度的核心，即不容变更。[3] 当代公司法中的资本制度，更是将公司的营业资产与股东的财产进行了清晰的区分，使公司的营业资产成为公

---

〔1〕 王文宇：《公司法论》，中国政法大学出版社 2004 年版，第 8 页。

〔2〕［德］马克斯·韦伯：《经济与历史；支配的类型》，康乐等译，广西师范大学出版社 2004 年版，第 133 页。

〔3〕 王文宇：《公司法论》，中国政法大学出版社 2004 年版，第 9 页。

司对债权人的责任财产，而股东则以投资为限承担有限责任。这样，公司的责任与股东的责任相互独立，股东的有限责任更发挥了通过减少风险来激励投资的重大历史作用，公司便成为吸引力最强的商业组织形式。

5. 营业资产的转让类推适用《民法典》有关债权债务转让的规则

既然营业资产是商法中投资人所有权的客体，那么营业资产也可以如同其他民法中的物一样进行买卖，这就是营业资产的转让。营业资产转让的内涵也常常被表达为企业转让、营业转让或企业出售，是投资人将其营业资产转让给他人，受让人可能继续保有原营业内容、商业名称以及维系客户关系等。营业资产的转让既可以是全部转让，也可以是部分转让。有判决指出，公司的全部资产（包括经营权）的转让亦称营业转让或者企业出售，是一种特殊的买卖行为，是为了实现一定的营业目的而被组织化且作为一个有机整体发挥作用的财产转让，受让公司继承该营业获得，转让公司受让对价转为公司责任财产。[1] 这种转让可以防止投资人在无法继续维持营业时解散营业，因而是一种商事营业维持的方法。同时，营业资产的转让也可以发挥出资产构成诸多要素之“集合”的特殊价值，为投资人带来更多的收益。

营业资产的转让，既是债权性质的法律行为，需要有当事人对营业转让的明确的意思表示，也是一种典型的双方商行为，需要出让人和受让人签订转让合同，在合同类型上比较类似于买卖，因而在不少规则方面与买卖合同相同。例如，出让人不仅负有营业资产的交付义务，还承担营业资产的瑕疵担保责任，受让人应当支付约定的对价，并按约定接受营业资产。但因为营业资产转让标的物较为特殊，所以营业资产的转让还具有一些较有商法特色的法律规则。遗憾的是，我国当前的商事立法中既没有明确营业转让法律事实的独立性，也没有确立营业转让的应有规则，实践中大量的营业资产转让以“资产转让”“资产重组”的形式出现，适用的是《民法典》合同编中合同的概括承受规则，对营业转让之特性有所忽略。未来营业转让的应有规则具体应当包括如下内容。

一是营业资产的价值应当进行评估作价。营业资产是营业转让的标的物，如果当事人对其转让价格并无争议自然应当尊重其意思或者遵照交易习

---

〔1〕 参见江苏省南京市中级人民法院（2015）宁商终字第1412号民事判决书。

惯。但一般情况下，当营业资产转让时，资产的价值需要进行评估作价。规范的评估作价需要按照一定的会计准则进行，营业资产转让的价格应当在评估作价的基础上拟定。

二是营业资产的交付按资产的不同类型分别进行。由于营业资产在构成方面的多元性和包容性，营业资产的交付无法在整体上完成，而是需要按资产的具体类型个别进行。对于营业资产中的动产，适用民法动产的交付方法；对于营业资产中的不动产，则按民法不动产的交付方法；对于营业资产中的权利以及其他无形资产，也应当按照权利转让的具体方法，比如商标权、专利权、股权、债权、债务等，相应地均有各自的转让方法。

三是营业资产的出让人承担竞业禁止义务。这是传统商法按照诚实信用原则要求营业资产出让人必须承担的义务，即转让营业资产时，当事人如果无另外的意思表示，则在营业资产出让的一定地区和一定年限内，当事人不得从事同一营业。该义务的理论依据是营业资产担负着“营业”功能，出让人将其转让也就将自己原先的营业主身份一起转让给了受让人，因而自己不能再从事该营业。[1]

四是营业资产转让对相关当事人的法律效力。这是营业转让中我国相关立法最为薄弱之处，《民法典》合同编中的并存的债务承担可以考虑应用。未来我们应明确规定由受让人承担转让前的营业债务较为适宜。这是因为营业资产构成要素中的债务，是作为商主体在营业活动中应当承担的债务，遵循债随物走之原则，该债务仍是该商主体的债务，仍属商事营业资产的构成部分；因而营业受让人理应承受包括债务在内的各种资产类型。

五是应当借鉴我国《公司法》中公司分立合并中对债权人利益保护的程序性规则，在当事人签订营业转让合同、办理相关变更登记之前再增加一个通知公告程序，即向债权人通知和公告营业资产的转让事宜。通知即向债权人告知转让事宜，公告应当在企业所在地的地市级报刊上发布，公告的内容包括企业转让前债权债务的承担方法、期限等。在债权人就债务承担与转让人或受让人达成协议后，方能办理转让登记。程序性规则在其他国家和地区较为普遍。

---

〔1〕 王保树：《商法总论》，清华大学出版社 2007 年版，第 187 页。

五、本章小结

类推适用的法学方法论依据是类型化思维。从类型化方法来看，所有的法律适用其实都是类推，类推是寻找事物本质的“最相类似”。由于《民法典》的立法容量有限，商事实践却丰富且具体，商事主体在利益的驱动下会设计各种新的交易模式，所以在民法典时代商事关系的法律适用中，必然会遇到《民法典》没有规定的情形，这种“法律没有规定”适用“最相类似”的情形就是类推适用。类推适用必须有清晰的法律限制，以防陷入司法擅断和不公。类推适用只能在有法律漏洞时才可以运用，必须按照“最相类似”进行判断。而“最相类似”又需要结合法律制度的目的分析，在制度的目的相同之下方可进行类推；要考虑法律原则的相似性，即同种原则同种情形；要确保行为性质类似，只有行为性质类似才有类推的前提；法律类推适用还必须衡量相应的法律后果，后果要相当才可以进行类推。类推适用需要在商事实践中检验其合理性和应然性。类推适用在商事实践中有广阔的适用空间，行政协议、商事关系以及商事物权制度，都可以运用类推适用的规则，从而为商法规则的丰富提供有力的法学方法支持。

第八章　民法制度被商事关系当事人规避

法律规避，是指商事关系当事人出于各种目的而有意识避开法律制度的适用。法律规避是法律适用中一类非常有趣的现象，是法律适用中的“逆向选择”。在商事实践中大量存在这种现象，例如各种抽屉协议、黑白合同、“名为买卖/信托/典当，实为借贷”等。《民法典》第146条第2款的规定本意就是解决这类问题。然而该条款所指隐藏法律行为的效力“依照有关法律规定处理”是一个援引性规则，目前在很多情况下仍缺乏可援引的相关立法，属于立法的空白状态。法律规避的原因很复杂，如果当事人的规避行为不违反强制性效力性法律规定，就仍应当尊重当事人自治，保护第三人合理信赖；如果违反，则应按无效对待。商事实践中当事人这种法律适用的逆向选择需要我们反思成文法对商事关系适用的程度，这也印证了民法典时代立足法律适用论的研究相较于立法论的必要性。

一、法律规避的一般原理

（一）法律规避的含义与中性评价

法律规避，是指当事人为避开或者排除特定法律规范适用，而有意识采用的各种策略行为，也可以简称为“避法行为”或“规避行为”。[1] 在我国当前的商事领域，避法行为尤为多见，且错综复杂、层出不穷；尤为显著的是在投融资领域，各种规避行为层出不穷。例如，“明为股，实为债”“名为信托，实为借贷”“名为买卖，实为借贷”“名为股权转让，实为资产转让”等。[2]

法律规避的原因比较复杂，直观来看是为了排除某些法律的适用，多数是当事人希望排除强制性的法律规范，而选择性地适用某些对其利益更大、风险更小的法律规范；或者是选择合法的方式，将可能违法的行为隐藏起来。究其原因，法律规避之所以在商业社会盛行，是因为法律的刚性和当事人需求之间存在冲突。[3] 法律是以文字形式表述其存在的，对法律的解释虽然有一定空间但更多时候是要遵循法定的解释原则，在法律适用的公平性要求下，更不可能按当事人的个体需求进行解释。因此，法律的这种刚性必然与当事人的需求之间产生抵牾。而商事主体，更多时候是在精确计算自己的利益得失，包括守法和违法的成本，因而使法律规避成为当事人主动选择的法律适用。

对规避行为的评价是立体的，很难得出唯一的结论。法律规避在商事生活中远远多于民事，基本呈现两种不同的观点，一种是否定论，另一种是支持论。否定论者认为，规避法律即“钻法律空子”，放任之将使法律目的落空，故不应承认其合法性。否定论的理由主要是尊重立法的权威，如果法律条文动辄被规避，法律条文就会变成被人们轻视、可有可无的东西；若长久如此，法治的权威将荡然无存，最终受到伤害的仍是社会的个体。支持论者并非支持商主体们主动、积极地规避法律，而更多的是认同商业实践的复杂性和商事主体在法律适用中的利益索求。支持论者认为，趋利避害原本就是人性，尤其是精于计算的商人们，无时无刻不在计算着利益的最大化；客观而论，商主体之所以规避法律，通常是因为追求更大的利益、避开较大的风险，如果法律真的可以满足人们的需求，也就不需要规避法律了。

上述两种观点都有其合理性。笔者认为，对于规避行为的评价仍应坚持

---

〔1〕 王军：《法律规避行为及其裁判方法》，载《中外法学》2015 年第 3 期。

〔2〕 董淳鄂：《规制“规避”：中国民商法的技术选择、制度演进与改进策略》，载《北方法学》2020 年第 3 期。

〔3〕 王军：《法律规避行为及其裁判方法》，载《中外法学》2015 年第 3 期。

具体化方法，给予中性评价。规避行为是民商法中一种较为特殊的社会现象，在商事生活中，规避行为的发生大概率并不是仅因立法有缺漏，更多的可能是商主体自己基于利益和风险考量作出主动选择，希望通过规避来降低法律风险或获得更多的利益。因此，不建议对规避行为简单给予肯定或者否认的结论，而是应区分不同的情形加以分析，为此需要将民法典时代规避行为作出类型化的分析。

（二）规避行为的类型化

商事活动中的规避行为可以有很多种分类，从商主体的规避动机看，主要可以作出以下几种类型划分。

1. 关系规避型、标的规避型和性质规避型

这种分类是按商事法律事实中被规避的要素进行的分类，也是现实中法律规避的方式。关系规避型即采用其他主体替代真实的主体，例如借名出资、借名买房等，避免用真实的主体身份发生相应的法律关系。标的规避型即采用其他标的替代真实的标的，如服务项目为了规避招投标的强制性要求，将大的服务项目拆分为小的服务项目。性质规避型则是当事人主动选择其他性质的法律行为作为形式，而隐藏了真实的行为类型，实务中，常见的“名为……，实为……”均是性质规避型的法律规避。

2. 自治运行的法律规避型和裁判认定的法律规避型

民法典时代的商事关系日趋复杂，《民法典》的条文也未必均是裁判规则。放眼商事实践，绝大多数商事主体在趋利避害的动机之下所选择的法律规避未必会引发适用方面的争议，因为法律规避在当事人之间是不言而喻的“默契”，这种规避行为笔者将其作为自治运行的法律规避型，甚至可以说在这种规避类型中，规避本身就是商事主体的“交易习惯”。例如，不符合买房条件或不希望显名的房屋买受人借名买房。又如，私募证券投资基金管理公司对于股东的要求比较严，因而不符合条件的主体想要成为这类公司的股东，只能通过复杂的代持来完成。自治运行的法律规避型，已经成为当事人自己为自己设计的交易架构，并不需要外界包括司法的评判。自治运行的法律规避现象应当是民法典时代商事关系中较为普遍的存在。这类法律规避，只要不进入司法程序，不被法院认定为因违反强制性法律法规的规定，或许

将在民法典时代的商业社会中继续“隐性存在”。

但是，仍有相当数量的法律规避进入了司法裁判的视野。如果当事人对交易中各方的权利义务发生了争议并提交法院或仲裁机构，那就需要司法裁判来对法律规避进行认定和效力评价。而司法裁判对于法律规避的判断，则不仅需要认定当事人之间的真实意思表示，而且需要对规避的动机、是否违法详加分析，因为裁判视野中的法律规避，必将成为民法典时代商事关系法律适用中的难题。笔者所能获得的法律规避案例，也基本均是这类裁判认定的法律规避类型。

3. 违法规避型和风险规避型

这种分类是商事实践中常见的法律规避分类，即当事人知晓自己的交易违法，进而采用合法的交易形式，由此避开违法交易。这种类型的法律规避是最为常见的法律规避行为。

案例 8－1 在 Q 公司名下有某地块土地使用权，Q 公司的股东是 S 公司。H 公司拟收购该地块并进行开发。于是 S 公司和 Q 公司签订了一份股权合作协议，约定与 Q 公司的股权合作方案是：本协议签署后，Q 公司完成本协议第 6.1 条约定的全部事项，H 公司受让 S 公司持有的 Q 公司 70% 的股权。上述股权转让完成后，H 公司持有 Q 公司 70% 的股权，S 公司持有 Q 公司 30% 的股权。本协议签署后，S 公司及 Q 公司按照本协议约定将目标地块交付给 H 公司，H 公司通过 Q 公司独立进行目标地块的建设、销售等事宜。H 公司根据本协议约定承担合作价款；除合作价款之外，目标地块后续的开发建设资金及 Q 公司经营管理成本由 H 公司负责以 Q 公司的名义对外融资，融资不足的部分由 H 公司以股东借款形式投入。在本协议约定的利润分配条件成就后，各方按照本协议约定分配目标地块的开发利润。在目标地块所属项目整体交付后，S 公司按照本协议约定退出，向 H 公司转让其持有的 Q 公司的 30% 股权，最终 H 公司持有 Q 公司 100% 的股权。[1] 在这个交易模式中，Q 公司与 S 公司的真实意思是转让某地块的土地使用权，但是土地使用权的转让并非易事，不仅程序复杂，而且在税负上也会相当沉重。但是当事人通过上述“分步”交易模式的设计，则成功避开了土地使用权转让

〔1〕 未涉诉，调研案例。

而使上述交易呈现为一个普通的股权转让模式。

与违法规避型不同，风险规避型可能所规避的行为未必是违法的，只是因为风险大才被规避。商人是最善于计算的团体，所有的交易模式都存在风险规避的需求。有时为了规避风险，可能在交易模式的设计上采用风险最小的交易模式，而避开风险较大或风险不确定的交易模式。这也是一种法律规避行为。例如，商事实践中大量存在的明股实债，对法律的“规避”采取更为隐晦的方式。在笔者调研到的一个案例中，甲公司、乙公司签署了一份投资入股协议书，其中约定甲公司以股权投资形式，以 1000 万元收购乙公司持有的丙公司 10% 的股权，甲公司持有丙公司股权的期限为 36 个月。丙公司向甲公司承诺了投资入股期间的资金占用费，不足部分由乙公司予以补足，并约定了累计 2 次未支付资金占用费的责任、投资期满回购股权等相关内容。此外，该投资入股协议书还约定，投资期限届满，甲公司不再持有股权的，甲公司有权要求乙公司或者丙公司按投资入股协议书约定的方式及比例回购甲公司持有的丙公司 10% 的股权。此外，甲公司与乙公司还同时签署了一份股权转让合同，约定乙公司将其持有的丙公司 10% 的股权转让给申请人。这种复杂交易结构的涉及，可能既有对违法性的规避，也有对风险的规避，但相较而言，规避风险的动机要强于规避法律。当然，规避风险也离不开对其合法性的判断。

二、民事立法对规避行为效力评价的演变

（一）《民法通则》对法律规避的否认评价

社会主义市场经济的发展，使得商事主体能更多地自由表达各自的利益，也可以根据风险防控需要设计很多复杂的交易模式，进而可能规避某些强制性法律规范的适用。法律规避行为涉及商业模式的创新，尤其是金融创新，因而立法首先需要区分合法与违法、自由与强制。《民法通则》和《合同法》曾明确规定“以合法形式掩盖非法目的”的行为无效，明确否定规避行为的效力。当时的立法所称的“以合法形式掩盖非法目的”，系指具有规避法律目的的行为。在审判实践中，法律行为一旦被认定为“规避法律”

或者“以合法形式掩盖非法目的”，则通常倾向于认定为无效行为。此外，各种与实质内容不符的名义合同关系（如“名为联营，实为借款”“名为合作开发房地产，实为土地使用权转让”“名为投资，实为借贷”“名为委托理财，实为借款”等）和“变相”行为（如变相借贷、变相公开发行证券），也被认为具有避法目的，司法裁判也均倾向于认定无效。

以上严格禁止法律规避行为的立法动机预设了一个法律适用的前提，即“立法无漏洞”，并且深深烙上了“法律父爱主义”，也是就立法的功能包含了对当事人利益最大化的最佳判断，因而规避法律一律是不被允许的，规避法律被推定为一定是有非法的目的才去规避法律。这种观点在今天看来是将当事人规避法律的动机简化对待了。确实有一部分当事人规避法律是出于非法目的，但当事人规避法律未必都是基于非法目的或者要从事非法行为。规避法律的动机可能违法也可能并不违法，因此这种简化的处理方式在实务中被逐渐抛弃。

（二）民法典时代对规避行为的效力评价

民法典时代，立法对规避行为的效力评价规则逐渐发生了变化，从简单否定“以合法形式掩盖非法目的”，转化为按当事人的真实意思、法律规定等全方位的效力评价，由此呈现一个复杂的立体性规则，主要有以下三种效力评价规则。

1. 区分虚假意思表示和隐藏法律行为

《民法通则》并没有区分虚假意思表示和隐藏法律行为，将“意思”与“表示”存在偏差的行为，一概以“以合法形式掩盖非法目的”进行简化处理。《民法总则》以及《民法典》第146条区分了虚假意思表示和隐藏法律行为。虚假意思表示即当事人表述的并不是其真实意思，这类法律行为的效力评价较为单一。法律行为应当具备真实的意思表示，法律行为的效力之所以被法律认可，是因为该意思表示是当事人真实且不违法的意思表示；如果当事人是以虚伪的意思表示作出的法律行为，效力就不应被认可。例如，甲公司为提升业绩，与乙公司签署一份购销合同约定由甲公司向乙公司供货若干；同时签署一份解除协议，声明该购销合同仅为业绩所用。在这样两个意思表示中，第一份购销合同就是一个典型的虚假意思表示，本身是无效的。

而隐藏的法律行为则呈现一个典型的“名不副实”，即法律行为的外在表示与当事人内在的真实意思出现了偏差，但《民法典》第146条第2款，并没有对隐藏法律行为的效力给出一个确定的答案，该款规定以一个“空白援引性”法律规范呈现隐藏法律行为效力认定的复杂性，因为隐藏法律行为的效力判断仍需要具体化的解析。

2. 去名求实：部分法律规避效力认定规则清晰

《民法典》之所以未对隐藏法律行为给出如虚假意思表示那样简化的效力评价规则，是因为隐藏法律行为较为复杂，大多数时候需要探求当事人的真实意思表示。而真实意思表示是否有效，则取决于具体的对真实意思表示的效力认定规则。

例如，《最高人民法院关于审理融资租赁合同纠纷案件适用法律问题的解释》第1条规定了应如何判定融资租赁关系的存在。一般情况下，人民法院应当根据《民法典》第735条的规定，结合标的物的性质、价值、租金的构成以及当事人的合同权利义务，对是否构成融资租赁关系作出认定。如果属于“名为融资租赁，实为其他法律关系”的情形，则应按照其实际构成的法律关系处理。又如，《民间借贷司法解释》第23条规定的“买卖型担保”，即当事人以订立买卖合同作为民间借贷合同的担保，此种情况下，如果借款人不能按时还款，出借人请求履行买卖合同的，人民法院仍应尊重当事人的真实意思，将当事人之间的法律关系认定为民间借贷法律关系。当然，在买卖型担保中，对债权人的担保权也是认可的，如果借款人不履行自己的还款义务，出借人享有对买卖合同标的物的变价权。

此外，针对实务中大量存在的“名不副实”现象，很多行政规章也有具体的应对措施，以防止通过这种“名不副实”的做法逃避监管。例如中国证券基金业协议《私募投资基金重大变更业务办理》中规定，私募投资基金不应是借（存）贷活动。下列不符合“基金”本质的募集、投资活动不属于私募投资基金的备案范围：一是变相从事金融机构信（存）贷业务的，或直接投向金融机构信贷资产；二是从事经常性、经营性民间借贷活动，包括但不限于通过委托贷款、信托贷款等方式从事上述活动；三是私募投资基金通过设置无条件刚性回购安排变相从事借（存）贷活动，基金收益不与投资标的的经营业绩或收益挂钩；四是投向保理资产、融资租赁资产、典当资产等

《私募基金登记备案相关问题解答（七）》所提及的与私募投资基金相冲突业务的资产、股权或其收（受）益权；五是通过投资合伙企业、公司、资产管理产品（含私募投资基金）等方式间接或变相从事上述活动。

又如《九民纪要》第88条规定了营业信托纠纷的认定。如果信托公司是根据法律法规以及金融监督管理部门的监管规定，以取得信托报酬为目的接受委托人的委托，以受托人身份处理信托事务的经营行为，则属于营业信托。由此产生的信托当事人之间的纠纷，为营业信托纠纷。根据《关于规范金融机构资产管理业务的指导意见》的规定，其他金融机构开展的资产管理业务构成信托关系的，当事人之间的纠纷适用信托法及其他有关规定处理。

在W公司与G公司营业信托纠纷案中[1]，最高人民法院认为，首先，双方当事人签订的回购合同中对于信托财产的范围、种类及状况、转让价款、信托计划的成立、回购的价款等均有明确约定，符合营业信托的法律规定。其次，回购合同第2.1条规定，信托公司取得的特定资产收益权及其产生的全部收益归入信托财产。该约定说明，在信托公司取得特定资产收益权期间内，特定资产产生的任何收益均属于信托公司所有。该合同约定的业务内容属于信托公司正常的业务经营活动，与通常意义上的借款及还款不同。因此，本案属于营业信托纠纷，而非借贷纠纷。对于该案，需要依据《信托法》第2条"本法所称信托，是指委托人基于对受托人的信任，将其财产权委托给受托人，由受托人按委托人的意愿以自己的名义，为受益人的利益或者特定目的，进行管理或者处分的行为"之规定判断当事人之间约定的回购合同究竟是属于信托还是借贷。我国信托包括民事信托、营业信托和公益信托三种。其中的营业信托就是指由专门的信托公司/信托业务机关，以营业方式开展的信托。原中国银监会将信托业务分为主动管理型信托和被动管理型信托两种。实践中，信托公司从事的业务可以分为两种：一种是融资类即信贷业务；另一种是通道类业务，例如各种银信合作、信证合作、信保合作等。信托公司传统意义上的资产管理业务比较少。《九民纪要》首先将营业信托区分为事务管理信托纠纷和主动管理信托纠纷两种类型。不同类型的信托审理原则不同。在事务管理信托纠纷案件中，对信托公司开展和参与的多

[1] 最高人民法院（2016）最高法民终231号民事判决书。

层嵌套、通道业务、回购承诺等融资活动，要以其实际构成的法律关系确定其效力，并在此基础上依法确定各方的权利义务。在主动管理信托纠纷案件中，应当重点审查受托人在“受人之托，忠人之事”的财产管理过程中，是否恪尽职守，是否履行了谨慎、有效管理等法定或者约定义务。由于营业信托领域相较于其他领域是较为复杂的商事领域，因此有必要对实践中尚不明确的规则进一步厘清。为此，《九民纪要》第 88 条通过对营业信托与借贷进行区分，划定了营业信托的边界。

3.《民法典合同编司法解释》按类型化的方式对法律规避行为的效力认定给予了规定

商业实践中活跃着大量的法律规避行为，这些行为可能既未被监管部门取缔也未发生诉讼纠纷，而进入诉讼的也未必都被认定为“以合法形式掩盖非法目的”以及“变相”行为或者“名不副实”。某种交易或行为可能广泛应用于投融资实务，但它究竟是商业模式或金融产品创新，还是“以合法形式掩盖非法目的”“名不副实”，抑或某种“变相”行为，在审判实践中可能成为极具争议的问题。虽然立法和司法解释尚缺乏对大部分法律规避行为的直接效力认定，但有两个要点已经成为共识。一是在民法典时代，已经不会对法律规避行为简单地以无效来对待，更多的时候是需要对法律规避行为进行类型化和具体化的效力认定。虽然与其他法律适用的情形相比，在不涉及强制性法律违反无效的情形中，立法不至于公开承认法律规避行为的合法性和有效性，但至少也不会轻易否认其有效性，即在当事人之间，法律规避行为会得到立法的默许。二是对于法律规避行为，不再简单地以“以合法形式掩盖非法目的”进行价值方面的否定评判，更多看到的是法律规避行为背后，当事人对于风险、利益的衡量和判断。如果这种安排违反了强制性的法律秩序，那么立法和司法依然会给予无效的严厉评判；如果这种安排不涉及公序良俗，司法必然也更尊重当事人自己的交易安排。

2023 年 12 月 5 日起施行的《民法典合同编司法解释》第 14 条首先重申了“当事人之间就同一交易订立多份合同，人民法院应当认定其中以虚假意思表示订立的合同无效”的原则，之后确定了三种不同类型的法律规避情形。第一种情形是当事人为规避法律、行政法规的强制性规定，以虚假意思表示隐藏真实意思表示的，人民法院应当依据《民法典》第 153 条第 1 款的规定认定被隐藏合同的效力。此种情形是为了规避法律、行政法规的强制性规定，因此效力认定应看被隐藏的真实意思表示是否违反了导致其无效的强制性法律、行政法规。第二种情形是当事人为规避法律、行政法规关于合同应当办理批准等手续的规定，以虚假意思表示隐藏真实意思表示的，人民法院应当依据《民法典》第 502 条第 2 款的规定即应报批而未报批的效力认定，来认定被隐藏合同的效力。第三种情形是在不涉及违反强制性规定的情形下，通过另一合同变更之前合同约定的，法院应当在查明各合同成立先后顺序和实际履行情况的基础上，认定合同内容是否发生变更。如果法律、行政法规禁止变更合同内容的，人民法院应当认定合同的相应变更无效。

由此可见，上述《民法典合同编司法解释》在确定虚假意思表示无效的前提下，已经初步完成了对法律规避行为效力认定的类型化，即区分三种不同类型的情形，分别规定法律规避的效力认定方式。应该说，在司法解释已经明确法律规避类型化后，民法典时代法律规避行为仍面临很多问题，为此需要运用具体化的研究方法来继续研究法律规避行为。

三、关系规避型法律规避行为——借名投资的法律适用

（一）借名投资：《民法典》与《公司法》互动关系的启示

借名投资，即借用他人名义进行投资，借名者（委托人）在投资中虽然实际出资，但不出名即不被登记和公示为投资者；被借名者（受托人）不实际出资，但被登记和公示为投资者。借名投资的动机是多样的，大多是借名者基于各种原因不愿意自己是投资者的事实为他人或社会公众所知，而被借名者则没有此类需求。这种现象是商事实践中的常见现象。尤其是 2014 年开始，我国施行企业信息信用的公示制度，所有商事主体的投资者都可以很方便地被查询到，这就造成了借名投资现象的普遍化。

借名投资是一种较为典型的法律规避类型，但这种规避所规避的其实并不是法律本身。确切地说，规避的是法律对规避者的适用，即以一种积极的方式避开法律对自己的适用。而借名投资法律规避的后果也需要具体分析，为此，笔者在此尝试用内外分层的法律关系分析法探索其法律适用。

（二）借名投资应用法律关系分析法解决法律适用问题

法律关系分析法，原本就是传统的法律适用方法之一，是按照民事法律关系的主体、客体和内容进行的分析，严格从法律事实出发，不同法律事实产生不同的法律关系。民事关系，特别是民法中债的关系，由于法律事实（事件、法律行为、事实行为）较为简单，因而民事关系往往是单层的，也就是仅在特定当事人之间存在权利义务；但是商事关系因为涉及的主体较多，所以往往是复杂、多层的，需要在多个主体之间分配利益和风险。具体至借名投资，其可能涉及的主体包括借名投资者、出名投资者、被投资的目标公司、目标公司其他投资者、管理者以及公司外部人（债权人以及监管者、社会公众）等。在这样繁多的主体中，笔者尝试用内外分层的法律关系分析法来展现对借名投资法律适用的基本方法。

借名投资中，借名投资人与出名投资人之间的内部关系应遵循真实性原则，即应按双方的民事合同来具体分析法律关系；借名投资的外部关系则应按公示公信效力确立借名投资人的资格及权利义务，这与一般外观主义的适用并无区别，故在此仅讨论内部关系。借名投资中的内部关系所应遵循的真实性原则，是指只要内部合同有效就按合同的约定办理，包括名义出资人应将相应的投资收益支付给借名投资人。参照《最高人民法院关于适用〈中华人民共和国公司法〉若干问题的规定（三)》（以下简称《公司法司法解释三》）第 24 条第 1 款的指引性规定应援引相关条款，即如果内部关系因合同效力发生争议的，如无法律规定的无效情形，人民法院应当认定该合同有效。如果涉及违反强制性法律规范则应按合同无效处理。当然，如果这种规避本身违法，涉及其他法律责任，也应按其他法律来处理。例如依据《法官法》《检察官法》，法官、检察官不允许作为股东投资设立公司，而如果某法官以借名投资的方式设立某公司，那么依据《法官法》《检察官法》的规定，对借名投资人适用相关行政性的法律责任。然而，依据商事营业维持原则，目标公司的设立本身、债权人与目标公司的关系以及社会公众的公信力均不因此受影响。

根据笔者观察，实务中，根据借名投资协议中双方意思表示的内容，可将借名投资的主要类型归纳为以下三类。

1. 委托代持型

这是最为常见的借名投资类型，也是我国《公司法司法解释三》中“实际出资人”“名义股东”关系所应用的理论基础。在我国《民法典》合同编“委托合同”一章中，第919条、第925条、第926条均可以用于解决这种类型的借名投资。因《公司法司法解释三》对此已经有成熟的规则，笔者在此不再赘述。值得一提的是，委托是商事实践中最为常见的事务处理类合同。在实务之中，大量借名投资都是采用委托这个基础关系。

例如，在笔者调研发现的一份委托代持股权协议中，对委托代持事项的约定是：甲、乙双方确认代持股权实际由甲方所有并出资，由乙方以自己的名义代为持有。乙方以自己的名义，代甲方对外持有股权，并根据甲方的意愿对外行使股东权利，并由甲方实际享有股权收益。根据本协议，甲方委托乙方并以乙方的名义代为行使的股东权利包括：在股东名册或合伙人名册、合伙人协议、公司章程等具名；按照甲方意愿参与公司股东会/合伙人会议并依据甲方意愿行使表决权利；代甲方行使《公司法》《合伙企业法》、公司章程/合伙人协议项下的其他股东权利；代领或代付相关利润款项、投资款项；对外以股东名义签署相关法律文件。对代持股权的约定是：甲方同意根据本协议规定的条款和条件，委托乙方持有甲方所有的目标企业的股权；乙方同意根据本协议规定的条款和条件接受甲方委托，以自己的名义持有指定股权。指定股权将通过登记程序登记在乙方的名下，甲方委托乙方以自己的名义对外持有。甲方作为实际出资人和目标企业的实际控制人，将按照公司章程或合伙人协议约定的出资期限，在约定的期限内将出资款通过银行转账汇入乙方个人账户的方式完成对指定股权的实际出资。乙方作为名义股东再将上述出资款项转入目标企业。乙方应根据本协议的委托目的，按照甲方的意愿代持股权，未有甲方指令，乙方不得将指定股权进行转让、质押以及进行增资、减资等处分行为。

商事关系中，应允许当事人对自己的权利进行约定。如委托代持协议中，甲方的权利包括以下几类。一是甲方作为实际出资人，享有实际的股东权利并有权获得相应的投资收益；乙方仅得以自身名义将甲方的出资向目标企业出资，并代甲方持有指定股权所形成的股东权益，而对该指定股权所形成的股东权益不享有任何收益权或处置权。二是所有涉及目标企业设立时出资人的权利与义务以及目标企业应决定的事宜，均由甲方作出决定，乙方根据甲方的决定，以自己的名义办理公司或合伙企业设立时出资人负责的全部事宜。三是所有涉及目标企业成立后直至完成注销的全过程中股东应有的权利与义务以及目标企业所有的事务，均由甲方作出决定，乙方根据甲方的决定以自己的名义进行办理。四是方作为目标企业的实际出资人和实际股东，有权了解目标企业的一切情况，乙方应根据甲方要求，对甲方希望了解的关于目标企业的事项，以合法方式及时告知甲方。五是在任何情况下，只要甲方认为需要，均可以自行向目标企业所有股东披露甲方的实际出资人身份，并以股东/合伙人身份直接参与目标企业的经营管理，主张全部或部分股东权利，乙方应无条件接受、配合。六是委托期限内，目标企业实施分红等权利及收益由甲方享有。其中的现金分红款，乙方应向目标企业出具委托指令，委托其将分红直接付至甲方账户。若目标企业依法须直接付给乙方的，乙方应在到账之日起 3 个工作日内全额划至甲方指定账户。

乙方权利则包括如下几类。一是乙方按照甲方要求配合行使股东权利所产生的必要费用，有权要求甲方承担。二是乙方不承担对指定股权的出资义务。三是如果按照法律或者行政管理的需要，乙方需行使、履行有关出资人或股东的权利、义务时，应至少提前 3 日通知甲方并取得甲方书面授权，并依据该授权进行办理。四是如遇有紧急情况，乙方应履行善良管理人的注意义务，可以从有利于甲方利益的角度先行处理该项事务，但事后应及时向甲方告知，并补办书面授权委托书；紧急情况是指无法立即得到甲方的指示或书面授权，且有关事务不立即处理将会给甲方利益造成一定的损失。五是无论在何种情况下，在未事先取得甲方书面授权时，乙方均不得对其所代持的股权及其所有收益进行转让、处分或设置任何形式的担保。

而关于乙方的受托代持责任，实务中也往往会约定得十分清晰。例如，乙方应当按照甲方要求，主动配合甲方行使作为目标企业股东的股东权利（股东权利包括但不限于股权的转让、设定各类担保措施、表决权、投资收益取得权、剩余财产请求权、主张优先购买权、知情权、监督检查权、诉权等股东权和出资者权利），并对此提供必要的协助及便利。届时涉及的相关法律文件，乙方应无条件接受并提供全面、及时的协助（协助的范围包括但不限于提供有关法律文件以及签字等）。依据有关法律法规和公司章程、合伙人协议的规定，对股东有权获知的以及与目标企业运作有关的信息，乙方应及时主动地收集整理，并向甲方作出真实、准确、完整、及时的通报。乙方应当对甲方为目标企业实际出资人和实际控制人的情况严格保密，未经甲方允许，乙方不得向任何第三人披露甲方为实际出资人和实际控制人。乙方承诺无个人或与其他主体共同负担大额债务，若因乙方自身债务或者其他行为导致乙方在目标企业持有的指定股权以及收益被查封、冻结、拍卖、变卖或者转让的，甲方有权向乙方追偿全部损失。乙方完成本协议约定的委托事项，必须亲自进行，除非另行得到甲方书面同意，否则不得转委托任何第三人。乙方根据授权委托书处理事务，应尽到善良管理人的责任，若因以下行为对甲方、公司、公司其他股东及其他利益相关人造成损失的，应负赔偿责任：一是乙方在没有授权委托书或甲方同意的情况下，所进行的任何行为；二是未经甲方书面同意，而将甲方交办的事务转委托第三人；三是在执行事务过程中存在故意或重大过失。

2. 信托关系型

也就是说，委托人与信托人之间存在信托关系的借名投资。信托通常由信托主体、合法的信托目的、信托财产明确合法和相对独立、采用书面形式等要件构成。如果借名投资符合该信托的规定，则应归属为信托关系型的借名投资。如在 F 公司诉 W 公司等营业信托纠纷一案中，F 公司与 W 公司签订了一份信托持股协议，约定由 W 公司通过信托方式为 F 公司持有 J 公司的股份。该案中，当事人所签订的信托持股协议，从名称上看就是一份信托协议。对于信托关系型借名投资，直接的法律适用是《信托法》，因我国《信托法》只规定了要式的明示信托，有的学者为了适用信托制度处理借名投资纠纷，因而提出了拟制信托、归复信托等理论模式。实际上，由于我国很多人对信托模式的不熟悉，这种做法并不多见，笔者认为无须多加关注。

3. 无名合同型

借名投资本身不属于信托或委托，当事人之间的法律关系应具体分析，并应作为无名合同来对待。这种观点强调的是在借名投资中当事人的意思自治。理论上，如果将借名投资的合同归类为无名合同，并没有彻底解决该无名合同的法律适用，因为无名合同也可能类推为最相类似的委托合同，或者没有最相类似的时候就适用合同本身。笔者最早也是反对将借名投资作为无名合同对待的，但是经调研发现，借名投资的情形其实远比理论假设要复杂得多。例如，由于近年来私募股权投资基金、私募证券投资基金公司的设立难度增大，有不少想要介入这一领域的投资方需要寻找“壳资源”，而即使找到合适的“壳资源”，由于相关监管对私募股权、私募证券投资公司的资格限制，可能“买壳方”并不符合这些资格要求。因此，在“卖壳”后的相当一段时间内，不仅需要原股东代持股份，可能还需要原公司的股东、高管、风控代持“岗位”，由此所签署的合同也就未必能简单地归入《民法典》的委托合同了。此外，实务中还有一种情形是不仅代持股份，还“代持”法定代表人的约定。在这种情形下，借名投资所签署的合同实际上更像是几个“代持”关系的并立，或者称为“合同联立”。“合同联立”本身就属于无名合同的情形，因此将借名投资归入“无名合同”也有其合理性。

综上分析，实际上借名投资也只能遵循具体化的路径进行研究。这再次彰显了民法典时代法律适用研究的特色——类型化与具体化。如果仅仅是停留在抽象的规则研讨层面，《民法典》的适用研究显然也只能停留在纸面之上而无法实现形而下的规范适用。

（三）民商事实务中有违内外分层法律关系分析法的实例分析

然而，实务中的做法未必与上述理想状态的内外分层法律关系相一致，在某些情形下，“分层”法律关系也可能被轻易“穿透”。

案例 8－2　在 X 公司诉 H 公司破产管理人（系借款人、债务人）、赵某（系借款的保证人）等借款担保纠纷一案中，某市中级人民法院于 2012 年 11 月 16 日判决：被告 H 公司破产管理人于判决生效后 10 日内偿还原告 X 公司借款本金 3390 万元及利息。赵某等保证人对上述债务承担连带保证责任，并在其承担保证责任后有权向被告 H 公司破产管理人追偿。后该案在执行过程中，根据 2 位员工的表述，赵某是 D 公司的实际控制人，于是法院裁定：（1）冻结 D 公司 100% 股权；（2）冻结 D 公司在 Y 公司 35% 的股权。而后，某省高级人民法院裁定书对该案指出，一审法院在认定赵某为 D 公司实际控制人后，仅依据 D 公司为赵某个人独资，公司的财务、人员以及经营管理均由赵某实际掌握控制，即认定 D 公司与赵某之间存在财产混同，将 D 公司持有的 X 公司 35% 的股权作为执行标的用于偿还赵某的债务，缺乏相应的事实及法律依据。公司被实际控制人控制并不必然导致公司财产与实际控制人财产混同，一审法院对于赵某与D公司财产混同的认定证据不足。[1]

即使赵某持有D公司的股权，并且假设依法需要向债权人X公司承担责任，赵某对X公司的责任也仅是赵某在个人财产范围内对X公司应承担法律责任，无论如何也不能“穿透”。D公司的股权系D公司对Y公司的财产。依据2018年《公司法》第3条“公司是企业法人，有独立的法人财产”、第20条“公司股东应当遵守法律、行政法规和公司章程，依法行使股东权利，不得滥用股东权利损害公司或者其他股东的利益”“公司股东滥用股东权利给公司或者其他股东造成损失的，应当依法承担赔偿责任”“公司股东滥用公司法人独立地位和股东有限责任，逃避债务，严重损害公司债权人利益的，应当对公司债务承担连带责任”的规定，只有在股东确实存在滥用股权、损害债权人利益时，股东才需要与公司一起向公司的债权人承担连带责任；但这种债的相对性之突破，需要符合股东滥用股权（股东恶意利用有限责任逃债）；公司财产、业务、人员混同等多个公司法人格否认的标准。所以本案如果要将赵某定位为“实际出资人”，还需要判断是否存在上述公司法人格否认的情形。

尤其需要注意的是，《最高人民法院关于人民法院强制执行股权若干问题的规定》第2条对此已经有明确规定，也进一步明确了“公司股东”与公司的主体各自责任的独立性、隔离性。《最高人民法院关于人民法院强制执行股权若干问题的规定》第4条也规定法院在冻结、执行被执行人的股权时，不能超越证据确定被执行的股权。

更何况从《九民纪要》开始，司法仅认可对公司的债务可能追加股东或其他人格混同的关联公司（系指《九民纪要》第10条至第14条），尚未认可对股东的债务可以追加公司为被执行人。也就是说，在允许适用公司法人格否认制度的场合，目前允许“纵向人格否认”以及“横向人格否认”，尚不能允许“逆向人格否认”，即公司股东不能向债权人承担责任时，由股东持股的公司向债权人承担责任，否则就是从根本上违反2018年《公司法》第3条的规定，也是对公司财产的侵害。

---

〔1〕 参见陕西省高级人民法院（2019）陕民终292号民事裁定书。

由此可见，借名出资这种法律规避行为，原本是希望通过法律关系的分层，隔绝借名出资人与第三人的关系，但是实务中未必能达到当事人所希冀的效果。即使我们知晓上述案例中“穿透”执行的违法性，但这种做法尤其是在执行中，并不鲜见。因为借名出资的法律规避意图，即使不会被法律评价主动否认，也存在被动否认的风险。

四、自治型法律规避——“对赌协议”的法律适用

（一）“对赌协议”的含义及类型

“对赌协议”实际是一种非常典型的避险型法律规避，但它是通过交易模式的设计实现法律规避的，与关系规避存在较大差异。原本股权投资使投资者承担以出资为限的风险责任，但是在风险投资中，有一种特殊的需求就是风险投资者的资金往往是其募集而来（典型如私募股权），因此投资者关心的不仅是资金的收益，还有资金的安全。尽管在风险投资中，大多会进行形式上完备的法律或财务尽调，但事实上可能会因目标公司存在明显的信息优势和原股东、高管的控制优势，而无法使这种尽调充分和完整。如果因信息的不对称而使风险投资陷入无法获得回报的难解困局，长久看来就很可能损害风险投资的积极性。由此出发，产生了一种规避股权投资法律的做法——在投资合同中专门设计“对赌协议”。

“对赌协议”的情形比较多，包括股权补偿、股权回购和现金回购等多种类型，具体可以由当事人进行约定。其中，股权补偿即在一定条件下向投资方补偿股权，现金回购即在一定条件下向投资方支付现金，但最常见的是股权回购。

案例 8－3　如果目标公司在 2025 年 12 月 31 日前未能实现上市，或目标公司未能在 2025 年 12 月 31 日前被其他公司收购/兼并而使投资人获得退出的，那么投资人可以要求承诺人按照以下方式确定的股权回购价格购买投资人持有的公司的部分或全部股权；承诺人应当在收到投资人要求股权回购的通知之日起 10 个工作日内通知其他投资人，并在收到回购通知后 120 日内向投资人以现金方式支付全部股权回购对价。投资人股权回购价格应为下

述二者中的较高者：（1）回购价格＝投资人对公司的所有出资×（1＋10%）×N再加上所有累计未分配红利，其中“N”是指自各投资人对公司出资交割日起至该投资人收到其全部赎回或回购价款之日止的年度数，不满1年的按照实际天数除以365天的比例计算；（2）投资人和公司共同认可的独立第三方评估机构评估的公司股权的公允市场价格。

如果承诺人在本协议项下违反特别承诺，或在任何重大方面违反任何承诺、陈述与保证，或对投资人造成任何重大不利影响，或在可上市或被其他公司收购/兼并但不完成上市或被收购/兼并的情况下，或因创始人及其他关键人员违反对前任雇主、合作方应承担的义务致使公司的知识产权存在纠纷并对公司经营构成重大不利影响，那么投资人可以要求承诺人按照以下方式确定的股权回购价格购买投资人持有的公司的部分或全部股权；承诺人应当在收到投资人要求股权回购的通知之日起10个工作日内通知其他投资人，并在收到回购通知后120日内向投资人以现金方式支付全部股权回购对价。

投资人股权回购价格应为下述二者中的较高者：（1）回购价格＝投资人对公司的所有出资×（1＋15%）×N再加上所有累计未分配红利，其中“N”是指自各投资人对公司出资交割日起至该投资人收到其全部赎回或回购价款之日止的年度数，不满1年的按照实际天数除以365天的比例计算；（2）投资人和公司共同认可的独立第三方评估机构评估的公司股权的公允市场价格。

承诺人应使用其可动用的全部资金用于支付回购价款。如承诺人无法一次性支付回购价款或约定分期支付的，则投资人尚未获得的回购价款所对应的其在公司所拥有的股权及其所对应的权益（包括其对应的投资人优先权、委派董事和/或监事的权利）由投资人继续保留。承诺人不得不合理或故意延迟向投资人进行回购价款的支付。各承诺人对本条回购义务承担连带责任。

（二）“对赌协议”的法律适用及面临的问题

“对赌协议”的法律适用是在司法实践中逐渐清晰化的，最早因违反投资的风险性，或违反“联营协议禁止保底”而无效，但在H公司与Y公司、

D公司、陆某增资纠纷案中[1]发生了较大变化。该案被称为最高人民法院“对赌协议”第一案。该案终审认为,《公司法》和《合同法》的规定共同对“对赌协议”有效。基于公司资本维持原则和对债权人保护的考量，如果约定使投资者可以取得与经营业绩无关的、相对固定的收益，将直接或者间接地损害公司资本维持，影响公司资产对公司债权人利益的保护，故应认定为无效。但目标公司的股东可以与投资者约定有效的补偿承诺。当然，能否支持投资者获得约定的补偿，还要根据合同当事人意思自治、诚信的原则进行分析。

2019年的《九民纪要》第5条对上述案件的规则进行了修订，明确不再区分“对赌协议”的“对赌方”是谁，即无论是投资方与目标公司股东，还是目标公司本身所签订的“对赌协议”，只要不存在法定无效的事由，均认定为有效；目标公司若以存在股权回购或者金钱补偿为由主张无效，法院是不应予以支持的。

但在法院能否判决目标公司实际履行回购股权或者金钱补偿这个义务上,《九民纪要》第5条则更多地运用了《公司法》的规则，也更尊重公司内部的自治，平衡好债权人的利益保护，控制住法院司法介入的程度。就股权回购而言,《公司法》贯彻资本维持原则，禁止股东抽逃出资，也对何种情况下可以进行股权回购进行了规定。因此，若投资方请求目标公司回购股权，法院应当审查是否符合2018年《公司法》第35条“股东不得抽逃出资”或者第142条关于股份回购的强制性规定。在具体操作程序上，公司应当先办理减资。因为根据2018年《公司法》第177条，减资需要遵循法定程序，减资的过程也是对债权人利益的保护；减资程序完成后，也就履行了对债权人的保护程序。如此，法院才将对投资方与目标公司之间股权回购的可履行性进行判断。就金钱补偿而言,《九民纪要》同样体现了对《公司法》的运用。投资方本身是目标公司的股东，股东从公司取得金钱补偿的合法途径是唯一的，即只能从公司的可分配利润入手，否则就会构成抽逃出资。因此投资方如果主张金钱补偿，目标公司存在利润且利润足够给投资方分配是一个前提。对投资方来说，还需承担目标公司存在利润且利润足够分

---

〔1〕 最高人民法院（2012）民提字第11号民事判决书。

配的举证责任。《九民纪要》第5条还要求符合2018年《公司法》第35条不得抽逃出资和第166条利润分配的规定。因此，目前能够确定的是风险投资中作为注册资本出资的部分是不允许抽逃的，但作为资本公积金部分的出资能否抽逃存在法律漏洞，若严格按公司资本维持原则当然也不允许抽逃。至于此种请求权需符合2018年《公司法》第166条，则意味着除了有可分配利润，还需要目标公司作出关于金钱补偿的股东会决议。而公司本身是否作出此种决议不属于司法干预的范围。

以上“对赌协议”中将目标公司作为对赌方，总体来看，除了条文解释的模糊性，还有一个较大的问题就是实际运用的困难。例如在出现对赌失败时，需要让目标公司走减资、利润分配的程序，而减资需要目标公司2/3以上表决权通过，利润分配一般也需要1/2以上表决权通过；但大部分目标公司的控制权仍掌握在其创始人手中，风险投资者所占表决权较低，很难左右目标公司股东会的表决。但最高人民法院在相关的解释中称，《九民纪要》第5条只提供裁判规则，并没有为风险投资实践提供交易模式。

股权回购型“对赌协议”又可以分为一般情况下由控股股东承担回购义务与特殊情况下由公司承担回购义务两种情况。而由公司承担回购义务又可以分为由公司作为主债务人承担回购义务与由公司作为次债务人承担回购连带（补充）责任两种情况。在中国裁判文书网相关判决“对赌协议”无效的案件中，其引用说明的法律依据主要是《民法典》合同编、《公司法》和其他法律。与股东对赌在“海富案”之后被普遍认定有效，而单就与公司对赌来看，“股权补偿”是最没有争议的补偿模式，司法界对于“对赌协议”三种补偿模式的效力争议如下：股权补偿 > 现金补偿 > 股权回购，三者被我国司法认可和接受程度依次递减。除去“股东股权补偿”不论，“公司股权补偿”属于增资事宜，只要符合股东会决议的法定程序，就应当有效，这属于私法自治的范畴，在效力上也没有争议。而公司现金补偿和公司股权回购都涉嫌违反公司资本维持原则，相较现金补偿而言，公司股权回购除“侵蚀”融资公司资金流外，还涉及减少公司注册资本。

江苏省高级人民法院在“华工案”判决中曾要求被告支付回购金额并且由其履行减资程序，即“先回购，再减资”。这是一个逻辑错误，因为如果公司不减资，根本就不可能回购。这个问题在《九民纪要》中得以修正。

《九民纪要》明确规定，如果投资人要想请求目标公司依协议回购，就必须向法院证明减资程序已完成。如果目标公司实际上没有完成减资程序，那么投资者的诉请将被驳回。这样，实际上投资人的利益似乎在事实上难以实现。因为，如果目标公司愿意配合投资人，主动完成减资程序的各项要求，那么根本不会有纠纷的产生，投资者又何必大费周章起诉要求回购？如果投资者向法院起诉请求判决回购，必然是在目标公司这里受阻，公司不愿履行回购义务，那又何谈进行减资呢？即使是投资者有理有据，提出法院认可依据 2018 年《公司法》第 142 条因为减资而回购，那么能否由公司回购并实施减资是公司自治而非司法强权干预的领域。从各国的公司法实践来看，减少注册资本只是股份回购的后果之一，除此之外还有可能表现为回购后再转让、作为库存股等形式。换句话说，减资只是结果，而不应被视为条件或原因。

由此可见，虽然《九民纪要》开始广泛认可“对赌协议”的有效性，认可商业实践中投资方为了规避投资风险和投资法律而设计的“对赌协议”，但是一旦需要法院来判定“对赌协议”是否有效，这种当事人精心策划的法律规避行为就可能在最终效果上难以达到当事人的预期。

（三）自治型法律规避的化解之道——鼓励规范且有效的私法自治

商业逻辑表面看来有着较为复杂的交易结构，但本质上要比法律逻辑简单，因为商业逻辑只关心自己的风险和收益，而法律逻辑需要平衡各方利益。之所以从《九民纪要》开始，是因为既要超越主体限制，认可“对赌协议”的有效性；又要通过股权回购、减资来实际上限制“对赌协议”的履行，使这种模式规避型的法律规避难以奏效。

《九民纪要》第 5 条规定的处理“对赌协议”的规则，底层逻辑仍是坚持我国《公司法》向来坚持的资本维持原则。现代《公司法》存在三大原则，即资本确定原则、资本维持原则、资本不变原则，而资本维持原则又为其中之核心，这个原则虽未被写入《公司法》条文，但一向被认为是公司治理的基本原则。虽然现代公司不断在发展，公司法理论亦不断在变迁，在这一变化的过程中，对资本维持原则的内涵理解也在发展变化，但资本维持的本质仍是以公司资产保护债权人利益，保护交易秩序。虽然当前很多国家逐渐放开，即有条件允许公司回购股份、废除股票面值制度、放松减资条件等，我国2023年《公司法》也实施了认缴资本制度的改革，但资本维持依然是我国《公司法》坚持的原则。在当前的立法背景下，《公司法》中有关股份回购的规定主要是2018年《公司法》第74条有限责任公司异议股东回购和第142条股份有限公司回购事由，回购均是有法定的条件而不可能任意为之。因此，在处理"对赌协议"所涉及的股权回购时，首要的仍是必须遵照资本维持原则。

"对赌协议"中涉及的股权回购、减资等，本质上属于公司自治的范畴，而非司法能够干预。这样，投资者通过复杂交易模式试图规避投资法律适用的目的，除了在私法自治的范畴之内，希冀通过纠纷解决来"定乾坤""辨是非"必然是难以奏效。"对赌协议"作为当事人主动构建的、规避投资风险的商业安排，与其他的法律规避行为明显不同。因为当事人所主动回避的，其实就是"保底无效"之类的强制性的投资法律关系的后果；而这种回避未必违法，因为通过交易结构的安排，当事人的各种约定可以以不违反法律、法规的强制性规定方式展现。而从法律适用角度看，"对赌协议"既涉及《民法典》合同编的适用，也涉及公司法的适用。因而"对赌协议"实际是一种商事实践中常见的法律关系的并存状态，即行为法与组织法的并存。行为法往往倡导和尊重自治，但组织法因为涉及多元利益主体因而往往是强制性的。行为法与组织法的冲突，同样是自治规则与强制规则的冲突；而此种冲突只能是以尊重强制规则为处理方案。因此，在利益和风险的博弈之下，投资方、目标公司以及原股东等，只能是尽力保持自治，避免让彼此的冲突陷入司法纠纷。这在某种程度上也展现了民法典时代商事关系法律适用的多元化，让我们不得不认可《民法典》的相关规则也可以主要作为当事人的行为规则，而未必一定发挥裁判规则的属性。

为此，在风险投资中，投资者们不得不继续在交易模式中增加更多的"避险工具"。例如，在大股东拒绝减资时，为迫使其一并卖出股份，约定"领售权"，即"自投资人收到股权拟转通知之日起N日之内，在向其他各方和公司发出书面通知后，便有权（但并非义务）按照股权拟转通知中规定的相同条款和条件，在跟售股权数额的范围内参与出售公司的股权；拟转股人应该保证潜在买方按照同等价格和条件优先受让投资人拟出让的股权，或以其他变通之方式使该投资人实现其跟售要求，否则拟转股人不得向该等潜在买方出售任何拟转股权。各方确认并同意，跟售股权数额应根据如下公式计算：跟售股权数额 =（拟转股权数额）×［该行使跟售权的投资人的持股比例 ÷（拟行使跟售权的投资人的持股比例之和 + 拟转股人持股比例）］"。又如，约定"强制出售权"，即如果投资人与潜在购买方就转让公司全部或部分股权达成一致，且该收购要约中确定的公司估值不低于 × 亿元，则投资人有权要求任一其他股东以与收购要约实质上相同的条款和条件，将其持有的公司股权的全部或部分出售给该潜在购买方。再如，商事主体在设计回购条款时，不再让公司作为回购主体，而让公司实际控制人或原股东承担回购责任。因此，只有更规范和充分的私法自治才是自治型法律规避的唯一化解之道。

五、风险型法律规避——明股实债的法律适用

（一）明股实债的含义及交易结构

"名不副实"型法律规避是更为常见的一类法律规避，对于"名为买卖，实为借贷""名为信托，实为借贷""名为融资租赁，实为借贷"等常见"名不副实"型法律规避，因当前立法和司法解释已经给出了较为清晰的规则，笔者在此不再赘述，仅论及一类较为复杂的法律规避——明股实债。广义的、框架性的明股实债概念可以包括"对赌协议"，但本书将二者予以区分，原因在于目前《九民纪要》对"对赌协议"给出了裁判规则，但是明股实债仍处于欠缺法律规则的状态。为此，需要先从明股实债的含义和类型进行探讨。

传统的投资，要么是股权投资，要么是债权投资；股权和债权的投资目的、风险和责任均不相同。股权投资风险较高，就融资方而言融资成本较高，还需要接受投资人参与公司管理的利益需求，投资人收益来源于分红，退出方式有原股东回购或向第三方转让退出。债权投资风险较低，就融资方而言融资成本较低，投资人收益来源于利息收入，债务到期后本金利息自动退出。股权投资与债权投资在法律和监管上泾渭分明，而明股实债模式则结

合股权投资和债券投资的特点，为投资方和融资方提供了一条变通的解决路径，有效地规避相关法律规定和监管指标，达成双方交易目的。但是，明股实债则不同。作为一种投资形式，明股系指表面上看是股权投资，包括被登记为股东、合伙人，但实际上是具有刚性兑付性质的债权投资。因此笔者将其归类为风险型法律规避。

让与担保与明股实债有一定的相似之处，从实质上讲明股实债中的投资人相当于让与担保中的债权人，融资方相当于债权人，双方都存在一定的债权债务关系，设置担保措施均是以实现债权为目的。但二者并不完全相同，主要体现在担保的实现方面。第一，担保实现方式不同。明股实债中的融资人以股权作为担保，意图以股权为媒介通过固定比例分红、回购条款等方式担保债权实现。明股实债中股权虽然已经转移给投资人，但投资人和融资人之间存在信托关系，投资人并非确定地取得标的股权的所有权。当债务不履行时，是选择由债权人取得股权，还是直接清算然后变卖标的股权或协议作价受偿，并无定式，属于当事人自由约定的范畴。但是让与担保中债务无法履行时，由债权人直接取得标的物的所有权，亦有“流质”“流押”之嫌。第二，担保物所含权利内容不同。让与担保中，作为担保标的物的物上权利是完整的，债权人可享有担保物上权利的全部内容。而在明股实债中，投资人所享有的股东权利是不完整的，排除了表决权、诉讼权等部分权利，对企业的日常经营管理活动没有直接参与的权利。

当然，所有的法律规避都无法回避合法性判断，尽管明股实债的动机首要是规避投资风险，但明股实债同样要面临合法性的考察。明股实债在金融监管体系的称谓是“带回购条款的股权性融资”。明股实债的交易模式主要由两个协议组成，分别是股权投资协议和远期股权转让协议。前者的法律效果是投资者以股东的名义持有标的公司的股份，后者的法律效果是保障投资者的固定收益以及保证投资款的刚性兑付。通过这两个协议的组织架构实现了以股权形式投资、以债权方式获得投资收益的交易方式，达到低风险获取高收益的目的。由两个协议构建的明股实债完全是双方当事人意思达成一致的结果，是意思自治的体现。在实践中，我国法院通过大量的审判经验对明股实债已形成自身初步的审理路径。梳理已有判例，不难发现目前我国司法机关在处理明股实债纠纷中注重区分“内部关系与外部关系”。司法观点以

G 公司与 X 信托破产后债权确认纠纷一案为界可以划分为两部分。在该案之前的一些判例表明，当事人之间不违反法律和行政法规效力性强制性规定的合意，将获法院裁判支持，符合特定条件的明股实债也不例外。但该案中，湖州市中级人民法院认定 X 信托的明股实债不属于破产债权，对于 X 信托“明为股，实为债”的主张，湖州市中级人民法院认为，在明实股东的问题上要区分内部关系和外部关系，对内部关系产生的股权权益争议纠纷，可以当事人之间的约定为依据，或是隐名股东，或是明股实债；而对外部关系不适用内部约定……第三人不受当事人之间的内部约定约束，而是以当事人之间对外的公示为信赖依据。也就是说，在对外效力上，出于保护第三人和交易安全的考虑，采取外观主义，即第三人可主张明股实债性质上为股权，若目标公司破产，投资人不得以债权人身份参与破产程序。在对内效力上，若协议未违反法律和行政法规的效力性强制性规定，则对当事人之间发生效力，回购方应当履行合同规定的回购义务，但是否可认定为债权效力，则视案件具体情况而定，一般需考虑证据情况、融资目的等。至于附属抵押、质押、保证等担保合同的效力，需要特别关注的是，重庆市高级人民法院和湖州市中级人民法院均指出“无所担保的主债权存在，担保无效”。由此可以看出法院的判决都是从探寻当事人真实意思的角度出发，认为股权协议转让、股权回购等行为是企业之间资本运作形式，是企业之间常见的融资方式。如果并非以长期牟利为目的，而是出于短期融资的需要产生的融资，则均承认了其合同的合法性，只是在认定明股实债是股权还是债权的性质方面，根据案件具体情况，综合考虑双方认可内容、证据情况、融资目的等，最终确定债权或股权。但在明股实债的性质认定将影响第三人利益的情况下，法院根据不同的情况进行了不同的认定。虽然明股实债会导致股权、债权的性质认定处于不确定状态，但这并不影响明股实债具有法律效力这一既定事实。

明股实债往往是融资方自有资金不足，希望通过股权方式融资，在项目后期安排大股东回购实现出资方本金和收益（利息）的退出；而投资方则可以借助通道规避自身不具备放贷资质的限制，并且可以在较低风险下获得相应收益。实践操作中，资金需求方与出资方签订明面上的股权投资协议获取一笔资金，出资方同时会要求资金需求方签订配套补充协议，一般为远期股权转让协议。

从交易结构看，除“对赌协议”外，明股实债主要包括两种类型，即一般明股实债和有限合伙基金明股实债。一般明股实债由投资人通过 SPV 直接以股权方式投资标的公司，并约定固定分红比例，到期后由融资方或其关联方回购股权实现退出；有限合伙基金明股实债是在中间加了一层有限合伙公司架构，融资方或其关联方出资设立 GP，相应理财资金投资优先级和劣后级 LP，到期后由项目融资方或其关联方定期回购承诺。

（二）明股实债的法律适用

2017 年 11 月最高人民法院民二庭法官会议纪要中对认定明股实债的法律关系是“股”还是“债”给出了判断标准：明股实债并无统一的交易模式，实践中，应根据当事人的投资目的、实际权利义务关系等因素综合认定其性质。投资人目的在于取得目标公司股权，且享有参与公司的经营管理权利的，应认定为股权投资；反之，投资人目的并非取得目标公司股权，而仅是为了获取固定收益，且不参与公司经营管理权利的，应认定为债权投资，投资人是目标公司或有回购义务的股东的债权人。该纪要对“股”或“债”的类型归属，是一种典型的“归类式思维”，该纪要对“股”“债”的区分标准在司法实践中影响深远。在这之后很长一段时间内，对于明股实债纠纷的处理，也多按内外有别、保护善意第三人合理信赖的原则处理。

但是，《民法典合同编司法解释》第 14 条将明股实债这个问题拉回到了民事法律行为意思表示的真实性、合法性和有效性的判断。该司法解释明确规定明股实债交易模式的法律适用包括如下三点。第一，当事人外在的虚假意思表示无效，应按当事人之间隐藏的、真实的意思表示确定双方的法律关系以及效力。在当事人订立多个合同的情形下，典型如黑白合同、阴阳合同，此种情形的处理规则是探究当事人之间的真实意思，外在的虚假意思表示应按无效对待。《民法典合同编司法解释》所确立的该规则，是《九民纪要》以来明确要求的“穿透式思维”的体现。《九民纪要》在序言部分指出，注意辩证理解并准确把握契约自由、平等保护、诚实信用、公序良俗等民商事审判基本原则；注意树立请求权基础思维、逻辑和价值相一致思维、同案同判思维，通过检索类案、参考指导案例等方式统一裁判尺度，有效防止滥用自由裁量权；注意处理好民商事审判与行政监管的关系，通过穿透式审判思维，查明当事人的真实意思，探求真实法律关系；特别注意外观主义系民商法上的学理概括，并非现行法律规定的原则，现行法律只是规定了体现外观主义的具体规则。第二，隐藏合同的效力判断仍以《民法典》的效力判断规则为依据。第三，就同一交易订立的多份合同也可能按无效变更对待。

案例 8－4　X 资产管理公司（以下简称 X 公司）是 X 基金管理公司的全资子公司，经中国证监会许可设立，业务范围是特定客户资产管理业务以及中国证监会许可的其他业务。在 H 公司与 X 公司、F 公司成立 F 合伙企业的合伙协议中，写明 F 公司出资 1%，担任 F 合伙企业的管理人、普通合伙人，H 公司和 X 公司担任有限合伙人，出资分别占比 33% 和 66%，且 H 公司是基础级有限合伙人，X 公司是优先级有限合伙人，协议还约定 F 合伙企业应每年向 X 公司支付当期预期投资收益（按年利率 7.2% 计算）。同日，H 公司、X 公司、F 公司等又签署了一份 F 合伙企业财产份额远期受让合同，约定 H 公司应于 2022 年 1 月 18 日前回购 X 公司所持 F 合伙企业份额，转让对价为 X 公司实际出资金额及按年利率 7.2% 计算的溢价款（按年利率 7.2% 计算）；还约定 F 合伙协议以 F 合伙企业财产份额远期受让合同为前提。F 合伙企业登记的营业期限为 30 年。以上协议签署后，各方均按合伙协议的约定履行了各自的出资义务。X 公司行使了对 F 合伙企业的管理权，F 合伙企业也向 X 公司支付了前三年的溢价款。但第四年开始因投资失败未能继续支付，X 公司遂提起诉讼，主张自己是明股实债，并无真实投资意图，要求按 F 合伙企业财产份额远期受让合同的约定，由 H 公司向其支付合伙财产份额转让款。[1]

该案是一个较为常见的明股实债的商业模式。其中的合伙协议虽然有基础级和优先级有限合伙人之分，但并无违法之处。但是 F 合伙企业财产份额远期受让合同的效力则值得关注。首先，作为 X 基金管理公司的全资子公司 X 公司，只能开展特定客户资产管理业务；在中国特定的金融监管体制下，放贷业务只能由中国银监会（现已撤销）发放经营金融业务许可证，X 公司

〔1〕 涉诉但迄今无判决结果，调研案例。

没有从事借贷业务的能力。其次，X 公司从事的“名为投资，实为借贷”的规定，违反了中国证监会《证券期货经营机构私募资产管理业务管理办法》(以下简称《资管新规》)、《证券期货经营机构私募资产管理计划运作管理规定》（以下简称《运行办法》）的规定。依据《资管新规》第 38 条的规定，X 公司投资未上市的 F 合伙企业，属于非标业务，本身并无违法之处，《运行办法》第 22 条规定，专门投资于未上市企业股权的资产管理计划可以通过特殊目的载体间接投资于未上市企业股权。特殊目的载体应当为直接投资于作为底层资产的未上市企业股权的公司或者合伙企业，不得承担资金募集功能，不得收取管理费及业绩报酬。特殊目的载体发生设立、变更及注销等事项的，证券期货经营机构应当在 15 个工作日内报告中国证监会相关派出机构。因此 X 公司投资设立 F 合伙企业本身是合法的，签署的合伙协议也合法、有效，X 公司作为有限合伙人应按合伙协议承担有限合伙人的责任及风险。再次，《运行办法》第 20 条明确否定了明股实债的合法性，该条第 1 款规定，“资产管理计划投资于《管理办法》第三十八条第（五）项规定的非标准化资产的，所投资的资产应当合法、真实、有效、可特定化，原则上应当由有权机关进行确权登记。资产管理计划不得开展明股实债投资”。因而本案合伙协议以及 F 合伙企业的工商登记，起到了对 X 公司投资的确权作用，是合法合规的。但是 F 合伙企业财产份额远期受让合同将 X 公司的交易模式从合法合规的投资变为违法违规的明股实债，因而不应认可 F 合伙企业财产份额远期受让合同的有效性。最后，X 公司签署这样一份 F 合伙企业财产份额远期受让合同，将正常的资管业务异化为明股实债，实际上是为了规避非标业务的金融监管，但这样做的后果是使 X 公司自己变成了违反金融管理秩序的“影子银行”。《九民纪要》第 30 条规定了强制性规定的识别，第 31 条规定违反规章一般情况下不影响合同效力，但该规章的内容涉及金融安全、市场秩序、国家宏观政策等公序良俗的，应当认定合同无效。人民法院在认定规章是否涉及公序良俗时，要在考察规范对象基础上兼顾监管强度、交易安全保护以及社会影响等方面，并在裁判文书中进行充分说理。而该案所涉《资管新规》《运行办法》均是涉及金融安全的强制性规章，F 合伙企业财产份额远期受让合同依据上述《九民纪要》第 30 条、第 31 条的规定，应无效。

上述案例值得讨论和关注的问题还有若F合伙企业财产份额远期受让合同被认定为无效，那么应如何处理相关的无效后果。一般情况下，无效法律行为的后果按无效的过错程度来处理，但是在上述法律规避行为中，由于本案存在两个内容相悖的合同，因此考虑到对F合伙企业的营业维持需要，F合伙企业财产份额远期受让合同中表面上所表述的意思是“远期受让”，实际上是对合伙协议的变更、否认，当其被认定为无效时，相当于F合伙企业财产份额远期受让合同不能发生变更、否认合伙协议的效果，因此，F合伙企业财产份额远期受让合同无效的后果就是H公司不应承受F合伙企业财产份额远期受让合同的约束，而H公司、X公司等合伙人应继续履行并承受合伙协议的约束。

六、本章小结

民法典时代最为复杂的商事关系法律适用就是商事主体在各自利益的驱动下采取的各种法律规避。商事主体自身最大利益的最佳判断者是其自己，因此不宜用抽象的否定评价对待法律规避，而应具体分析。法律规避也应采用类型化的分析方法。商事实践中法律规避的类型有很多。对于关系型法律规避，可以用内部真实性和外部公示公信效力的法律关系分层方法进行分析，尊重当事人的真实意思表示以及第三人的公信效力。而对于偏自治型的法律规避，由于当事人主要是为了防范风险，因此只要不违反法律行为中的强制性效力性规则，一般应认可其有效性，但《九民纪要》对“对赌协议”的规定展示了这种情形若纯粹自治，则司法并无意干涉；但一旦涉诉必然需要审查自治性约定与《公司法》等组织法的强制性规定是否有冲突。若有冲突，则自治性的约定虽然不至于被施以无效的法律判断，但也不能获得可履行性的支持。对于偏风险型的法律规避，即各类“名不副实”的法律规避，目前处于司法“强干预”的情形，如果外在的意思表示是虚伪的意思表示，则应按无效对待，内部的意思表示将作为司法认定的意思表示，并据此判断是否构成对先前意思表示的否认或者变更，且后果不同。

结语：民法典时代商事关系法律适用与展望

人文社科领域的研究，由于无法通过实验数据来验证其成果的科学性，往往是“创新”容易求证难。在已经有了林林总总的民商事立法，尤其是如擎天柱般的《民法典》问世后，商事关系的法律适用研究变得格外艰难。

首先，商事关系的法律适用要面对“什么是商法”这个传统命题。就其一般意义而言，商法是关于商事的法律，而“商事”就是商主体、商行为、营业与营利。商法中一系列概念、规则和制度的建立均不能脱离对于商事的特定的理解。从现实法制状况来看，当代各国的商法均未对商事加以明确而统一的法律概括，许多国家的商法往往避免对商事下一般性定义，另有些国家的法律则试图仅通过对商事活动列举的方式明确商事之外延。这种现象至少表明了两方面的问题：其一，商法理论中仍有必要深化对于商事的理解和归纳，这是商法概念理论化的基本前提；其二，现代商法实践对于商事的外延理解实际上仍处于扩展和变化之中，这就要求商法理论应进一步采取更接近于法制实践和时代的立场。

其次，商法理念成为民法典时代商事关系法律适用的前见。在缺乏成文法支持的中国，商法理念支撑着理念商法的存在。前见并不是偏见，前见是确定何谓商法、何谓商事关系的判断要素。民事关系为了一体对民事主体适用法律，滤掉了主体、方式和动机——这在绝大多数情况下对于法律适用是公平的，也是必要的，更是法治文明与进步的体现。但商事关系中，主体、方式和动机有一定的法律意义，关系到法律适用的公平性，将这些特质抽象为商法理念并作为民法典时代商事关系法律适用的前提是必要的，也是可行的。

最后，《民法典》作为民商合一的典范，很多规定可以直接适用于商事关系，由此实现《民法典》对商事关系的涵摄适用。与此形成鲜明对比的是，商事关系，尤其是绝对商行为，可能完全逸出《民法典》的适用。商事实践之中还有比较典型的引致适用、类推适用以及当事人对于法律的逆向选择——主动规避适用。每一种情形的适用都是复杂且多变的。

应该说，民法典时代，商事关系的具体适用情形不适宜于用抽象涵摄的方式进行把握和研究。立法研究适宜于抽象涵摄，因为唯有抽象出来的统一规则方才适合被演绎适用于各种不同的情形；但法律适用研究必然是具体化的，抽象程度也无法达到立法的高度，因而类型化研究是适宜的研究方法。

进入 20 世纪第二个十年后，中国已经迈入了经济高质量发展的“快车道”。民法对于高水平市场经济是基础意义自不待言，但商法才是真正适应高水平市场经济发展需求的法。或许“守成”也是商法的研究思路之一。但“守成”绝非保守和迟滞。伯尔曼早已指出，商法是最具发展性的法。商法未必要通过成文法得以存在和发展。本书通过研究民法典时代商事关系的法律适用发现，与《民法典》的抽象涵摄式立法相比，商法或许更适合类型化和具体化的研究。成文法固然适宜于采用抽象涵摄方法以通达理性，但将商法理念和商主体、商行为作为法律适用的前见则可避免立法涵摄不能的体系和逻辑矛盾的劣势。当我们将学术研究的视角从立法论转至法律适用论，就会发现民法典时代也带来了一个结构开放、渊源丰富且极具权威的商法，这是法的类型转向回应型法以及中国民商法的现代化转型。因而可以预见的是，未来商法的法源将不只是民法以及各类单行商事立法，未来商事关系更多适用的可能是具体的规则，甚至于商事习惯在诸多法源中也将突出其存在的价值和意义。也许，商法原本就不适宜用成文法来表达，类型化与具体化才是民法典时代最适宜于商事关系法律适用的研究方法。

笔者在写作本书发现，商事关系法律适用的命题相当宏大和丰富。在经过一段时间扎实的基础调研后，笔者更坚信民法典时代商事关系的法律适用有其特有的研究价值。《民法典》的颁布或许意味着立法任务的胜利完成，但也开启了法律适用研究的新篇章。笔者也希望有更多的民商法学者关注和研究这个论题，以法律的知识力量共同推进《民法典》的适用更为准确和公平。

主要参考文献

（一）专著类

《邓小平文选》（第三卷），人民出版社 1993 年版。

［德］卡尔·拉伦茨：《德国民法通论》，谢怀栻等译，法律出版社 2003 年版。

［德］卡尔·拉伦茨：《法学方法论》，陈爱娥译，商务印书馆 2003 年版。

［德］C. W. 卡纳里斯：《德国商法》，杨继译，法律出版社 2006 年版。

［德］罗伯特·霍恩、海因·科茨、汉斯·G. 莱塞：《德国民商法导论》，楚建译，中国大百科全书出版社 1996 年版。

［德］迪特尔·梅迪库斯：《德国民法总论》，邵建东译，法律出版社 2000 年版。

［德］迪特尔·梅迪库斯：《请求权基础》，陈卫佐等译，法律出版社 2012 年版。

［德］迪特尔·梅迪库斯：《德国债法分论》，杜景林、卢谌译，法律出版社 2007 年版。

［德］阿图尔·考夫曼：《法律哲学》，刘幸义等译，法律出版社 2011 年版。

［德］阿图尔·考夫曼：《类推与“事物本质”——兼论类型理论》，吴从周译，学林文化事业

有限公司 1999 年版。

［德］马克斯·韦伯：《经济与历史；支配的类型》，康乐等译，广西师范大学出版社 2004 年版。

［美］博登海默：《法理学：法律哲学与法律方法》，邓正来译，中国政法大学出版社 2005 年版。

［法］伊夫·居荣：《法国商法》（第 1 卷），罗结珍、赵海峰译，法律出版社 2004 年版。

［日］近江幸治：《担保物权法》，祝娅、王卫军、房兆融译，法律出版社 2000 年版。

［德］汉斯 - 格奥尔格·伽达默尔：《诠释学Ⅰ：真理与方法》，洪汉鼎译，商务印书馆 2007 年版。

［比利时］亨利·皮雷纳：《中世纪的城市》，陈国樑译，商务印书馆 2006 年版。

［英］F. H. 劳森、B. 拉登：《财产法》（第二版），施天涛等译，中国大百科全书出版社 1998 年版。

［意］彼德罗·彭梵得：《罗马法教科书》，黄风译，中国政法大学出版社 1992 年版。

陈朝璧：《罗马法原理》，法律出版社 2006 年版。

谢邦宇主编：《罗马法》，北京大学出版社 1990 年版。

史尚宽：《物权法论》，中国政法大学出版社 2000 年版。

史尚宽：《债法总论》，中国政法大学出版社 2000 年版。

王泽鉴：《民法学说与判例研究》（第八册），北京大学出版社 2009 年版。

王利明：《法学方法论》，中国人民大学出版社 2011 年版。

谢怀栻：《票据法概论》，中国社会科学出版社 2007 年版。

谢怀栻：《外国民商法精要》（增补版），法律出版社 2006 年版。

黄茂荣：《法学方法与现代民法》（第五版），法律出版社 2007 年版。

王焜：《积极的信赖保护：权利外观责任研究》，法律出版社 2010 年版。

朱广新：《信赖保护原则及其在民法中的构造》，中国人民大学出版社 2013 年版。

范健、王建文：《商法论》，高等教育出版社 2003 年版。

任先行、周林彬主编：《比较商法导论》，北京大学出版社 2000 年版。

林诚二：《民法问题与实例解析》，法律出版社 2008 年版。

陈瑞华：《企业合规基本理论》（第三版），法律出版社 2022 年版。

陈甦主编：《证券法专题研究》，高等教育出版社 2006 年版。

韩世远：《合同法总论》（第二版），法律出版社 2008 年版。

顾祝轩：《合同本体解释论：认识科学视野下的私法类型思维》，法律出版社 2008 年版。

王保树：《商法总论》，清华大学出版社 2007 年版。

（二）期刊类

王保树：《商事通则：超越民商合一与民商分立》，载《法学研究》2005 年第 1 期。

赵万一：《后民法典时代商法独立性的理论证成及其在中国的实现》，载《法律科学》2021 年第 2 期。

蒋大兴：《〈商法通则〉/〈商法典〉的可能空间？——再论商法与民法规范内容的差异性》，载《比较法研究》2018 年第 5 期。

范健：《中国〈民法典〉颁行后的民商关系思考》，载《政法论坛》2021 年第 2 期。

王轶、关淑芳：《民法商法关系论——以民法典编纂为背景》，载《社会科学战线》2016 年第 4 期。

丁南：《民法外观主义的法理学研究》，吉林大学 2003 年博士学位论文。

崔建远：《论外观主义的运用边界》，载《清华法学》2019 年第5 期。

刘贵祥：《民法典适用的几个重大问题》，载《人民司法》2021 年第 1 期。

夏小雄：《民商合一民法典和商法典的生存空间——以巴西私法立法结构变迁为例》，载《拉丁美洲研究》2020 年第 5 期。

刘胜军：《论商事外观主义》，载《河北法学》2016 年第 8 期。

丁南：《论民商法上的外观主义》，载《法商研究》1997 年第 5 期。

李延书：《论外观主义的理论基础与适用分析》，载《文化学刊》2021

年第 3 期。

李瑞宇:《论商事外观主义》, 载《合作经济与科技》2022 年第 10 期。

杨建军:《司法裁判中法律事实与法律规范的关系》, 载《法制与社会发展》2007 年第 2 期。

吴建斌:《公司法人格否认成文规则适用困境的化解》, 载《法学》2009 年第 7 期。

郭富青:《外观主义思维模式与商事裁判方法》, 载《西部法学评论》2015 年第 2 期。

蔡唱:《公序良俗在我国的司法适用研究》, 载《中国法学》2016 年第 6 期。

朱国华:《继承与断裂: 布迪厄的哲学思想渊源》, 载《现代哲学》2003 年第 4 期。

徐阳光:《论关联企业实质合并破产》, 载《中外法学》2017 年第 3 期。

王欣新、周薇:《论中国关联企业合并破产重整制度之确立》, 载《北京航空航天大学学报 (社会科学版)》2012 年第 2 期。

周江洪:《分期付款买卖合同的解除及其限制——“汤长龙诉周士海股权转让纠纷案”评释》, 载《交大法学》2017 年第 4 期。

张弓长:《民事司法中类推适用之类似性判断》, 载《中国政法大学学报》2021 年第 3 期。

张志瑶等:《〈江苏苏醇酒业有限公司及关联公司实质合并破产重整案〉的理解与参照——企业破产重整中投资人试生产的法律适用》, 载《人民司法》2022 年第 23 期。

樊涛:《我国商行为制度的评判与重构——兼论与法律行为制度的区别》, 载《河南师范大学学报 (哲学社会科学版)》2008 年第 5 期。

叶林:《商行为的性质》, 载《清华法学》2008 年第 4 期。

郑永流:《法律判断形成的模式》, 载《法学研究》2004 年第 1 期。

余能斌、程淑娟:《我国“民商合一”立法借鉴的新选择——由〈俄罗斯联邦民法典〉引出的思考》, 载《当代法学》2006 年第 1 期。

崔聪聪:《债权让与融资的法律障碍及其克服》, 载《政法论坛》2011 年第 1 期。

钱炜江：《论民事司法中的类推适用》，载《法制与社会发展》2016 年第 5 期。

宁红丽：《论合同类型的认定》，载《法商研究》2011 年第 6 期。

曹晟旻：《论司法实践中类推适用的相似性判断标准》，载《贵州警官职业学院学报》2012 年第 2 期。

郭富青：《论商法类推适用的依据、范围和正当性》，载《甘肃政法学院学报》2012 年第 5 期。

赵旭东、顾东伟：《隐名出资的法律关系及其效力认定》，载《国家检察官学院学报》2011 年第 2 期。

王毓莹：《股权代持的权利架构——股权归属与处分效力的追问》，载《比较法研究》2020 年第 3 期。

葛伟军：《有限责任公司股权代持的法律性质——兼评我国〈公司法司法解释（三）〉第 24 条》，载《法律科学》2016 年第 5 期。

陈茂华：《股东资格认定标准的检视与类型化》，载《人民司法》2021 年第 4 期。

张双根：《论隐名出资——对〈公司法解释（三）〉相关规定的批判与发展》，载《法学家》2014 年第 2 期。

董淳锷：《规制“规避”：中国民商法的技术选择、制度演进与改进策略》，载《北方法学》2020 年第 3 期。

王军：《法律规避行为及其裁判方法》，载《中外法学》2015 年第 3 期。

张弛：《权利并存的类型化处理模式》，载《华东政法大学学报》2013 年第 1 期。

赵旭东：《商法的困惑与思考》，载《政法论坛》2002 年第 1 期。

周国梅、傅小兰：《分布式认知——一种新的认知观点》，载《心理科学进展》2002 年第 2 期。

于小涵、盛晓明：《从分布式认知到文化认知》，载《自然辩证法研究》2016 年第 11 期。

程志、徐建志：《分布式认知指导下的学习环境设计策略》，载《当代教育论坛（综合研究）》2011 年第 11 期。

刘俊生、余胜泉：《分布式认知研究述评》，载《远程教育杂志》2012

年第1期。

王富博：《企业间融资性买卖的认定与责任裁量》，载《人民司法》2015年第13期。

程淑娟：《商法理念的司法实现》，载《西北大学学报（哲学社会科学版）》2012年第4期。

程淑娟：《商行为：一种类型化方法的诠释》，载《法制与社会发展》2013年第3期。

王亚新：《日本的民事裁判文书：说理的形式和方法》，载《人民法治》2015年第10期。

李井杓：《韩国商法上的表见责任制度之研究》，载王保树主编：《商事法论集》第3集，法律出版社1999年版。

季卫东：《关系契约的启示》（代译序），载［美］Ian R. 麦克尼尔：《新社会契约论》，雷喜宁、潘勤译，中国政法大学出版社2004年版。

吴从周：《论法学上之“类型”思维》，载杨日然教授纪念论文集编委会主编：《法理学论丛》，台湾月旦出版社1997年版。